VIDA E TEMPO
REFLEXÕES PSICANALÍTICAS

ARMANDO B. FERRARI

VIDA E TEMPO
REFLEXÕES PSICANALÍTICAS

ORGANIZAÇÃO DA EDIÇÃO BRASILEIRA:
SONIA CURVO DE AZAMBUJA

TRADUÇÃO: SONIA SCALA PADALINO

Casa do Psicólogo®

© 2004 Casa do Psicólogo Livraria e Editora Ltda.
É proibida a reprodução total ou parcial desta publicação, para qualquer finalidade, sem autorização por escrito dos editores.

1ª Edição
2004

Editores
Ingo Bernd Güntert e Myriam Chinalli

Assistente Editorial
Sheila Cardoso da Silva

Revisão técnica
*Ana Maria Atucchi Vannucchi
Eduarda Anna Giuditta Paron Radvany
Luciana Gentilezza
Myrna Pia Favilli
Sonia Curvo de Azambuja*

Produção Gráfica & Capa
Renata Vieira Nunes

Ilustração da capa
Camila Aambuja Tannus

Preparação
Adilson Miguel

Editoração Eletrônica
Helen Winkler

Dados Internacionais de Catalogação na Publicação (CIP)
(Câmara Brasileira do Livro, SP, Brasil)

Ferrari, Armando B.
Vida e tempo: reflexões psicanalíticas / Armando B. Ferrari; organização Sonia Curvo de Azambuja; tradução Sonia Scala Padalino. — São Paulo: Casa do Psicólogo®, 2004.

Título original: Il pulvircolo di giotto
Bibliografia.
ISBN 85-7396-346-8

1. Psicanálise 2. Tempo – Aspectos psicológicos 3. Vida
I. Azambuja, Sonia Curvo de. II. Título

04-5986	CDD- 150.195

Índices para catálogo sistemático:
1. Vida e tempo: Reflexões psicanalíticas: Psicologia 150.195

Impresso no Brasil
Printed in Brazil

Reservados todos os direitos de publicação em língua portuguesa à

Casa do Psicólogo® Livraria e Editora Ltda.
Rua Mourato Coelho, 1059 Vila Madalena 05417-011 São Paulo/SP Brasil
Tel.: (11) 3034.3600 E-mail: casadopsicologo@casadopsicologo.com.br
site: www.casadopsicologo.com.br

Para Veronica e Simone

Agradeço ao Dr. Paulo Bucci que cuidou da organização, revisão e editoração dos textos originais em italianos, com grande e afetuosa paciência.

SUMÁRIO

Prefácio 11

Apresentação 15

CAPÍTULO 1
A flecha do tempo 19
A irreversibilidade do tempo

CAPÍTULO 2
Só amanhã 57
Doentes terminais, uma hipótese de trabalho analítico

CAPÍTULO 3
Indivíduo: universo dos mitos 87
O mito pessoal como matriz da linguagem individual

CAPÍTULO 4
A outra face da Lua 117
Algumas considerações analíticas sobre o sono.
Na ausência de sonhos, para onde vamos?

CAPÍTULO 5
Auto-análise com testemunha 129
Algumas questões teóricas e técnicas sobre a análise de analistas
Análise – Supervisão – Auto-análise

CAPÍTULO 6
O dia 165
Técnicas para análise de crianças, adolescentes e idosos

CAPÍTULO 7
Uma tentativa 225
　　O feminino: onde e quando

Posfácio 247

PREFÁCIO

Durante os mais de trinta anos em que acompanhamos o desenvolvimento do pensamento de Armando Ferrari, temos nos sensibilizado com sua eloqüência corajosa, tocando em questões candentes da psicanálise.

Inspirado por Freud, toma o corpo em sua fisicidade e vê como nele se engendra o corpo pulsional, objeto por excelência da psicanálise e, simultaneamente, nas palavras do próprio Freud, o lado mais obscuro e enigmático da nossa investigação. É a nossa mitologia e, ao mesmo tempo, o ego nos seus albores.

O autor de *Vida e tempo* vai fazer desse corpo pulsional o seu foco, do qual sairão inúmeras indagações. Assim é que, no seu texto sobre o Objeto Originário Concreto, ele falará das vicissitudes do infante, que cria a mente para dar conta das demandas do corpo, objeto originário concreto.

Ainda nessa oficina que é o corpo, ele encontrará a adolescência, criando um novo paradigma no entendimento da nossa vida mental. Nasce o seu livro *A adolescência: o segundo desafio*.

Chamam-nos a atenção os títulos que Ferrari dá aos seus livros. Eles trazem uma lufada de vento filosófica, possuem algo de forte e arejado. Já na nomeação do seu pensamento, Ferrari anuncia a abertura que trarão as reflexões metapsicológicas, sempre a partir da clínica. Ele nos recorda que a clínica se expande verticalmente, pelos vários registros do psiquismo, e horizontalmente, no seio da cultura. Dessa forma, vemos em *Aurora do pensamento* como ainda, a partir desse corpo, nosso alicerce, vai se criar a linguagem, nossa morada.

Armando Ferrari prossegue, no seu árduo trabalho de criar novas trilhas, novas veredas, conceituando a feminilidade e a masculinidade de base, como marcas que diferenciam e singularizam o ser humano em sistemas de astros com destinos quase incomunicáveis, ao mesmo tempo em que tentam, paradoxalmente, viver em comunhão.

Em outro caminho que se abre, o autor vê como o Édipo nunca se dissolve aos pedaços, dos quais surgiria o superego, como imaginou Freud. Até o fim dos nossos dias estaremos prenhes do nosso Édipo. No nosso inconsciente, ele estará sempre vivo como uma constelação que nos acompanha. Assim Ferrari prefere falar em *constelação edípica*, e não em complexo de Édipo. Para ele, a questão do corpo ilumina a questão do tempo. E é aí que nasce o livro *Vida e tempo*. A vida é atravessada por uma linha vermelha – o tempo. Ferrari, corajosamente, lançará todas as suas reflexões teóricas e a sua visão do mundo contemporâneo, visando a criar novos procedimentos no atendimento clínico. O tempo é visto diacronicamente, caracterizando agora as doenças terminais, o envelhecimento.

No capítulo "Só amanhã", em que trata da possibilidade de análise com pacientes com doenças terminais, podemos apreciar o jovem Ferrari no seu trabalho de antropólogo nos anos 50, quando se interessou pelos rituais da morte junto a algumas tribos indígenas do Brasil Central. Já aí observa a necessidade de a cultura acolher e modular o final dos nossos dias. Testemunho talvez do eterno desejo no homem da criação da utopia. Quando todas as ideologias falham no filme *Invasão Bárbaras*, a amizade ainda pode nos restar, e a morte ser seguida de rituais de conforto solidário.

Na verdade, a psicanálise vai na contramão da movimentação feérica da sociedade do espetáculo, com seu excesso de bens, de festas, de imagens, mas na qual o homem está construído como os filmes de efeitos especiais. Tudo é virtual, tudo é *fake*.

Ainda no capitulo "Só amanhã", Ferrari nos fala sobre o modelo de que se serviu nas suas indagações sobre a morte, mas também sobre a vida e seus terremotos.

"O modelo de que me sirvo para tais indicações utiliza metaforicamente o que aconteceu no trabalho de restauração, ainda hoje em andamento, dos estupendos afrescos de Giotto da Igreja de São Francisco, danificados pelo terremoto que há alguns anos abalou a cidade de Assis, na Itália. Na catástrofe, alguns afrescos foram pulverizados. Mesmo assim, uma equipe de especialistas conseguiu reconstruir parte deles, servindo-se de minúsculos fragmentos recuperados. Defini esse conjunto de fragmentos como 'a poeira de Giotto'." Falando sobre essa circunstância na relação analítica, Ferrari nos mostra a delicadeza e a intimidade da dupla, quase um toque.

Pareceu-nos curioso que a experiência do terremoto em Assis tenha motivado Ferrari a intitular seu livro, em italiano, de *Il pulviscolo di Giotto* (A poeira de Giotto). É um título enigmático. Acredito que não se trata só do enigma da morte, mas do enigma do estranho que se esconde nos arcanos do nosso espírito, que tentamos reconstruir ou construir em uma análise.

Também é preocupação deste livro o tempo da análise – quando esta já deitou seus frutos em nosso psiquismo, e, diante das mazelas a que a vida nos submete, procuramos um colega de jornada, fazendo a nossa auto-análise com testemunha. Os procedimentos nessas análises abrem novos horizontes e nos propõem uma nova práxis. Ferrari diz: "O termo reanálise, em geral utilizado para definir esse tipo de análise, sugere a idéia de um retorno ao passado ou a repetição de eventos e processos já ocorridos." Na verdade, para o autor de *Vida e tempo*, por mais que estejamos analisados, há perdas momentâneas, trepidações, turbulências, fenômenos para os quais a idéia de regressão em análise não parece funcional do ponto de vista clínico e mesmo no plano teórico.

Ferrari lança mão da sua antiga conceituação da análise como processo no qual analista e analisando estão implicados: "A função do analista consiste em ativar processos de pensamento, mais do que fornecer respostas, e a relação analítica se desenvolve em duas linhas principais: ir em direção ao 'si mesmo' do analisando e voltar para o 'si mesmo' do analista."

Com essa conceituação Ferrari chega aqui ao próprio nervo do que é uma análise, e é dessa nervura que surge a auto-análise com testemunha, um dos capítulos do presente livro. O paciente, em sua auto-análise, é agente de seu destino, e é do seu desejo que ele nasce como sujeito de sua historicidade. Ele não regride à infância no sentido infantilizador, mas resgata metaforicamente o seu passado como inspirador, não como repetição compulsiva.

Na verdade, a auto-análise com testemunha é já um aprofundamento da própria concepção de Ferrari sobre o processo analítico, no qual o paciente é todo tempo convocado a participar ativamente do processo.

Sonia Curvo de Azambuja
Analista didata da Sociedade Brasileira
de Psicanálise de São Paulo

APRESENTAÇÃO

Apresentar este livro nos remete aos primórdios do pensamento de Armando B. Ferrari. Desde os idos de 1980, seus estudos sobre a relação analítica, publicados na *Revista brasileira de psicanálise*, já indicavam a direção de seu pensamento sobre a mente humana, tal como ela nos é dada a conhecer no espaço único do *setting* analítico.

Sempre partindo da clínica, com a qual até hoje se encontra umbilicalmente ligado, constrói suas teorias, já publicadas em português, nos livros: *O eclipse do corpo* (Imago), *Adolescência: o segundo desafio* (Casa do Psicólogo) e *A aurora do pensamento* (Ed. 34).

Sua proposta de pensamento nos trás, como linha fundamental, a hipótese do Objeto Originário Concreto (OOC), segundo a qual a mente é chamada a funcionar, no momento do nascimento, pelas emanações corpóreas físicas, sensoriais e emocionais. É por meio das vivências desse corpo (que chamei de "corpo inaugural" ao comentar, certa vez, a obra de Ferrari) que a vida mental se inicia, para dar conta do caos do recém-nascido. Aos poucos, a constituição do mental vai pondo o corpo em eclipse, sem que ele jamais desapareça. Desse modo, a hipótese do OOC, que ele desenvolve através de toda a sua obra, estabelece o corpo como o primeiro objeto para a mente da criança, ao mesmo tempo que a constitui. Como uma flecha de dupla direção, ela se instala no momento exato em que o objeto-corpo surge para ser elaborado. Proposta de dialética, inquietante como as primeiras angústias, as mais primitivas que emanam do emergir no mundo como ser humano.

Partindo dessa concepção, encontramos uma visão de clinica psicanalítica em que a função do analista será esclarecer o analisando sobre seus modos de funcionamento mental, suas emoções, suas teorias específicas sobre si mesmo e sobre sua convivência original com o mundo exterior. A idéia fundamental é que cada corpo específico produz uma mente específica, e poder encontrá-la será a grande tarefa da relação analítica.

Dentro da hipótese do OCC, chegamos, com o autor, àquela que me parece, no contexto de sua obra, ser a grande intuição, que deveria ser exaustivamente estudada: a adolescência como um segundo desafio, na qual o corpo novo que se estabelece (o corpo sexuado) vai obrigar a mente, agora já em funcionamento, a ter que se debruçar novamente sobre esse objeto fundante. O nascimento, na adolescência, desse outro corpo irá obrigar a mente a se rearranjar para lidar com as novas fontes de angústias, ocasionadas pelas metamorfoses corporais. O adolescente terá de ir ao encontro de um outro si mesmo, concretamente vivido no corpo e ao qual a vida mental deverá dar algum sentido. Assim, a mente adolescente terá que dar novas respostas ao problema da aceitação do próprio corpo, da sexualidade, do conflito edipiano (que vai implicar, para sempre, a dialética da identidade de gênero) e da virtualidade da força corporal, que vai obrigá-la a lidar com as angústias mortíferas para além das fantasias, complicando as relações com o mundo externo. Das harmonias e desarmonias dessa relação corpo-mente resultam ou as possibilidades de uma vida rica, criativa e original, ou, ao contrário, os casos graves de cisão e delírio, assim como, no meu entender, a problemática enigmática dos pacientes fronteiriços.

A história mental adolescente se constitui, desse modo, no coringa emocional da vida adulta, encenando, com suas especificas angústias, um pano de fundo para as elaborações inter e intrapsíquicas. Tal proposição cria instrumentos novos na abordagem desses quadros, trazendo para a relação analítica o clima mental vivido pela primeira vez na adolescência.

O terceiro livro, *A aurora do pensamento*, aprofunda os temas discutidos até agora e revisita o sistema articulado das conceituações psicanalíticas. O autor explicita, com farto material clínico, suas idéias sobre o emergir do pensamento. A partir do aprofundamento das noções de *constelação edipiana*, de *masculinidade* e *feminilidade de base* e de *configuração egóica*, apresenta sua hipótese sobre a *rede de contato*, que vai envolver a tarefa primordial da mente: a possibilidade de pensamento. Vai falar, então, de um espaço mental a ser constituído por uma rede de contato, produzida pela intersecção das sensações e das emoções com as variadas possibilidades de pensamento. As experiências físicas e psíquicas se entrelaçam como nós de uma rede, o que Ferrari vai chamar de *correspondências significativas* da relação mente-corpo. Este livro se coloca, na continuidade de sua obra, como uma grande reflexão sobre a construção do mental –tarefa que vai colocando em eclipse o grande caos do corpo, como ele postulou desde o início.

Chegamos, assim, ao quarto livro, *Vida e tempo*, que agora apresentamos. Proponho que seja lido com cuidados e carinhos especiais. Sugiro ao leitor algum contato com a obra anterior de Ferrari, porque ele vai nos colocar diante das outras (e últimas) angústias que o corpo é capaz de produzir e que irão novamente tumultuar a mente humana.

Vida e tempo retoma a problemática existencial e nos leva a visitar as novas manifestações que emanam do corpo e produzem suas correlações psíquicas – a velhice, a doença, a doença terminal e a morte. Enfim, é a flecha do tempo que vai deixando suas marcas nas histórias pessoais. Ferrari as articula (como sempre faz) por dentro da relação analítica, exemplificando como essas análises exigem uma nova postura dos analistas que se defrontam com essas configurações. Seus ensaios são profundos e – por que não – comoventes, na sua implícita exortação da vida, até onde e quando ela pode ser vivida.

A relação analítica se mantém, assim, forte, pungente e doadora de vida, nesse tempo precioso que é o único que o ser humano tem o direito de usufruir até o fim: o tempo de sua própria vida.

Myrna Pia Favilli
Analista didata da Sociedade Brasileira
de Psicanálise de São Paulo

CAPÍTULO 1

A FLECHA DO TEMPO

A irreversibilidade do tempo

Do tempo, só conhecemos os sinais. Alguns deles, os naturais, aprendemos a interpretar. Outros, criados por nós, indicam apenas as manifestações do tempo, *nunca* o tempo.

O senso comum pode ajudar a dar significado ao tempo e, assim, recorrendo à memória e ao desejo, podemos distinguir o passado do futuro.

A memória fornece um registro do passado e o desejo permite planejar um futuro que, no entanto, não podemos conhecer. Devemos, porém, levar em conta que na interpretação dos eventos que obedecem às leis fundamentais da física, essa distinção *quase* desaparece.

De fato, estamos considerando o tempo linear, da decadência, da perda de energia e de calor, o tempo da dissolução, cujos sinais são a irreversibilidade e o envelhecimento, e não o tempo cíclico a que aspiramos e que se resume no nascimento-renascimento e no eterno retorno. Desse ponto de vista, é útil, então, a definição do tempo como "relógio biológico": a mensuração corpórea como critério para estabelecer e qualificar temporalmente cada momento nosso.

A concepção física do tempo pertence à área científica e inclui também a inevitabilidade da morte. A concepção cíclica é conhecimento e nos ajuda a viver[1].

---

[1] Trata-se de uma imagem interessante e poética, sugerida pelo prof. Luciano Angelucci, segundo a qual, para os seres humanos, o tempo existe apenas como "bolha do tempo", ou seja, bolha na qual ele se origina e se qualifica apenas para o indivíduo. No universo do *não-tempo*, de modo repentino e espontâneo como uma fermentação, apareceria um tempo que, como uma bolha, encerraria o homem. É ele mesmo que dá, do tempo, uma especificação

A percepção intuitiva representa o mundo como algo colocado no espaço, mas em *evolução* no tempo. Como algo que se desenvolve no tempo, ela não pode ser considerada como simplesmente subjetiva, pois corresponde objetivamente a uma série de dados biológicos, geológicos e astronômicos. Todos os processos que ocorrem no tempo têm em comum uma especificidade: geram coisas como ordem, repetitividade e expectativa, ou seja, informação[2]. Mas essa informação, por sua vez, parece estar limitada pelas conseqüências do próprio princípio de indeterminação de Heisenberg[3], (que se refere à física molecular, disciplina de grande relevo para todas as ciências humanas), segundo o qual, o modo que temos para conhecer a realidade implica necessariamente uma dificuldade. Se determinarmos com precisão a posição de uma partícula, não poderemos determinar também sua velocidade e vice-versa. Configuram-se assim duas posições que parecem irreconciliáveis: o determinismo e o probabilismo. Alguns autores, porém, consideram-nas integráveis na dimensão de um determinismo probabilístico.

Na seqüência puramente determinística, de natureza atual, é impossível encontrar um "antes" e um "depois", enquanto na seqüência probabilística, de natureza potencial, é possível evidenciar a passagem de A para B e eventuais movimentos na direção oposta.

Se optarmos pelo determinismo, a conseqüência implícita é recorrer ao princípio de causalidade de Laplace; mas se considerarmos o probabilismo, é possível prever (ou melhor, levantar uma hipótese de probabilidade) a maneira como os fenômenos acontecerão e em que direção.

---

discreta. Existe, segundo o prof. Angelucci, um termo siciliano, *sbommicare* (N.T.: termo dialetal, com efeito onomatopéico, que evoca "irromper", "sair com ímpeto") que dá uma idéia plástica do "sair repentinamente", exatamente como as bolhas citadas que contêm o tempo. A dissolução dessas bolhas remeteria ao universo do não-tempo.

[2] Para usar uma expressão de A. Eddington, esses processos indicam a direção em que está orientada a "flecha do tempo", ou melhor, definem a flecha *histórica* do tempo. In: D. Layzer, "Cosmology and the arrow of time". *Vistas in astronomy*, vol. XIII, Permagon Press Inc.,1972.

[3] W. Heisenberg, "Lo sviluppo della meccanica quantistica" (1933), in: *Mutamenti nelle basi della scienza*, Boringhieri, Turim, 1978.

Vida e Tempo

O que nos interessa é a intencionalidade, que é a realização no tempo de um "determinado" (e é disso que tratamos), de uma presumível intencionalidade, conciliável com uma lei determinística. Em outros termos, é o modo como os fatos de um universo determinístico interagem com as leis do livre-arbítrio.

Antes ainda de propor uma intencionalidade psíquica, poderíamos considerar os fenômenos que se instauram no âmbito da intencionalidade, mas que são autônomos em relação ao determinismo.

O determinismo, ou pelo menos um certo determinismo, é, no fundo, a própria vida. De modo paradoxal, poderíamos dizer que é o probabilismo da vida. Referimo-nos em particular à vida animal, apesar de saber que todas as formas de vida parecem obedecer a essa lei, ainda que com modalidades e características que estão além dela.

A vida reproduz-se segundo um certo modelo, e é impossível, atualmente, explicá-la do ponto de vista causal.

Surge, então, um primeiro e importante problema: a autonomia do psíquico. Não como uma essência qualquer, separada da corporeidade, mas como substância que nasce no âmbito da natureza (de fato, nasce do Uno) e que é, por isso, marcada pelo determinismo.

Essas autonomias existem antes mesmo do surgimento do Binário e coincidem com o próprio evento da vida[4].

Na hipótese do Objeto Originário Concreto (OOC), a corporeidade, no sentido de presença ativa em sua complexa organização, dá vida ao processo mental. A expressão Objeto Originário Concreto qualifica e dá relevo à unidade processual e dinâmica constituída por um corpo no sentido físico, por sensações esparsas que provêm desse corpo e por um aparato que percebe e anota.

O eclipse do corpo é condição necessária para criar o espaço indispensável em que ocorre a ativação da função psíquica, que contém e dá significado às contínuas solicitações da corporeidade. Eclipse não porque desaparece, mas porque fica temporária e necessariamente

---
[4] A. B. Ferrari, *O eclipse do corpo*, São Paulo, Imago, 1995.

na sombra, presente como pano de fundo, permitindo a atividade do pensamento.

O OOC dá vida a uma relação primária dupla: vertical e horizontal. A vertical acontece entre o corpo que emana sensações como presença ativa (Uno) e uma atividade psíquica (Binário) posta em funcionamento pela presença da mãe ou de alguém que a registra em seu lugar.

O Binário, por sua vez, estende-se e engloba – além da criança e da mãe com sua função catalisadora – o mundo externo, dando origem à segunda relação primária, a horizontal.

Potencialmente presente já no momento em que se nasce, o Binário se ativa progressivamente, desempenhando a função de contenção e discriminação das sensações e emoções presentes no Uno em estado marasmático.[5]

O tipo particular de relação que o Binário instaura com o Uno estabelecerá o modo como ambos contribuirão para a constituição da "unidade na identidade".

O encontro entre dimensão vertical e horizontal tende a realizar "correspondências significativas" entre as premências do Uno (sensações e emoções) e a representação e dizibilidade que o Binário concede a elas. As funções de representar e tornar dizível o que provém do Uno desenvolvem-se em uma dimensão temporal, que assume pleno significado a partir da relação com o outro e com o mundo externo; essa relação não tem limites e pode atingir, em cada um, os extremos da possibilidade de conhecimento.

Afirmamos que o Binário é produto do Uno, mas é essencial lembrar que não é simplesmente um efeito dele. O Binário, de fato, tem dimensões tais que chega, às vezes, a determinar a corporeidade e a dominá-la. Ora, o Uno é o sentir dessa unidade originária, original e concreta em que o Binário se desdobra com toda a sua, digamos assim, potencialidade, mediante o surgimento da consciência e do pensamento explícito, em todas as formas de representação de que podemos ter experiência.

---

[5] N.T.: Para uma definição de *estado marasmático* e de *marasmo*, ver página 55 deste capítulo.

Mais adiante trataremos do marasmo, do Binário e da consciência. Para conhecer mais detalhadamente as hipóteses sobre as relações entre corporeidade e psiquicidade, sugerimos a leitura de trabalhos anteriores.[6] Ainda não temos uma resposta definitiva para explicar como, por meio da organização de uma corporeidade, pode nascer um pensamento, uma consciência e uma relação entre as funções cerebrais e a linguagem.

Como conseqüência disso, se, por um lado, não podemos dizer que a natureza não seja determinística – nem que esse determinismo envolva o processo do Binário –, por outro, não podemos deixar de afirmar que cada um de nós possui ou exprime uma intencionalidade. Um exemplo de relação entre "determinismo" e "intencionalidade" é o do genoma potencial e de sua expressão efetiva; parece ser possível dizer, nesse caso, que há intencionalidade no determinismo, mas também determinismo na intencionalidade.

Seria, com efeito, difícil descrever nosso modo de agir se dispensássemos o conceito de intenção. O próprio conhecimento científico não é senão a realização de um objetivo, de uma meta: essa afirmação é endossada pelos próprios cientistas deterministas.

Nessas notas introdutórias, não usaremos o termo *mente* no sentido comumente usado – ou seja, como conjunto de faculdades intelectivas e psíquicas que permitem que o homem conheça a realidade, pense e exprima juízos, ou como sede da atividade do pensamento.

Tendo em vista, porém, uma visão mais ampla, precisamos conhecer as vicissitudes semânticas da palavra mente, ou, se preferirmos, do sistema psíquico.

O substantivo *mente*, ainda que um tanto vago, é utilizado há muitos anos. Não apenas com o sentido de sede, mas como ponto inicial e final de um conjunto de operações, comportamentos e opções próprios de cada indivíduo, que caracterizam, através da ação

---

[6] A. B. Ferrari, *O eclipse do corpo*, São Paulo, Imago, 1995; A. B. Ferrari & A. Stella, *A aurora do pensamento*, São Paulo, Editora 34, 2000.

ou do pensamento, além das escolhas, os objetivos que constituem e guiam seu modo de ser na vida.

O próprio Freud dá como certo o conceito de mente, a ponto de definir, ao longo de suas geniais descobertas, seus vários e mutáveis funcionamentos como *inconsciente*, pré-*consciente* e *consciente*, propondo a existência, nela, de um *ego*, um *id* e um *superego*. Para ele, esses produtos são a prova indireta da organização e do funcionamento da mente, que tudo produz e tudo engloba. É evidente que seu pensamento não é assim esquemático. Basta pensar nas noções de fantasia, pulsão, corpo, atividade onírica noturna e diurna, etc.

O conceito de *mente* comumente usado constitui um problema com o qual nos defrontamos há anos. Todas as hipóteses a seu respeito, até as mais refinadas, não parecem bastante convincentes nem funcionais. Estamos nos referindo à área psicológica, em *lato sensu*, mas sobretudo ao nosso campo específico de conhecimento.

Vamos, então, colocar a pergunta "o que é a *mente?*", para evidenciar alguns aspectos que até agora foram dados como simplesmente implícitos. Veremos, em seguida, de forma mais específica, alguns pontos de vista sobre o tema.

Para sermos breves e sintéticos, subdividimos em Uno e Binário o sistema dinâmico que configura o homem e suas manifestações. As razões, funções e modalidades dessa opção já foram rapidamente mencionadas anteriormente.

Será muito útil, durante a leitura deste ensaio, adotar uma postura que permita abandonar fórmulas que há muitos anos ocupam o cenário científico. Essa postura também deve permitir que as áreas de interesse de nosso campo de pesquisa sejam ampliadas e esclarecidas

Se, no entanto, para filósofos, médicos, neurologistas e outros, o conceito de *mente* já é claro, distinto e preciso em seu amplo significado comum, só a eles cabe avaliar.

Estudos e experiências clínicas acumulados através dos anos, fizeram-nos abandonar o conceito de mente e seu uso tradicional, bem como o uso da expressão "aparelho mental". A referência a uma função assim complexa é imprecisa demais, vaga e, portanto, não satisfatória. Isso vale – vamos repetir – para o campo específico de competência da pesquisa psicanalítica.

É óbvio que, enunciado desse modo, o problema põe em discussão a célebre definição freudiana de *inconsciente*, *pré-consciente* e *consciente* (perguntamos: são três mentes em uma?), que seriam reconhecidos como mentes por causa da maneira como se exprimem, ainda que, para Freud, sejam, em última análise, funções diferentes de um mesmo sistema.

Na prática e na técnica psicanalítica, entendemos o termo mente como um espaço ou um "campo": a área em que opera o Binário. Essa área é muito semelhante ao que em física convencionou-se chamar de campo magnético, no qual operariam vetores definidos como elétricos, químicos ou resultantes de complexas e refinadas combinações que se desenvolvem através do tempo.

O lugar onde se localiza aquilo que chamamos mente depende – e não só em termos metafóricos – dos aspectos emocionais e, portanto, corpóreos, ou dos aspectos que pertencem ao Binário. Mas o problema da localização não é significativo, a nosso ver. Podemos, no máximo, concordar com o que dizem biólogos e neurofisiologistas: que o órgão chamado cérebro deve ser considerado como o lugar em que mais se concentram (por quantidade e qualidade) as atividades consideradas pertencentes à mente. É provável que seja uma área mais predisposta a essas atividades. Seus conteúdos, porém, corresponderiam a uma série tão ampla de necessidades e de contextos casuais e intencionais que não nos sentiríamos autorizados a propor nenhuma outra hipótese.

Estamos interessados, em vez disso, no funcionamento dessa área e nas modalidades que assume em relação a todos os fenômenos que interessam a vida pensante do homem.

Desejamos citar brevemente alguns autores de diferentes especializações que se ocupam da mente e algumas hipóteses que desenvolveram.

Para a teoria *fisicista*, a mente nada mais é senão um cérebro no qual os eventos físicos são a *matéria* dos eventos mentais; a representação deles é a *consciência* – um cérebro, portanto, que identifica os eventos mentais com eventos físicos. Já para a teoria dualista, "a mente não é apenas um cérebro" e dois tipos de eventos podem ser nela reconhecidos. Ainda que postulemos um conhecimento neurofisiológico que permita compreender a atividade de cada segmento das fibras que compõem o cérebro, deveríamos ainda ser capazes de propor uma resposta à seguinte pergunta: o que é a consciência?

Uma primeira resposta foi esboçada por Brentano, para quem a consciência é a intencionalidade. Visto que a intencionalidade constitui o aspecto distintivo da atividade mental, todos os fenômenos mentais deveriam manifestá-la. Por outro lado, nenhum fenômeno físico – até onde chega o conhecimento atual – é capaz de manifestar intencionalidade e consciência. Mas nos perguntamos se pode existir um evento físico sem "intenção" de ser e sem consciência de acontecer.

Essa é a essência também da teoria reducionista, que é semelhante, como modelo metafórico, à idéia de que todos os "procedimentos verdadeiros" em matemática são recursivos, ou seja, calculáveis com uma máquina de Turing[7].

De nossa parte, reiteramos que a corporeidade não pode ser redutível a regras estritamente determinísticas, coisa que tornaria impossível, em princípio, qualquer forma de intencionalidade.

Cabe aos filósofos da mente a tarefa de definir de modo adequado o conceito de intencionalidade. Em um trabalho anterior, já postulamos a possibilidade de movimentos e ajustes da corporeidade, que poderiam facilmente sugerir a existência de uma "mente" do corpo ou intencionalidade do corpo[8].

O "senso comum" sugere que o comportamento dos homens, assim como o dos mamíferos em geral, se desenvolve na esfera in-

---

[7] N.T.: A *máquina de Turing*, idéia precursora da computação, concebida em 1936 pelo matemático britânico Alain Turing, fez entrever que era possível executar operações computacionais sobre a teoria dos números por meio de uma máquina que contivesse as regras de um sistema formal.

[8] A. B. Ferrari, *O eclipse do corpo, op. cit.*

tencional. Esse fato é tão óbvio que, infelizmente, muitas vezes é negligenciado. A intenção está, assim, presente em todos os eventos e é a razão primeira do existir.

Consideramos vãs as tentativas de Skinner de eliminar o aspecto intencional – referimo-nos a seu projeto experimental –, pois o resultado disso é apenas um mascaramento. Suas previsões não-intencionais funcionam, em certa medida, somente porque as previsões que merecem atenção e que estão em jogo nas situações experimentais por ele excogitadas, são, em nossa opinião, ilusórias[9].

O tema da intencionalidade coloca problemas muito sérios. Em nossa área, a hipótese sobre a natureza intencional dos fenômenos mentais pode suscitar algumas perguntas a respeito do mundo e das ações que daí derivam.

Resumindo o pensamento de Brentano: a concepção da mente é unificada pela idéia da intencionalidade e é ela que permite que a mente se dirija a seus objetos. A intencionalidade seria o traço distintivo de todos os fenômenos mentais, e apenas deles. Surgem problemas espinhosos. Qual seria o conteúdo intencional de um estado de ansiedade? Teríamos várias hipóteses para isso, mas a pergunta permanece em toda a sua complexidade. Nela incluímos os sinais neuronais, de que falam os biólogos, e o domínio não-intencional, das ciências físicas, na tentativa de superar a radical divisão de Brentano entre mundo mental e mundo físico.

Mas o problema exige que o especialista use instrumentos de observação adequados. Um psicólogo que trabalha nesse campo precisa saber que sua tarefa fundamental não é explicar a inteligência e sim indagar por que o comportamento do indivíduo é, em geral, orientado a satisfazer suas necessidades e facilitar a sua sobrevivência.

Gostaríamos de afirmar, preliminarmente, que a resposta que se exige da psicologia sobre a inteligência não deve ser circular. Estamos certamente diante de equilíbrios instáveis por natureza, equilíbrios

---

[9] Nos experimentos de Skinner, oferece-se ao sujeito a possibilidade de interagir, utilizando apenas um movimento corpóreo como ação adequada e, portanto, não há, ou é muito pequena, a possibilidade de discrepância entre o que o rato acredita ser a realidade e a própria realidade.

que se ajustam a todo o momento, em cada sujeito, na relação entre mundo interno e externo.

Se observarmos o problema do ponto de vista geral, pode parecer que são os dados ambientais ou externos que dão a medida da adaptabilidade e o impulso principal da aprendizagem. Mas o ambiente, no sentido amplo de natureza, pode delegar sua função seletiva a algo interno ao organismo, exatamente como a morte delega à dor, como capacidade de resposta de vida, a própria função seletiva. Nesse ponto, o problema do externo (natureza) para o interno (organismo) também não subsiste, pois a "natureza" consiste em "como nós vemos a natureza". Deriva disso que *"cogito, ergo sum"*[10] é uma tautologia, pois é verdade o contrário: *"sum, ergo cogito"*[11].

Se isso é plausível, estamos diante de organismos mais flexíveis e, de certo modo, mais "inteligentes". O mundo interno é muito versátil e pode, a nosso ver, se desenvolver, ainda que privado, dentro de certos limites, de condicionamento externo. Em outras palavras: não só aprendemos como aprendemos cada vez melhor a aprender, a partir da experiência contínua.

Estamos definindo o aprender como um propósito de "autoprojetação": algo que se move a partir do *cogito* ("agitar junto") até o *intelligo* ("selecionar entre").

Comportamentos funcionais que se produzem regularmente exigem pensamento, que, por sua vez, precisa de uma representação. Mas esta pode acontecer apenas em um sistema e, assim, não seria difícil postular um sistema de representações internas que tenha uma "gramática" própria ou, usando uma elegante definição de J. Fodor, "uma linguagem própria"[12].

Todas as formas de inteligência podem ser imaginadas em relação a todas as possibilidades de "ser" (assim caracterizadas pela

---

[10] N.T.: *Cogito, ergo sum*, expressão em latim do filósofo francês René Descartes, que significa "penso, logo existo".

[11] N.T.: *Sum, ergo cogito*, inversão dos termos da expressão cartesiana citada: "existo, logo penso".

[12] J. Fodor, *The language of thought*, Harvard University Press, 1975.

intencionalidade, é claro). É isso que transforma a existência em "ser". Podemos dizer, então, que todos os seres com alguma forma de inteligência são dotados de sistemas de representação e que, no animal homem, esses sistemas geram representações semelhantes aos sistemas lingüísticos, já que estes são formas de inteligência dotadas de intencionalidade[13].

Essas considerações nos obrigam a examinarmos as modalidades com as quais relacionamos com a percepção. O problema da percepção, por sua vez, nos devolve à representação. O que é e qual é a finalidade da representação[14]? O que o olho do indivíduo diz à "mente" do indivíduo não é o que o olho do indivíduo diz ao indivíduo.

Em outros termos, algo é uma representação *apenas* para alguém e isso implica que um sistema de representação seja tal apenas para o usuário daquele sistema[15]. Estamos em presença de uma circularidade, ou na melhor das hipóteses, de uma involução que não tem fim. Uma possível escapatória seria postular que "as idéias pensam por si sós" ou que "os pensamentos não precisam de pensadores".

---

[13] Isso nos obrigaria a pensar em uma teoria geral da representação que fornecesse um código a partir do qual pudéssemos afirmar que nossas atividades, pensamentos, proposições, estados de espírito, funções, impulsos nervosos, modelos formais, nós próprios, nossas imagens, os objetos, as máquinas – tudo aquilo que produzimos, em resumo, é capaz de representar, ou melhor, representa realmente essa ou aquela coisa. Acreditamos que todos os seres vivos dotados de alguma inteligência, sejam dotados de sistemas de representação, pelo menos em termos gerais (como a rã, por exemplo, que tem todos os recursos necessários para reconhecer o predador e por em prática uma série de operações defensivas que facilitam técnicas de fuga). Mas parece que apenas nas criaturas "superiores" da escala filogenética esses sistemas são capazes de produzir representações com modalidades semelhantes aos sistemas lingüísticos, que, no sentido de representação e de comunicação, são muito mais difusos no mundo vivo do que pode parecer à primeira vista. Na rã, a passagem da percepção à representação tem analogias funcionais com a linguagem, visto que ocorre por meio de um sistema que consente uma conversão e uma síntese.

[14] E. Garroni, "La famiglia dei significati di 'verità' e la sua condizione estetico-immaginativa", in: *Third meeting Italian American philosophy: the legittimacy of truth*, Roma, Centro Studi Americani, 2001.

[15] No caso específico da rã, somente ela pode ser a usuária do sistema olho, mas, por sua vez, em relação a seu sistema visual, a rã só pode ser considerada como externa ao próprio sistema. Poderíamos dizer, paradoxalmente, que a rã colocaria o problema da eventual representação para si mesma ou para um semelhante e a mediação aconteceria, como para todos, entre experiência e representação.

Nessa idéia há, de fato, determinismo (não poderia ser de outro modo) e a intencionalidade acaba sendo pensamento e pensador ao mesmo tempo; é mais provável, nesse caso, que os pensadores sejam os pensamentos.

Acreditamos que uma das tarefas da psicanálise é propor hipóteses que ajudem a especificar as funções e as modalidades nas quais funcionam a percepção humana e a aprendizagem e, por conseqüência, de que modo essa última pode ser transformada em experiência.

A hipótese Uno-Binário parece ter o mérito de dar continuidade às tentativas de incluir o mundo da corporeidade e a área da atividade mental em uma relação dinâmica. Desde que seja possível que alguma coisa tenha conhecimento e, portanto, experiência de algo.

Não concordamos com a teoria proposta por D. Hofstadter e D. Dennett[16]. Eles afirmam que a disciplina da Inteligência Artificial e a epistemologia tradicional compartilham a capacidade de perguntar, de modo amplo, como é possível o conhecimento. Essa posição excluiria o interrogativo colocado por E. Kant, introduzindo uma solução simplesmente mecanicista.

São considerações capazes de provocar uma série de problemas que ainda precisam ser investigados e que podem nos levar a extremas conseqüências, como, por exemplo, chegar a afirmar que nenhuma atividade da mente é jamais consciente. Em defesa dessa drástica afirmação, poderíamos dizer que temos acesso aos *resultados* ou aos *produtos* dos processos mentais, e não aos próprios processos.

Nesse ponto, precisamos voltar a perguntar o que são as representações mentais e se elas podem ser entendidas com as mesmas propriedades peculiares das imagens[17].

---

[16] D. R. Holfstadter & D. C. Dennett D.C., *L'io della mente*, Milano, Adelphi, 1993.

[17] É interessante considerar a hipótese de Baars sobre "espaço de ação global". Colocada em diferentes termos, essa hipótese parece semelhante à nossa proposta implícita de revisão do complexo edípico de Freud (que chamamos de constelação edípica), no qual o cenário proposto é – por curiosa analogia – aquele em que cada um de nós reproduz a própria representação edípica cotidiana. A hipótese de Edelman e Tononi (G. M. Edelman & G. Tononi, "Come la matéria diventa informazione", in Un universo di coscienza, Turim, Einaudi, 2000) é, provavelmente, mais pertinente como metáfora e mais plausível do ponto de vista biológico: segundo ela, a consciência tem relação direta com a quantidade de informações.

O que nos interessa é a autoconsciência, por isso queremos nos limitar a ela e deixar a tarefa de indagar a consciência para outras disciplinas. Para nós, indagar a consciência é sempre autoconsciência, pois não existe consciência do "outro". Para nós, analistas, essa é a "única natureza verdadeira e possível" do processo psicanalítico.

Sobre esse tema, são interessantes algumas considerações feitas por A. Damasio em *Emoção e consciência*[18]. Em seu trabalho anterior[19], Damasio era decididamente favorável a colocar em evidência tanto o corpo quanto as emoções, mas, nesse último, parece defender uma teoria biológica da própria consciência, baseando-se no sentido do *si* como núcleo essencial da consciência. Ainda resta esclarecer o que é este *si*.

Damasio fala do *proto-si*, algo cada vez mais próximo dos mapas de estrutura física do organismo, ou melhor, um conjunto de configurações neuronais e a sua interação com o ambiente. A consciência seria, então, dividida em duas partes: a) o cérebro que produz "imagens" que constituem o "filme interior"; b) o Eu que faz o papel de ator e espectador.

Temos a impressão de que as hipóteses com que trabalhamos, apesar de circunscritas a outro campo de pesquisa e desprovidas dos vastíssimos conhecimentos neurológicos e biológicos de Damasio, sejam mais simples e, com relação à psicanálise, mais funcionais do ponto de vista clínico.

O aspecto de sua proposta que acolhemos com maior interesse é o destaque que ele dá ao fato de a gênese das representações estar vinculada à corporeidade, com o mesmo significado que nós lhe atribuímos. É dessa corporeidade que fazemos nascer o "sentido de si".

A idéia do uso metafórico do filme, porém, nos deixa perplexos. O mesmo acontece em relação à colocação de que existem várias consciências – autobiográficas, de memória, de linguagem, de atenção (parte das muitas funções cognitivas). Mas concordamos com a afirmação de

---
[18] A. R. Damasio, *Emozione e coscienza*, Milano, Adelphi, 2000.
[19] A. R. Damasio, *O erro de Descartes*, São Paulo, Companhia das Letras, 1996.

que consciência e emoções não são separáveis e pertencem indiscutivelmente à dimensão da corporeidade. Nossa proposta é que a consciência, assim como o pensamento, seja produto do próprio Uno.

Tudo isso coloca em primeiro plano um tema determinante para essa introdução que já nos fez abordar assuntos como tempo, marasmo, mente, pensamento, imagem, representação, dor e consciência, ou mais precisamente, autoconsciência. Usamos este termo por um simples motivo: a palavra consciência exprime a categoria em sua acepção filosófica, no sentido de ter consciência de alguma coisa – e isso ultrapassa, em parte, o nosso interesse – enquanto a autoconsciência é entendida como ter consciência de si. A distinção tem importância para nós, pois permite estabelecer uma separação que tem valor clínico relevante.

A "consciência de si" está intimamente relacionada com a experiência da própria corporeidade através de sensações e emoções, enquanto o termo "consciência" sugere claramente as funções do Binário (que se incumbe, entre outras coisas, da própria existência da corporeidade). De certo modo, então, as duas categorias representam – se isso ainda for necessário – o dúplice aspecto da unidade do sistema corpo-mente.

Uma vez esclarecidos o significado, a extensão e o uso desses termos, acreditamos que pode ser útil servir-nos das hipóteses de alguns autores sobre o tema que estamos tratando.

Muitos filósofos consideram que, se concedermos uma existência real à consciência seremos obrigados a aceitar alguma das versões do dualismo, e que é possível exemplificar dois tipos de fenômenos metafisicamente diferentes no universo: o mental e o físico[20]. Conce-

---

[20] Entre os filósofos da mente, existe uma distinção tradicional entre os dualistas – que acreditam na existência de dois tipos fundamentalmente diferentes de fenômenos no mundo, a mente e o corpo – e os defensores do monismo – que, ao contrário, acreditam que o mundo é feito de um só tipo de substância. Os dualistas dividem-se em "dualistas de substância", para os quais mente e corpo definem dois tipos diferentes de substância, e "dualistas de propriedade", que pensam que "mental" e "físico" definem tipos diversos de propriedade ou de características, que possibilitam uma mesma substância – por exemplo, um ser humano – possuir ao mesmo tempo ambos os tipos de propriedade. Os adeptos do monismo, por sua vez, dividem-se em idealistas, para os quais tudo no final é redutível à mente, e materialistas, que acreditam que tudo, afinal, é redutível à substância física ou mental.

bido desse modo, o dualismo parece ser uma teoria desesperançada, pois faz uma distinção que torna incompreensível a relação entre corporeidade e psiquicidade. Acreditamos que o "dualismo de propriedade" tenha, porém, a vantagem de ser utilizável pela hipótese do sistema Uno-Binário, no qual a passagem bidirecional (nos dois sentidos) é possível também em nível psicofisiológico.

Alguns autores, como o físico Robert Penrose e o filósofo David Chalmers, adotam essa hipótese, mas a maioria tenta eliminar a consciência, reduzindo-a a outra coisa.

O caso mais polêmico é o de D. Dennet que, por meio dos estados cerebrais, reduz a consciência a termos puramente físicos (como já mencionamos) e, portanto, paradoxalmente programáveis através de computador. Isso não é uma mágica que faz o objeto desaparecer e sim a afirmação de que o objeto está aparentemente escondido em outro lugar, quando na verdade está sempre no seu único possível "aqui".

Com essas colocações, o materialismo e o reducionismo que baseiam essas teorias perdem qualquer esperança, do mesmo modo que o dualismo visto anteriormente. Parecem negar o fato evidente de que todos nós temos estados interiores qualitativos e subjetivos, como alegrias, dores, recordações, intuições, pensamentos, sentimentos, saudades, desejos, etc. Essa negação parece basear-se na errônea convicção de que a consciência tem existência autônoma e não é parte integrante e indissolúvel da vida biológica, nem fenômeno inerente a nós. Pode-se levantar a hipótese de que tal engano teve origem na tradição filosófica que transformou o "mental" e o "físico" em duas categorias que se excluem reciprocamente.

Na realidade, a autoconsciência é a condição que torna possível que alguma coisa seja significativa para cada um de nós. O significado das coisas pode se apresentar somente aos seres conscientes.

Não estamos particularmente interessados em explicar nem, menos ainda, em resolver o problema da consciência. Se ela é causada pelos processos neurofisiológicos que ocorrem no cérebro, outras ciências serão convocadas para responder e esclarecer o modo como os neurônios se conectam à experiência consciente. Para a nossa área de pesquisa, é suficiente a definição de senso comum que se limita a identificar aquilo com que estamos trabalhando.

A palavra consciência, no sentido em que a usamos e no contexto que nos interessa, refere-se muito simplesmente aos estados sensíveis e àqueles em que "temos ciência", estados esses que caracterizam a vida e que podem ser conscientes ou inconscientes – eles são inconscientes na perda dos sentidos, no sono sem sonhos, etc. Em outros termos, o indivíduo pode passar do estado em que "não tem ciência alguma" (ausência de consciência) ao estado em que "tem ciência completa" (consciência máxima), sem conhecer limites. Os estados conscientes não envolvem necessariamente a autoconsciência[21].

Em certo sentido, trata-se de encarar o problema a partir do mesmo ângulo de observação em que nos colocamos ao considerar que é o Uno que permite a presença do Binário, e não o contrário, e ao perguntar de que modo os processos do cérebro podem ser colocados em relação à consciência.

Se a hipótese é sustentável, podemos superar o dualismo mente-corpo, pelo menos no sentido em que é tradicionalmente concebido. Ninguém afirmaria que as moléculas de oxigênio e hidrogênio são líquidas, mas a reação entre elas é explicação necessária e suficiente para a definição do estado líquido. Esse modelo equivale à afirmação reducionista de que as descargas neuronais causam as sensações, quando, na verdade, qualquer um é capaz de afirmar que as sensações não são de modo algum redutíveis a simples descargas neuronais.

---

[21] N.T.: Nesse trecho, o autor contrapõe os termos *coscienza* (consciência como instância psíquica) e *consapevolezza* (consciência no sentido de "estar consciente"ou "estar ciente de"). Os dois termos têm como tradução, em português, a mesma palavra "consciência", coisa que impossibilita o confronto entre elas e empobrece nossos recursos expressivos. No presente caso, o contexto obriga a uma distinção, mas essa distinção acaba produzindo inevitavelmente uma certa artificialidade expressiva. Essa questão ocorre também na tradução do alemão para o português desses mesmos termos (Bewusstheit/Bewusstsein). Para quem se interessar pelo assunto, ver L. Hanns, *Dicionário comentado do alemão de Freud*, Rio de Janeiro, Imago, 1996.

A consciência, então, é uma qualidade emergente do cérebro do mesmo modo que o Binário é qualidade emergente do Uno.

É inegável que todas as experiências perceptivas são mediadas por processos cerebrais e, portanto, sujeitas a enganos de muitos tipos, mas esse processo não impede nem a visão do mundo real nem a elaboração de interpretações ou descrições simbólicas da realidade. Podemos ser conscientes de modo visual, tátil, gustativo, etc., ou, como diz Kant, com a "minha unidade transcendental de apercepção", apesar de não saber de que modo os processos podem provocar a consciência visual ou de outros tipos.

A dificuldade que talvez pareça intransponível é a de que o cérebro, por meio de seus mecanismos seletivos, está constantemente ocupado em reproduzir o estado do corpo para o Binário – ou seja, as condições de experiência na qual o sistema físico vive suas necessidades – e, ao mesmo tempo, em separar o organismo, do qual faz parte, do resto do mundo. Em outras palavras, o problema da consciência está no fato de que todos os estados conscientes são qualitativos, e de certo modo subjetivos, e ainda não somos capazes de estabelecer qual é o tipo de estrutura exigida para se ter consciência.

Se fosse possível responder a essa pergunta, o problema mente-corpo estaria resolvido. Enquanto isso não acontece, precisamos reconhecer que a consciência é um fenômeno biológico e, portanto, natural. É parte integrante do ser. E é desse modo que deve ser levada em consideração por qualquer descrição científica e filosófica. O seu correspondente vital é a autoconsciência.

Por enquanto, contentamo-nos em considerar as representações mentais como muito semelhantes às representações oníricas, e acreditamos que seja a própria *pensabilidade* a modificá-las em atividades *lógicas*.

Lembremo-nos de que Wittengstein propõe uma unidade entre ética, estética e lógica, e, desse modo, pouco sobraria do ícone ou da representação mental inicial. Qualquer que seja a natureza das representações mentais, temos evidências clínicas de que elas não habitam um espaço físico nem lógico, mas precisam de um espaço que chamamos de "psíquico". Esse aspecto ontológico compete, em princípio, à filosofia.

Para os nossos intentos, é suficiente tomar cuidado para não converter a representação mental em uma crença circunscrita ou hipótese dogmática, nem transformá-la em uma verdadeira ideologia. Já mencionamos a possibilidade de uma solução mecanicista. Queremos lembrar, ainda que pareça óbvio, que as máquinas podem pensar, mas de modo pré-estabelecido. Podem, assim, exprimir uma atividade que simula a atividade do pensamento, mas não podem *sentir*. Poderíamos até simular a dor humana de modo computacional, mas teríamos algo semelhante ao ocorrido em uma sessão analítica na qual uma criança pedia ao analista que lhe explicasse a água que seus olhos "produziam". Não parece um bom caminho. Diríamos que nesse campo o problema se coloca de modo dramático: no computador haveria apenas a "mente"; o Uno, pelo que nos consta, ficaria completamente excluído.

O tema da relação Uno-Binário é, assim, muito complexo, pois, mesmo nas situações harmônicas, permanece sempre um certo conflito entre Uno e Binário (bem longe da consciência). Se assim não fosse, eles não seriam sequer distinguíveis um do outro. É muito mais proveitoso afirmar que tal conflito é necessário para o diálogo no interior do sistema, ou seja, naquilo que definimos como *verticalidade*. Tentamos combater esse conflito de todos os modos, para reduzi-lo ao mínimo e para que prevaleça a máxima harmonia.

Apesar disso, não sabemos como funciona o pensamento dentro de nós. Há muitas hipóteses possíveis, mas uma dificuldade básica continua a existir, pois nos servimos do pensamento para propor a origem do pensamento do corpo. Ou seja, assumimos como referencial – e não poderia ser diferente – o próprio pensamento. Há circularidade nisso? Usamos o pensamento para reconhecer a origem do pensamento no corpo, mas o pensamento instrumental tem origem, ele também, no corpo.

Por outro lado, nós também estamos sujeitos ao teorema de incompletude de Gödel[22], segundo o qual "em qualquer sistema axio-

---

[22] N.T.: Matemático austríaco (1906-1978), nascido em Brno (na atual República Tcheca), e naturalizado americano.

mático existem afirmações que não podem ser demonstradas dentro do próprio sistema, mas que são reconhecíveis como verdadeiras, com outros meios".

Podemos então descrever a origem do pensamento (com toda a originalidade que caracteriza cada indivíduo) enquanto a corporeidade *já* existe e funciona, e está presente, exatamente porque vive. Falamos da consciência e do pensamento explícito em todas a suas representações. Mas a própria representação é um fenômeno que tem, provavelmente, a sua história interna, dificilmente analisável.

Kant diz que o tempo e o espaço são condições para que tenhamos a percepção deles, mas que só registramos o que aparece, as condições sensíveis; a substância do tempo e do espaço não são perceptíveis. Podemos ter somente uma percepção pura deles: a experiência de formas *a priori* não é possível nesse tipo de organização espacial e temporal. Tais formas constituem a especificidade do Binário, e essa especificidade confirma as condições imprescindíveis, que baseiam o funcionamento de cada sistema.

À primeira vista, esses temas complexos parecem territórios de fronteira aos quais queremos nos aproximar, ainda que apenas para ter uma visão panorâmica, sintética, simplesmente indicativa. Estamos cientes de que eles se referem principalmente à epistemologia. Conhecemos a realidade apenas através da ciência, servindo-nos dos instrumentos científicos que nós mesmos elaboramos.

Ao mesmo tempo, aceitar o determinismo para o indivíduo implica aceitar também a não-reversibilidade do tempo, pois passado e presente continuam a ser elemento essencial de sua existência, como todos os fenômenos pelos quais nos interessamos.

O que gostaríamos de encontrar é um modo compreensível e aceitável de falar do tempo, do tempo psíquico, o tempo que definimos como "originário", o tempo do homem. É sobre isso que fundamos nosso discurso.

Com essas premissas, não é fácil, por exemplo, fazer o tempo emergir do "não-tempo", ou mesmo do conceito freudiano de atemporalidade, e focalizá-lo em relação à atividade psíquica em geral e da própria corporeidade. Se não podemos conhecer o tempo absoluto, contínuo e não marcado por eventos, o que conhecemos como experiência psíquica talvez seja, na realidade, o "não-tempo". Por conseqüência, a "bolha do tempo" é uma "bolha de não-tempo." Para evitar mal-entendidos, Hawking[23] também diz que as leis da física não fazem nenhuma distinção entre passado e futuro. O tempo físico é um tempo particular que serve para explicar alguns fenômenos que a ciência separa e define rigorosamente. Mas esse não é o tempo do homem, não é o mesmo tempo que permite afirmar que é exatamente ele que faz de nós o que somos.

Deveríamos nos perguntar se somos um caso especial dentro do quadro das leis naturais. Ou, então, tentar incluir o nosso tempo nessas leis[24]. O nosso tempo permanece dentro das leis naturais, pois sendo um não-tempo em relação ao tempo absoluto, reconhece a natureza do nosso tempo dentro do tempo absoluto[25]. Tratar-se-ia de um tempo invisível, impalpável, como uma substância imaterial que, entretanto, faz parte do Uno.

Nós nos damos conta da dimensão temporal assim que tomamos consciência de nós mesmos. Ou melhor, ela aparece com a consciência[26] e é continuamente vítima das estratégias mágicas que inventamos para evitá-la ou exorcizá-la. Inventamos as mais absurdas formas e teorias para escapar dela; e desse modo só conseguimos expandi-la na mente[27].

Será que podemos, apenas por um momento, pensar em uma modalidade construtiva de dilatar o tempo, no sentido de dar vida à vida enquanto a temos?

Correndo atrás da dimensão temporal, não nos damos conta de que isso poderia anular o outro componente fundamental – o espaço –, visto que as coordenadas espaço-temporais formam, na experiência clíni-

---

[23] S. Hawking, *Uma breve história do tempo*, RJ, Rocco, 2002.
[24] J. T. Frazer, *Il tempo, una presenza sconosciuta*, Milano, Feltrinelli, 1991.
[25] Como Goethe, podemos dizer: "És tão belo não-tempo – a ponto de não morrer no tempo!"
[26] A. B. Ferrari, *Adolescência: o segundo desafio*, São Paulo, Casa do Psicólogo, 1996; P. Carignani, "La finta calma della latenza", in *Parolechiave*, 16: 77-99, Roma, Donzelli, 1998.
[27] Gostaríamos de indicar um exemplo disso neste mesmo texto. Ver Capítulo 2.

ca, um único sistema. Qual das duas dimensões será enfatizada? A resposta será dada pelo contexto analítico em que se desenvolver o diálogo e pelas necessidades que ele apresentar em seu desenvolvimento.

Nesse ponto, é útil perguntar: o que sabemos daquilo que denominamos tempo? Para onde nos leva, ou melhor, que função damos ao que chamamos de "a flecha do tempo"? Através das percepções, a "flecha do tempo" impõe a irreversibilidade dos eventos, em virtude daquele instante que, por convenção, definimos como *presente*. Interagimos com esse presente apenas por meio de uma impressão *cíclica*. Esse tipo de impressão parece dever-se ao fato de que o que chamamos de natureza apresenta-se aos sentidos de modo cíclico, e essa dimensão é determinante para as nossas experiências. Basta pensar no fato de que as línguas latinas têm um só termo para definir o tempo *cronológico* (linear) e o *meteorológico* (cíclico).

A história também parece provar isso. Sugerimos um interessante artigo do prof. Garroni[28] sobre o aparecimento da dimensão do tempo na vida do homem. O autor afirma que a criança estabelece uma relação abissal entre o hoje e o tempo "ontem" em que nasceu. Será que isso significa que precisamos imaginar "repetir" as experiências para não perdê-las? Ou essa sensação cíclica poderia ser considerada como um modo de reduzir o que intuímos ser a inexorável unidirecionalidade do tempo? Mas, então, a morte, como limite absoluto, também seria superada por meio da proposição cíclica; perderia a natureza de limite e sua irreversibilidade seria atenuada pela ilusão de um eterno retorno – que nos devolve ao conceito de imortalidade (não importa de que forma ele se apresente).

O envelhecimento e a morte do Uno são, porém, inexoráveis e confirmam a impossibilidade de recuperar o passado, qualquer que seja a forma escolhida. O tempo da vida do homem corresponde a uma curva chamada "normal" em estatística: tem um início, um ápice e um fim.

---

[28] E. Garroni, "Un' ipotesi circa il nascere del tempo psichico nella latenza", *Psicoterapia e Istituzioni*, Anno IV, n° 1, 1998.

Em uma recente mostra de artistas italianos do século XX[29], estava exposta a conhecida escultura de U. Boccioni (1941) denominada *Formas únicas da continuidade do espaço*, que parece traduzir para o ponto de vista plástico – ou pelo menos assim o interpretamos – o ponto de encontro do espaço com o tempo.

Para nos defrontarmos concretamente com a dimensão do tempo, ou do espaço no tempo, deveríamos, talvez, utilizar o que afirmam os cientistas. Segundo eles, o universo não surgiu em um espaço disponível, mas foi o espaço que, intrínseco à natureza da explosão que o originou, arrastou tudo consigo em uma gigantesca expansão. Surge a dúvida de que certas hipóteses científicas deterministas tenham reduzido o espaço em que se pode incluir a simples – e, no momento, ainda natural – história do homem. Referimo-nos a alguns neurocientistas e matemáticos, entre eles J. P. Changeux e A. Connes[30] que tratam o Eu, a autoconsciência, o pensamento e a criatividade, como algo que pode ser reduzido às atividades elétricas e químicas de bilhões de células nervosas. O homem, em resumo, seria redutível a seus aspectos materiais essenciais, e entre eles estaria a atividade psíquica e a sua consciência de ser.

Eccles propõe[31] o "dendro" como base física da interação corpo-mente (ou interação Uno-Binário, para usar nossos termos). O processo é conhecido: através das mensagens dos sentidos, obtemos as informações sobre o mundo. O autor conecta os dois aspectos, um físico e outro "imaterial", a um provável campo quântico em que a energia e, portanto, a informação – tomando emprestada uma hipótese da física das partículas – passa pelo vácuo, na ausência de matéria.

Talvez a física quântica possa, nessa área, fornecer modelos de conhecimento às neurociências.

Essa colocação parece ter alguma semelhança com as hipóteses que propomos: o Uno gera o Binário e não precisa que o Binário pré-

---

[29] *Novecento: arte e storia in Italia*, curadores M. Calvesi e P. Ginsborg, catálogo Skira, Scuderie del Quirinale, Roma, dez. 2000/jan. 2001.
[30] J. P. Changeux & A. Connes, *Matéria e pensamento*, São Paulo, Unesp, 1996.
[31] J. Eccles, *A evolução do cérebro*, São Paulo, Instituto Piaget, 1995.

Vida e Tempo

exista para viver, pois ele é intrínseco à sua própria natureza e se expande, o que permite que cada um de nós exista com a própria corporeidade e funcione como um sistema único e autoconsciente.

Ainda resta uma pergunta: nesse período de descobertas revolucionárias, de que forma a ciência poderá reservar um espaço digno para o indivíduo, já que a vida ainda segue, inexoravelmente, a flecha do tempo?

Será que é a memória que cria o tempo? Mas até as imagens que criamos para povoar o futuro (para torná-lo de certo modo presente e controlável) influenciam as ações presentes. Entre essas imagens, a consciência da morte parece ser uma das mais potentes e universais. Acreditamos que seja um elemento essencial para compreender alguma coisa do que definimos como sentido humano do tempo. Essa percepção deveria pertencer a qualquer homem; seu horizonte se estende para o futuro e para o passado. Referimo-nos ao tempo do ser humano, ao tempo mental. Nesse sentido, o nascimento e a morte configuram-se como limites intransponíveis do tempo, durante o qual, cada um de nós é hóspede ativo do mundo.

O conhecimento do tempo e a capacidade de usar a memória parecem servir, por um lado, como orientação para o futuro. Mas, por outro, confirmam a certeza da transitoriedade, gerando inevitavelmente uma profunda inquietação. É evidente que se o homem é capaz de viver na ilusão da magia, é capaz também de separar o finito do infinito e, nisso, a palavra se torna uma poderosa arma de convencimento. Através dela é que todos os seres humanos podem acreditar-se imortais. Mas tudo isso não acontece em um tempo determinado pela relação Uno-Binário. Pode ocorrer somente em um tempo mágico, em um tempo religioso, mítico, etc.

Usando uma hipérbole, poderíamos afirmar que o pensamento, enquanto construção, poderia até mesmo representar uma barreira defensiva à percepção dessa inquietação e, portanto, um refúgio à imprevisibilidade da mudança e um controle dos estados marasmáticos.

Sem contradizer Parmênides e a sua negação da realidade do "devir", poderíamos dizer que o sentido "do antes e do depois" faz parte de nossa bagagem cromossômica, e que o tempo precisa, ele mesmo, de um tempo de maturação. E esse tempo, então, nos obriga ao confronto por meio do sentir e do pensar: do Uno ao Binário e vice-versa. Pode parecer uma modalidade do ser humano, e pelo menos para nós, é uma experiência cotidiana na atividade clínica: "A idéia do tempo não tem origem nos sentidos, mas é por eles pressuposta. O tempo não é algo de objetivo e real, nem acidental, nem substância, nem relação, mas uma condição objetiva necessária devido à natureza da mente humana que relaciona a si todas as coisas sensíveis, segundo uma lei fixa."[32]

O tempo humano é intersubjetivo, mas por ser uma idéia necessária à sobrevivência, torna-se também, de certo modo, objetivo. Com esse significado, o tempo mental é como o tempo da efeméride: um tempo calculado, que só se pode conhecer através dos eventos passados. Apesar de se tratar de um tempo possível de calcular – e/ou passível de ser calculado –, é continuamente corrigido e se torna uma realidade específica da espécie humana.

Parece haver uma divisão nítida entre futuro e passado. O tempo caracteriza-se pela presença de expectativas a longo prazo, com limites que mudam continuamente. Podemos supor que o processo vital tenha criado necessidades auto-referenciais do próprio organismo. Isso é certamente válido para as dimensões individuais. As necessidades, através da ação, são definidas pelas necessidades do corpo. Correspondem, nesse sentido, às exigências de sobrevivência.

É evidente que, no ser humano, a memória dá significado ao passado, mas sempre em referência ao presente orgânico. Faz sentido, desse modo, dar a esse capítulo o título de "flecha do tempo". *É o presente corpóreo que torna patente as categorias de futuro e passado.*

Pensar, então, é um processo no tempo promovido pelo Uno. Os mundos temporais das funções cerebrais arcaicas (no sentido de originárias) poderiam talvez ser pensados como momentos temporais das formas mais antigas do cérebro.

---

[32] I. Kant, "La forma e i principi del mondo sensibile e intelligibile", in *Scritti precritici*, Roma-Bari, Laterza, 1982.

Vida e Tempo

Conseqüentemente, segundo essa hipótese, o inconsciente não é, como diz Freud, "atemporal", mas um *presente contínuo*. A atemporalidade do inconsciente se desenrolaria na mais completa indiferença dos aspectos temporais e estranha a eles. Nós, ao contrário, propomos a idéia de que produzimos e usamos inconsciente, a cada momento.

Freud, ao desenvolver suas hipóteses, teve de enfrentar muitas vezes o problema do tempo, sem por isso renunciar à sua radical convicção relativa ao inconsciente, expressa na famosa definição: "O inconsciente é completamente atemporal." Já em 1900, na *Interpretação dos sonhos*, ele recorre à hipótese do pré-consciente que, entre outras utilidades, teria também a função de dar uma dimensão temporal à transferência. Surge daí um impasse: não está claro a que se refere essa operação psíquica que participa simultaneamente da temporalidade e da atemporalidade. Seria possível objetar que o inconsciente é uma fratura no tempo, é um não-tempo e, nesse sentido, atemporal.

Ao contrário disso, sugerimos que o espaço tem origem na dimensão corpórea e, mais adiante, na fase de latência; essa última acontece mais tarde, com o surgimento das primeiras revoluções corpóreas que introduzem a puberdade. A dimensão temporal pode, assim, manifestar-se de modo unidirecional, como flecha do tempo.

Em *Inibição, sintoma e angústia*, Freud parece reconsiderar, em parte, a sua posição. Em uma nota de rodapé, escreve: "Desde que foi feita a distinção entre ego e id, o interesse pelos problemas da remoção também teve de receber novo impulso. Até aquele momento, bastava ter diante dos olhos os aspectos do processo que se referiam ao ego, ou seja, o afastamento da consciência e da mobilidade e a formação substitutiva (sintomática), enquanto a moção pulsional removida – pensávamos – permanecia sem variações no inconsciente, por tempo indeterminado. Agora, o interesse dirige-se ao destino do que foi removido, e suspeitamos que não seja nem óbvio e nem mesmo habitual que continue constante e imutável."

Os eventos dessas representações não demonstram relações de causa e efeito, mas sim relações casuais, como as das fábulas, da magia ou de outras formas desse gênero[33]. Portanto, o tempo não existe neles (no sentido de possibilidade de examinar os fatos reais). É por essa razão que, nos sonhos, o presente predomina como forma de temporalidade. O próprio Freud observou que o passado distante é transformado em distância espacial nos sonhos[34].

A própria proposição analítica só é pensável no presente, como "único" tempo ao qual analista e analisando se referem. Além disso, a referência universalmente usada no campo analítico ao "aqui e agora" parece ser uma sólida referência à dimensão espaço-temporal, condição necessária para a atividade do pensamento. O espaço, por sua vez, é intrínseco à relação analítica não apenas como indicação da emergência factual no tempo – como um *agora* –, mas também como um "espaço" total no contexto mental, no qual, temporariamente, pode emergir um pensamento.

O conceito de tempo participa da organização e das interpretações intelectuais da impressão dos sentidos; basta pensar na transformação simbólica da experiência, da qual a linguagem é o exemplo mais evidente.

Por meio da manipulação dos símbolos (pensamento), os limites do conceito de tempo podem ser estendidos para muito além do horizonte temporal e biológico do corpo. Nesse caso, não nos colocamos diante de conceitos empíricos, mas sim de *meras* representações intelectuais das quais o símbolo *se torna* uma transposição mediada analógica, que não nos permite, porém, nenhum conhecimento.

Podemos supor que a perda dos referenciais espaço-temporais pode, em último caso, significar a perda de uma situação predominantemente harmônica e a instauração de um momento desarmônico entre o Uno e o Binário. As causas dessa perda poderiam ser a razão de manifestações de inadequação em relação às necessidades reais e concretas e também de distúrbios que se apresentam sob a forma de confusão, despersonalização, distorções do espaço, do tempo e das

---

[33] J. R. R. Tolkien, *Il medioevo e il fantastico*, Milano, Editore Luni, 2000.

[34] No *flashback* cinematográfico, o tempo é um espaço ocupado por metros de película.

Vida e Tempo

proporções. Essas características são típicas dos quadros clínicos que a nosografia psiquiátrica geralmente denomina "psicóticos". Através do pensamento é possível, portanto, dilatar o tempo. Isso permite propor um tema que merece atenção, pois coloca em primeiro plano os aspectos da técnica analítica que podem ser aplicados àqueles que denominamos *analisandos especiais*.[35] Refletir sobre o tema da morte, e em especial sobre o temor da morte, possibilita reconhecê-la como aspecto constitutivo da vida. Refletir sobre viver e morrer é também pensar nas inúmeras dimensões do tempo. Propomos algumas considerações derivadas da experiência e, em especial, da experiência clínica no contexto da Relação Analítica.

Como já escrevemos muitas vezes, consideramos a Relação Analítica como um "sistema auto-interpretante" caracterizado pelo dúplice movimento de "ir em direção de si mesmo" do analisando e de "voltar em direção de si mesmo" do analista[36]. No "aqui e agora", que é a unidade de medida em que se desenvolve a própria relação, ela torna possível um contexto capaz de ativar os recursos mentais do indivíduo e os conseqüentes processos de pensamento. Isso torna a Relação Analítica diferente de qualquer outra e, para que ela se torne experiência, precisa compreender, desde o início – e em sentido temporal –, o próprio fim.

Referimo-nos ao temor da morte come uma ameaça que implicaria modificações significativas no âmbito do funcionamento mental do analisando. No diálogo analítico, é possível distinguir o pânico em relação à morte – que se refere à fisicidade-corporeidade do analisando – da angústia da morte, condição que caracteriza o funcionamento psíquico do indivíduo em geral.

Não temos intenção de criar ou refinar uma teoria sobre o medo da morte, que seja capaz de explicar ou descrever em termos gerais a

---

[35] Chamo de "analisandos especiais" aqueles definidos pela medicina como doentes terminais. Ver Capítulo 2.
[36] A. B. Ferrari, "Relação analítica: sistema ou processo?", *Revista brasileira de psicanálise*, 29, 4:476-496, 1983.

45

gênese e as implicações desse medo. Parece mais útil propor uma hipótese clínica que permita que o processo analítico se desenvolva do modo mais funcional possível para cada analisando, a cada momento.

Nossas considerações têm por base a hipótese do Objeto Originário Concreto que já citamos anteriormente. Segundo essa hipótese, as funções que especificam o Uno são multíplices e não são redutíveis unicamente às trocas bioquímicas que caracterizam a dimensão da fisicidade. Entendemos por fisicidade um contínuo desprovido de sentido, sem direção nem significado; é o contrário da corporeidade que, servindo-se de duas referências-limite (nascimento e morte) confere significado básico ao ser.

A corporeidade, como presença ativa do corpo, indica a capacidade do Uno de desenvolver uma série de operações que se movem em apenas duas direções: vida e morte. É o próprio Uno que constitui o viver e o morrer e desenha o arco da vida, movendo-se entre esses pontos. A dimensão psíquica (Binário) não pode deixar de ser envolvida. A específica relação daquele Uno com seu representativo e específico Binário irá configurar o modo como o indivíduo poderá acompanhar o inevitável percurso do Uno ou opor-se a ele, do nascimento até a morte. Isso significa que Uno e Binário gozam de uma autonomia cujo limite é dado somente pela possibilidade de sobrevivência de cada sistema.

A vida e a morte pertencem à corporeidade, em sentido geral. Mas o temor da morte pertence predominantemente ao sistema Binário. O conflito, que é intrínseco à relação Uno-Binário em condições ou fases particulares da vida, pode ficar congestionado a ponto de originar uma situação altamente desarmônica.

Assumir uma perspectiva histórica no desenvolvimento psíquico do indivíduo não significa encará-lo como linear, ainda mais se considerarmos que é exatamente nessa perspectiva que se manifesta o problema da morte, quando tem início o processo histórico do ser. Existe uma profunda diferença entre o existir físico e o "ser" do homem.

Nascer e morrer tornam-se, com o surgimento da função do Binário, os extremos que delimitam a história da vida. No âmbito dessa certeza, é possível viver responsavelmente o tempo que os separa. A vida e a morte são elementos de um processo que pode gerar tanto o amor pela vida quanto o horror pela morte. Mas é exatamente a consciência do limite que dá ao indivíduo o sentido da própria historicidade.

O temor da morte indica indiscutivelmente que "estamos vivos" e precisamos encontrar o modo mais funcional possível ao próprio viver. As diversas nuanças que o temor da morte assume dependem da fase histórica em que o indivíduo se encontra e da situação psíquica particular que caracteriza aquele determinado momento de sua vida.

Na criança, por exemplo, a idéia da morte aparece durante o processo de aquisição da dimensão temporal. A passagem da infância para a latência favorece as condições para que se constitua uma consciência da temporalidade e, portanto, uma transformação radical do ser consciente da criança. Na infância, o tempo é vivido como um longo e interminável dia. Mas na latência, quando têm início os processos de diferenciação e de individuação que acompanham a aproximação da puberdade, toma forma a experiência do tempo unidirecional. O tempo irrompe na paisagem infantil e transforma as experiências em história, permitindo um maior refinamento na capacidade de conhecimento e – detalhe ainda mais relevante – maiores possibilidades de discriminação.

A idéia de que a vida se passa em uma dimensão temporal limitada, ou como diz E. Garroni, o "não-ser-desde-sempre" e o "ser-para-a-morte"[37], comporta uma nova aquisição do tempo. A morte deixa de ser entendida como incidente de percurso ou evento catastrófico que interrompe o fluir do tempo. Sendo aceita ou não, ela se torna, a conclusão natural da vida.

Se levarmos em consideração a experiência dos analisandos, encontraremos cenários que exigem atenção especial. Referimo-nos a situações que chegam a levar o indivíduo a condutas exaltadas –

---
[37] E. Garroni, *op. cit.*

como se expor a perigos cujo ápice é "jogar" com a vida dos outros – e levá-lo à supressão da própria vida. Sem dúvida, o Binário não é capaz, em todas essas situações, de desenvolver sua função em harmonia com o Uno. Em outras palavras, quando no sistema Uno a predominância do estado marasmático converge em direção ao morrer, o Binário pode harmonicamente aceitar essa condição ou então opor-se-lhe com muito ódio e travar uma luta desesperada contra a aproximação da morte. O fator que pode determinar tais comportamentos extremos do Binário está estreitamente vinculado às experiências pessoais do indivíduo e às características específicas do ambiente em que vive. O Binário pode chegar a se isolar e até mesmo a "se desprender" da própria corporeidade.

Pode acontecer que o estabelecimento de uma relação harmônica entre Binário e Uno chegue a refrear o processo de morte ou até mesmo a detê-lo, resolvendo temporariamente o estado marasmático presente no Uno; mas, infelizmente, é possível que a luta acirrada e desesperada do Binário contra a eventualidade da morte apresse dramaticamente o fim.

Para dar mais clareza ao que pensamos, gostaríamos de propor uma distinção entre "medo da morte" e "temor da morte". O primeiro tem como característica peculiar o estado marasmático vinculado à fisicidade e à corporeidade; o segundo, ainda que sujeito aos efeitos eventuais do surgimento de estados marasmáticos, tem relação principalmente com a esfera do Binário e é, assim, passível de trabalho analítico. Medo da morte é morrer, temor da morte é viver.

Mas, também nesse contexto, cada caso é único e específico, e recorrer a teorias gerais pode ser pouco funcional. Chamar em causa o instinto de vida ou o de morte pode nos impedir de observar a essência do problema, que consiste, uma vez mais, na relação particular que se instaura entre Uno e Binário. Essa relação oscila sempre entre a possibilidade de estabelecer uma harmonia e a de delinear um conflito insanável.

O medo de morrer e a relação entre Uno e Binário exigem atenção e reflexão especiais nos indivíduos em "fase terminal". A doença e o fato de saber que há um limite estabelecido propõem ao indivíduo uma nova condição: a do corpo que segue inexoravelmente em direção à morte. Diferentemente do que acontece no período de latência – quando o indivíduo descobre a existência da morte como fato histórico e pode projetá-la no futuro – a morte, nesse caso, se coloca em termos concretos no cotidiano do analisando especial. Ela fatalmente "paira"; como fato, está realmente presente. O analisando deve confrontar-se com uma corporeidade que anuncia o próprio fim e precisa fazer uma segunda descoberta do tempo: aquele que introduz a morte.

A função analítica pode favorecer o estabelecimento de uma relação harmônica entre Uno e Binário. O objetivo é procurar modos que permitam uma vida aceitável até o momento do desaparecimento, para que a morte se torne completamente, e unicamente, o último instante de vida. Como disse Benedetto Croce[38] no fim da vida: "A morte também é um 'fazer': é o último ato da própria vida."

Iremos considerar no Capítulo 2, com a ajuda de material analítico, aspectos relativos à pesquisa clínica e à proposta de um *setting* específico para analisandos especiais.

No momento, em uma ótica totalmente teórica, vamos considerar a hipótese de fracionar o tempo, no contexto da relação analítica, em unidades cada vez menores para torná-lo, a despeito das contingências da sessão, vivível e partilhável pelo analisando e pelo analista. Para elaborar o material que o analisando especial oferece, precisamos encontrar modos específicos, que permitam ao analista apresentar proposições contendo aberturas a possíveis experiências para o analisando. Diferentemente do que ocorre em uma análise comum, tais proposições, não devem ser circunscritas no tempo, principalmente em nível emocional. E devem conter aberturas para experiências e emoções que se ofereçam ao interessado em uma fração de tempo sem "limites". Nessas aberturas, as experiências emocionais, particularmente – mas também o pensamento –, devem estar livres,

---

[38] N.T.: Benedetto Croce (1866-1952), filósofo e historiador italiano.

naquele determinado momento da relação, para desenhar novos quadros em que o viver esteja presente de modo tão intenso que nem se consiga descrever.

Para o doente terminal não há amanhã, mas "ainda não é amanhã"[39], existe o *momento* e nada mais do que o momento. Se conseguirmos ajudá-lo a subdividir o tempo nos vários momentos que o compõem, permitiremos que eles se tornem vivíveis, pois há vida em cada instante. Ele poderá se dispor a morrer apenas quando a morte chegar. De certo modo, isso significa preparar o próprio "morrer", no sentido de poder acompanhar-se a si próprio até a morte.

Esse processo parece possível se for mantida a coesão entre Uno e Binário dentro de limites que sejam compatíveis com a funcionalidade operacional de cada indivíduo. Em situações de forte tensão, essa coesão tende a esfrangalhar-se e a extremar os aspectos que comum e erroneamente chamamos de maníacos e/ou depressivos. Tais conceitos – tomados de empréstimo da psiquiatria – são usados por nós com outro significado. São inquestionáveis tanto o sofrimento que as desarmonias produzem como também a necessidade de medicamentos para enfrentá-las – eles proporcionam uma pausa na angústia, permitindo que analista e analisando usem com mais eficácia o instrumento psicanalítico.

Ainda precisamos esclarecer o que queremos dizer quando usamos as categorias depressão e mania. A experiência sugere que devemos separá-las como dois aspectos diferentes, apenas no que diz respeito às formas de manifestação. Na realidade, a fonte concerne à verticalidade e às suas relações com o mundo externo, no sentido de como lidar com os desafios. Consideradas desse modo, as manifestações depressivas e maníacas correspondem às modalidades usadas pelo sistema na tentativa de equilibrar-se na construção de uma "realidade" própria separada da concretude do real possível e, portanto, vivível. Nas situações em que se constrói um contexto imaginário, perde-se um pouco do vínculo com a verticalidade, que é substituída, em parte,

---

[39] S. Facchini, *Non è ancora domani*, Pescara, Edizioni Tracce, 1997.

pela onipotência (não importa se de impotência ou triunfo) que pode conduzir, na tentativa de fuga, à própria morte ou à de outros.

Retomando o tema do tempo, poderíamos dizer que depressão é a supressão da "bolha de não-tempo", a volta ao tempo absoluto, e mania é a criação de uma "bolha de não-tempo" – em poucas palavras, é dizer não ao tempo. Esses momentos, na realidade, nos acompanham normalmente, como matizes de fundo de todas as emoções e pensamentos. É uma oscilação comparável à do eixo da Terra, que condiciona sua rotação em relação ao sistema solar[40].

É evidente que vir a saber que se tem à disposição um tempo reduzido a "só amanhã" pode submeter o indivíduo a duras provas. Modifica profundamente a percepção da própria colocação em relação aos afetos, reduz a área de interesses e aumenta o dinamismo e a intensidade da relação Uno-Binário.

Por si só, essa situação cria condições de desarmonia acentuada, exasperando, quase sempre, aspectos depressivos e/ou maníacos. Isso depende de como cada um elabora as experiências pessoais. Nesse sentido, mania e depressão devem ser entendidas como movimentos e manifestações aparentemente contrapostos (nesse caso podem ser considerados abstratos), de uma tendência geral do funcionamento psíquico do homem: por meio dessa oscilação, procuram-se equilí-

---

[40] "O movimento do eixo de rotação terrestre em relação ao sistema de referência 'distante' – como pode ser definido a partir da posição das galáxias – é um fenômeno complexo devido à ação gravitacional combinada do Sol, da Lua e dos planetas sobre a Terra. Em termos mais simples, o movimento global é constituído por dois componentes principais: precessão e nutação. O movimento macroscópico, e mais lento, é a precessão: um movimento cônico (com semi-abertura de 23,5 graus) do eixo terrestre que cobre um período de cerca de 26.000 anos. O efeito mensurável é a chamada 'precessão dos equinócios': a posição das estrelas parece modificar-se em relação a um sistema de referência solidário com o eixo de rotação terrestre. O efeito é pequeno, durante um ano, mas suficientemente grande para ter sido descoberto por astrônomos gregos. O conjunto de movimentos do eixo terrestre previsíveis e calculáveis de modo determinístico, que ocorrem em tempos e escalas inferiores a 300 anos, tem o nome de nutação. Precessão e nutação referem-se ao eixo de rotação que não é solidário com as referências colocadas na crosta terrestre, pois as massas internas, a água dos oceanos e as massas de ar atmosférico movem-se provocando oscilações, em parte imprevisíveis, da posição do eixo de rotação." Agradeço ao prof. Piero Benvenuti pela solicitude, simplicidade e clareza com que respondeu à minha pergunta sobre o fenômeno da oscilação do eixo terrestre.

brios para as necessidades e as exigências das relações entre Uno e Binário. A irrupção do dado de realidade – que é pouco ou nada manipulável – acentua a diferença entre atitude depressiva e maníaca. Depende do que for enfatizado: a hipótese da derrocada ou do triunfo.

Nas situações de caráter extremo, percebe-se a urgente necessidade de pesquisar cuidadosamente as relações entre Uno e Binário, pois conhecer a iminência da morte ativa estados marasmáticos. O Binário tem como função específica sustentar o Uno e consentir "uma pensabilidade" cada vez mais ampla da experiência, que se torna história de vida, mesmo quando a vida se volta para o fim. Precisamos, entretanto, considerar que nessas situações não é tanto o corpo – que simplesmente existe – a rejeitar a idéia de morrer, e sim a função mental. Acreditamos que quando explodem formas de contraposição no sistema, diminuem enormemente as possibilidades de viver.

Essas reflexões sobre o medo da morte não podem ser concebidas fora da hipótese que estamos formulando do contexto da Relação Analítica. Somente nessa situação podemos abordar, através dos recursos teóricos e clínicos que temos, um momento assim especial e intenso como a experiência do fim. Referimo-nos também, e de modo específico, ao fim da experiência analítica.

É evidente que as duas atitudes levadas em consideração são radicalmente diferentes, mas têm em comum uma espécie de *desorientação*, que se manifesta pela perda momentânea das coordenadas espaço-temporais. Isso implica a ativação de estados marasmáticos análogos aos que costumam caracterizar o comportamento do paciente no início do processo analítico. Angústias, medos e tensões tendem novamente a saturar o espaço mental do analisando, sob efeito, desta feita, do impacto emocional gerado pela percepção do fim da relação analítica.

No caso dos "analisandos especiais", o objetivo do trabalho é também impedir que o pensamento da morte sature, com estados marasmáticos, o Binário dos dois protagonistas, analista e analisando, para que possam aceitar, desse modo, a inevitabilidade do fim.

Vida e Tempo

Os contragolpes, as repercussões e o resultado da introdução da dimensão histórica impõem, portanto, a necessidade de considerar o sentido e o uso da "variável" tempo no processo analítico, para que se possa chegar à conclusão dessa experiência mediante uma decisão conjunta (até mesmo nessas condições específicas em que a resposta à morte é uma necessidade inerente à dimensão dos eventos futuros), sugerida pelos tempos e pelas percepções do analista em sintonia com os do analisando. Essa é a condição necessária e suficiente para que se realize uma verdadeira *experiência analítica*.

A variável tempo torna-se, então, um instrumento que pode ser utilizado pelo analista com a finalidade de favorecer uma ativação eficaz da potencialidade do analisando, sem ter que esperar que sejam os fatos da vida a promovê-la. Podemos dizer que a experiência analítica só é realmente uma experiência analítica quando *é* um fato da vida; de outro modo, não há experiência.

Essas considerações remetem constantemente à estreita correlação e à reciprocidade entre a presença de uma condição desarmônica na relação Uno e Binário e o medo da morte. Certamente, a percepção da iminência da morte representa um limite e, portanto, uma "frustração". Precisamos considerar, entretanto, que é exatamente tal percepção que qualifica o viver.

Mais do que medo da morte, portanto, o que assume relevância é a sua origem, a gênese que brota da complexa e dramática relação que mantemos com nós mesmos. É dentro dessa relação que o indivíduo estabelece as coordenadas que lhe permitem assumir uma perspectiva temporal que traz consigo a inevitável percepção da solidão, da vulnerabilidade e da finitude. Tal condição é necessária para que a dimensão histórica cumpra o seu processo.

Entrar no tempo, estar no tempo, viver o presente – único tempo disponível –, resultante do diálogo contínuo entre o que sou e o que serei: tudo isso abre para a experiência da dor, do luto e da perda, mas abre também para o pensamento que registra e nos acompanha na difícil tarefa de viver uma vida que se torna história.

Com os analisandos especiais, esse diálogo é essencial e permite, quando as condições físicas não são particularmente dolorosas, que o sistema Uno-Binário estabeleça uma relação de transferência funcional com o analista escolhido; uma situação de aceitação e de colaboração que seja a mais harmônica possível.

A finalidade desse *setting* não é dilatar de modo artificial o espaço e o tempo – não é um simples exercício para o Binário, nem um modo de desviá-lo, distraí-lo e/ou ocupá-lo – mas encontrar, como fazem os lapões (que têm dezenas de modos para descrever suas relações com o estado e a qualidade da neve da qual dependem para viver), condições para um diálogo cuidadoso entre o Uno e o Binário. É a totalidade do indivíduo que é solicitada – sem outra alternativa – a confrontar-se consigo própria e com a realidade que está vivendo.

Viver: esse é o aspecto que compromete o ser com a responsabilidade de respeitar sua vida.

Já que a decisão de fazer essa experiência incomum depende apenas do interessado, será útil escolher os modos e as formas que analista e analisando utilizarão para atingir os objetivos que irão estabelecer. Colocado dessa maneira, pode parecer simplesmente um critério comum de aplicação da experiência analítica, mas, trata-se, nesse caso, de um inevitável encontro marcado com o tempo. A prática poderá demonstrar que ele pode ser adiado, como também, infelizmente, antecipado pela aceleração dos tempos do fim.

Os diferentes resultados dessa singular experiência não excluem que em certas situações, como veremos, seja possível chegar até o fim da experiência analítica – antes que a morte física sobrevenha –, no momento em que o analisando se sentir satisfeito com o percurso que fez e der por encerrada a experiência.

Há tempos, introduzimos a hipótese do marasmo inicial, com a qual indicamos uma condição transitória que caracteriza o momento do nascimento como desordem de todos os elementos que compõem um conjunto considerado predominantemente homogêneo. O marasmo produzido pelo trauma do nascimento é o ponto inicial da fase entrópica e da conseqüente busca de equilíbrios dinâmicos sempre novos e, por isso mesmo, instáveis.

É necessário distinguir rigorosamente essa situação daquela que chamamos de "estado marasmático". Este manifesta uma condição temporária de desordem que acompanha, em particular, as fases de transição – como a passagem da latência para a adolescência, da adolescência para a maturidade e, em geral, todas as passagens de um registro de linguagem para outro – e marca as situações desarmônicas do sistema Uno-Binário. Marasmo, não caos. Consideramos que o conceito de caos é válido unicamente para as situações reguladas pelas leis da física. Parece-nos clinicamente válido o uso da noção de marasmo aplicada ao funcionamento psíquico. O conceito de caos tem razão de ser dentro das leis naturais, que se caracterizam, ao menos em parte, pela presença de variáveis constantes no tempo. Mas, vislumbramos, com a idéia de marasmo, algo que descreve melhor o que pode acontecer durante a vida de um homem. É um período breve demais para produzir eventos que possam ter evidência dentro dessas leis, mas é caracterizado por formas específicos e altamente significativas do viver do homem. Basta pensar nas escolhas que ele faz, nos atos espontâneos com que busca o novo; todas elas são condições relativas ao fato de estarmos vivos.

Einstein, ao tratar da emissão espontânea de luz por parte dos átomos excitados, escreve que o tempo e a direção dos processos elementares são determinados pelo acaso, e, por isso, a desordem é natural. Ainda que queiramos manter uma distinção entre "caos" e "acaso", tudo isso parece sugerir a possibilidade de que o tempo é reversível. Mas para o indivíduo, passado e presente continuam a ser um elemento essencial da própria especificidade e da própria existência. Essa consideração é válida para quase todos os fenômenos dos quais o homem é protagonista[41].

O problema do tempo sempre me acompanhou e me fascinou. Em meu percurso científico, embati-me em situações de ordem e

---

[41] Com essas premissas, é difícil fazer o tempo emergir do "não-tempo" ou da "atemporalidade", pelo menos no que diz respeito à atividade psíquica e à corporeidade.

desordem, de caos e marasmo, e tenho a convicção de que essas dimensões não são compreensíveis fora de um referencial espaço-temporal.

Determinar o que o conceito de caos representa no âmbito das ciências físicas extrapola nossa competência. É fácil correr o risco de dizer coisas inexatas em áreas distantes da nossa.

Além de tudo o que propus neste capítulo, resta o tempo de viver como homem – a sensação do tempo – que continua a ser, para mim, uma dimensão desconhecida.

CAPÍTULO 2

SÓ AMANHÃ

Doentes terminais, uma hipótese de trabalho analítico

> *...os homens, ainda que tenham de morrer, não nasceram para morrer, mas para recomeçar.*
>
> Hannah Arendt

Há tempos sentimos a urgência de nos dedicar àqueles analisandos que a medicina chama de "doentes terminais", ou seja, marcados por um prognóstico que torna premente enfrentar o dramático processo de morrer, em um espaço de tempo às vezes muito breve.

Gostaríamos de indicar algumas possibilidades de intervenção clínica junto a esses analisandos e algumas modalidades técnicas de nos aproximarmos dessa experiência para a qual muitas vezes os analistas não foram preparados, mas que pode se apresentar durante a prática clínica cotidiana.

Antes de definir os aspectos técnicos desse tipo de experiência, gostaria de indicar sinteticamente as etapas que contribuíram de modo determinante para a formulação dessa proposta de pesquisa analítica. A minha preocupação pelo tema da morte, em suas várias representações, é muito antiga. Nos anos 50, particularmente, interessei-me pelos rituais de morte junto a algumas tribos brasileiras que estudei do ponto de vista socioantropológico. Apesar do tipo de abordagem ter sido, naquela época, em tudo e por tudo, coerente com o trabalho antropológico, os instrumentos de pesquisa e interpretação que utilizei compreendiam já os psicanalíticos, sintonizados com as teorias da época.

Armando B. Ferrari

As pesquisas de campo que realizei com as tribos de índios do Brasil Central[1], principalmente, oferecem interessantes observações sobre o tema deste capítulo. Muitas contribuições provêm da observação e do estudo de seus mitos e rituais de morte. A esse propósito, mencionarei algumas observações sobre a morte e sobre o morrer que não diferem muito de estudos realizados sobre pequenas comunidades medievais na Europa[2].

---

[1] Agradeço especialmente a Orlando Vilas Boas que me permitiu reconstruir, com suas informações, as etapas relativas às primeiras expedições. A pesquisa étnico-antropológica que realizei, com um difícil e arriscado trabalho de campo, teve lugar em duas áreas geograficamente distintas e em dois períodos diferentes. No começo dos anos 50, fiz duas expedições ao Alto Xingu. Parti de São Paulo, utilizando o Serviço Aéreo Postal Nacional (CAN) e cheguei em Aragarças, no Rio das Mortes. Dali, fui até uma pista de aterrissagem avançada (base de apoio da Força Aérea Brasileira), perto do rio Tatuari. A partir dessa localidade, desci de canoa até o Rio Koluene, afluente do Xingu, e até o campo "Leonardo Vilas Boas", dirigido por Orlando e Cláudio Vilas Boas. O lugar era estrategicamente situado perto das reservas de índios que formam o Parque Nacional do Xingu, um vasto território livre e o mais protegido possível dos perigosos exploradores de ouro e de pedras preciosas, os *garimpeiros*, e também dos *seringueiros*, homens que extraem látex da *Hevea brasiliensis* para preparar a borracha virgem. Esse vasto território do Brasil Central fora mantido livre pelo governo federal, colocado à disposição dos índios e confiado aos irmãos Vilas Boas, que lá viveram com uma única filosofia: pôr a vida a serviço das tribos que viviam naqueles territórios e que pertenciam a diversos grupos, tais como Ualapitis, Kamairás, Caiapós e Aruás, todos de língua tupi-guarani, os Bororos, do grupo lingüístico chamado ameríndio, e os Tchukaramaes, de língua Jê. Tais grupos são vizinhos dos Terenas e dos Xavantes, todos ao Sul e no Centro do Mato Grosso. Na segunda metade dos anos 50, fiz outra expedição ao norte de Cuiabá. A zona à qual me dirigi ficava entre a Serra do Cachimbo, a leste, e a Chapada dos Parecis, a oeste, e fazia fronteira com a Bolívia, o Peru e o território de Rondônia. O campo-base, Utiariti, situava-se no vasto território compreendido pela Chapada dos Parecis e a Serra dos Caiabis. As tribos indígenas da zona moviam-se ao longo dos rios que escorrem em direção ao Equador. Estes, depois de confluírem no Juruena, formam o Tapajós, um dos mais importantes afluentes que alimentam o Rio Amazonas. Nessas áreas encontravam-se vestígios da cultura dos índios Parecis e os Nhambiquaras, de língua ameríndia, particularmente dedicados ao nomadismo; os Botocudos (essa denominação era questionada por alguns especialistas), cujos membros usavam grandes discos de madeira na cavidade do lábio inferior; os Bororos do norte, e os Canoeiros, que viviam em uma área ao sul das Cascatas de Santo Antonio. A origem lingüística deste grupo não fora confirmada; além de uma visível tendência ao matriarcado, o grupo tinha a característica de praticar ainda ativamente o canibalismo. A distinção dos territórios em que vivem essas tribos é apenas indicativa, pois as diferenças principais encontram-se nos grupos lingüísticos a que pertencem. É evidente que durante os séculos, aspectos osmóticos caracterizaram as relações entre as várias tribos. Apesar de distarem milhares de quilômetros umas das outras, elas desenvolveram uma característica comum a quase todas as culturas indígenas que é a de deslocar-se continuamente no território, para dispor de terras virgens para sua agricultura de sobrevivência. Depois de explorar e esgotar os recursos da terra era preciso ocupar terras novas.

[2] P. Ariès, *L'uomo e la morte dal medioevo a oggi*, Bari, Laterza, 1980.

A pesquisa realizada no Brasil tinha como objetivo estudar e analisar as relações das estruturas sociais, com atenção especial aos aspectos psicológicos e comportamentais em relação à morte. O interesse estava focalizado naquela nuança de sentimento que comumente chamamos de "medo da morte", como aprendizagem cultural, e, assim, minha atenção dirigia-se às maneiras como os vários grupos manifestavam, na estruturação e na institucionalização dos vários tipos de angústia, o medo que a morte provocava (e provoca) em cada indivíduo e a ação realizada pelo grupo tribal para manter os vínculos sociais sólidos.

Os dados coletados referiam-se aos rituais de morte e às narrações míticas das razões da existência dos seres vivos em geral, dos vegetais, das constelações, dos vínculos antropomórficos com as estrelas e os planetas visíveis no céu, Sol e Lua inclusive, e, principalmente da água.

Apesar da diversidade das formas e das organizações sociais que caracterizam cada tribo, o fato de a morte ser considerada um acontecimento estranho à vida ficou evidente como aspecto comum a todos os grupos observados. Quer assuma a forma de castigo por um comportamento que infringiu as leis do grupo, ou de punição por culpas registradas e acumuladas em relação aos mitos daquela própria cultura, ela é sempre representada como algo que chega de fora para por fim à vida do indivíduo.

Não é minha intenção estender-me em temas específicos da área antropológica, mas espero ter salientado, ainda que sinteticamente, a diversidade e os possíveis denominadores comuns de como as várias culturas, mesmo que no restrito âmbito dos índios das florestas brasileiras, tratam o morrer e as formas de luto[3].

---

[3] Por vezes, as diferenças que se encontram entre as próprias nações indígenas podem parecer simples matizes, mas o índice de variação das atitudes psicológicas e sociais é muito significativo. No que se refere aos rituais de morte, é possível considerar que para os Bororos é extremamente valorizado o ritual guiado pelo pajé, enquanto entre os Caiapós cada componente do grupo tem liberdade de viver emocionalmente o "luto". Para a tribo dos Nhambiquaras, o ritual de morte refere-se ao mito da virgem que se despe momentaneamente da própria pele para renovar, no rio, o mito da juventude; ela vem a ser, por brincadeira, alvo das flechadas de rapazes desrespeitosos. A vida sairá para sempre, por aqueles furos. Junto aos Caiapós, os rituais de morte tendem a proteger cuidadosamente a vida; encerram os restos mortais em cestos especiais que são imersos na água dos rios, para conservá-los e preservá-los.

Depois dessa pesquisa, mas já dentro do campo psicanalítico, particularmente na atividade clínica, interessei-me pelos modos como os indivíduos enfrentam o medo da morte.

A pesquisa me levou a aprofundar o terreno que Freud chamou de *instinto de morte* (IM) e tomou a forma de um artigo[4] no qual, além de uma detalhada resenha dos estudos sobre o IM, apresentei cinco casos clínicos de funcionamento desarmônico com modalidades arcaicas, indicadas, então, como operantes, segundo a lógica do processo primário.

Para termos uma visão do desenvolvimento teórico do instinto de morte no âmbito psicanalítico, gostaria de esquematizar as diferentes posições a esse respeito.

Freud, em *Além do princípio de prazer* (1920), indica que "a compulsão à repetição" é o modo mais elementar pelo qual o IM se manifesta, e identifica o funcionamento psíquico no interior dos processos primários como área sob influência desse instinto[5]. As contribuições de autores sucessivos, como Klein[6], Heimann[7] e Rivière[8], concordam sem dúvida alguma com a idéia de que uma capacidade destrutiva está presente no homem. O que se discute é o valor e o significado dessa destrutividade, ou seja, *se ela deve ser considerada um masoquismo-sadismo ou uma agressividade a serviço da conservação*. A destrutividade humana pode ser considerada como expressão de uma tendência instintiva primária cujo objetivo seria *destruir por destruir* e, nessa destruição, confundir-se-iam e acabariam por perecer tanto o sujeito quanto o objeto; ou, ao contrário, pode ser considerada como secundária e, portanto, a serviço da *conservação*.

---

[4] A. B. Ferrari, "Instinto de morte: contribuição para uma sistematização do seu estudo", *Revista brasileira de psicanálise*, vol. 1, n. 3 e 4, p. 324-350 e 487-526, 1968.

[5] S. Freud, *Obras psicológicas completas,* Rio de Janeiro, Imago, 1977.

[6] M. Klein, "Note su alcuni meccanismi schizoidi", in *Scritti 1921-1958*, Turim, Bollati Boringhieri, 1978.

[7] P. Hellmann, "Nota sobre la teoría de los instintos de vida y muerte", in *Desarrollos en Psicoanálisis,* Buenos Aires, Ed. Hormé, 1962.

[8] J. Rivière, "Sobre la génesis del conflicto psíquico en la infancia", in *Desarrollos en Psicoanálisis,* Buenos Aires, Ed. Hormé, 1962.

Se aceitarmos esse segundo ponto de vista, a agressividade não exprimiria destruição, mas um destruir para conservar.

No plano clínico podemos nos perguntar se os impulsos destrutivos são autônomos ou secundários (reação às frustrações). No primeiro caso, ainda é necessário estabelecer se é possível identificar clinicamente a existência do instinto destrutivo como tal – e, assim, irredutível – e se, enfim, ele pode ser expressão do IM.

Qualquer que seja a maneira como observarmos o problema, é preciso tomar muito cuidado, pois fatores de natureza subjetiva e emocional podem nos induzir a aceitar ou a rejeitar uma das hipóteses teóricas. Conhecemos ideologias e crenças religiosas que rejeitam, por exemplo, o IM, pois o consideram literalmente oposto a suas concepções axiomáticas sobre a natureza do homem e sobre seu destino. A aceitação pura e simples do IM poderia, por outro lado, estar ligada a certas concepções fatalistas, como expressão racional de tendências agressivas ou depressivas. A mesma coisa podemos dizer daqueles que, ao contrário, minimizam os impulsos destrutivos: provavelmente, eles evidenciam uma reação destinada a equilibrar a agressividade reprimida mediante um otimismo sistemático, mais do que uma convicção extraída de uma precisa análise científica.

Essa problemática nasce principalmente do fato de que no ensaio *Além do princípio do prazer*, Freud[9] une muitas vezes o biológico ao psíquico e passa de uma dimensão à outra – à procura de uma validação dos fatos psicológicos –, ora servindo-se dos fatos biológicos, ora introduzindo, nesses fatos, significados deduzidos a partir de elementos psicológicos[10]. Por mais que se possa considerar correto conceber a relação entre o ego e a sexualidade dos dois modos, é difícil acreditar que haja, na situação real, uma dicotomia radical

---

[9] S. Freud, *op. cit.*
[10] As modificações que Freud introduziu na teoria dos instintos, ao longo de suas investigações, podem ser divididas em três grandes momentos. Cada uma das modificações da teoria não exclui, mas incorpora, a posição teórica anterior. Do ponto de vista histórico, as três classificações podem ser resumidas e articuladas em dois grupos opostos de instintos: 1) instintos de autoconservação e instintos sexuais, 2) libido narcisística e libido objetal, 3) instinto de vida, Eros, e instinto de morte, Tânatos.

entre a conservação do indivíduo e a conservação da espécie. Por essa razão, Freud logo foi obrigado a ampliar a primeira classificação – se não mesmo a abandoná-la – para dar espaço a considerações posteriores como a introdução do conceito de narcisismo primário. Isso lhe permitiu colocar o amor por si próprio como oposto ao amor pelo objeto, distinguindo em outros termos, a libido narcisística da libido objetal.

Mas, ainda uma vez, Freud percebe que existem aspectos do ego que não são de natureza sexual e, assim, fica insatisfeito com a segunda classificação teórica, chegando a afirmar: "É claro que essa posição não é a última palavra sobre o assunto". Considerações biológicas pareciam tornar impossível a aceitação de uma única classe de instintos (libido). Em seu trabalho *Autobiografia* (1924)[11], essa impossibilidade aparece com clareza, e, com base nessa segunda hipótese, ele pesquisa um modelo essencialmente dualista.

As hipóteses sobre o IM produziram, ao longo do tempo, novas contribuições no âmbito psicanalítico. A esse propósito, uma consistente corrente de pensamento viu na agressividade uma resposta à frustração[12]. Outro aspecto interessante foi a proposta de H. Racker[13], que abordou de modo diferente o problema ao sugerir que a privação pudesse ser o primeiro fenômeno na sucessão dos acontecimentos biopsicológicos: o fenômeno dependeria apenas em parte das frustrações externas e muito mais dos impulsos destrutivos dirigidos contra o próprio organismo. Essa posição aproxima Racker do conceito de situação depressiva primária descrita por R. Spitz[14].

Em relação a essa questão, posso apenas indicar que, na minha prática clínica, jamais consegui evidenciar uma relação *direta* entre

---

[11] S. Freud, *op. cit.*
[12] H. Hartmann, E. Kris, R. Lowenstein, "Note sulla teoria dell'agressività", in *Scritti di psicologia psicoanalitica*, Turim, Boringhieri, 1978.
[13] Racker H. "Contribución al problema de la estratificación psicopatológica", *Revista de psicoanálisis*, Buenos Aires, n. 3, 1957.
[14] R. Spiz, "Hospitalism: an inquiry into the genesis of psychiatric conditions in early childhood", in *The psychoanalytic study of the child,* vol. 1, Nova York, International University Press, 1945.

o aumento do comportamento agressivo e as situações de frustração, ou entre a diminuição do comportamento agressivo e as situações de gratificação. Parece-me até que não é a frustração que determina a agressividade e sim a agressividade que determina o início da frustração. Delineia-se a hipótese de estabelecer um limiar de destrutividade, ou se preferirmos, o grau de capacidade libídica necessário para controlar os impulsos autodestrutivos e/ou heterodestrutivos.

As pesquisas em âmbito clínico ressaltaram em que medida a experiência de contato com as fantasias de morte provoca no sujeito uma angústia tão intensa que chega a criar um terreno favorável para o estabelecimento de uma perigosa confusão entre a qualidade do instinto de vida e o de morte. É provável que esse fenômeno seja uma das causas que torna particularmente difícil reconhecer e estudar o IM.

Para alguns analistas, é comum falar das contradições encontradas no pensamento freudiano. Pessoalmente, julgo-as mais aparentes do que substanciais, pois em nada modificam a essência de suas idéias, que deriva do incessante esforço científico pelo qual supera conclusões anteriores e lança novas premissas.

Ignorar as forças autodestrutivas é ignorar o que se considera ameaçador, negativo, impossível de ser controlado. É, enfim, ignorar a morte. Adotando essa solução, o campo permanece limpo, simples – ingenuamente simples – e todos os obstáculos parecem superáveis mediante uma correta relação sociopsicológica. Tudo isso significa omitir, se não mesmo ignorar, os postulados fundamentais da psicanálise – em outras palavras, a relação entre o id (definido do ponto de vista filogenético e ontogenético) e o ego.

As hipóteses psicanalíticas até agora examinadas mostram, como já mencionamos, os limites de conceituações superadas no plano metodológico, pelo menos em parte. Além disso, revelam os seus limites epistemológicos, pois são acentuadamente caracterizadas por uma posição determinista. As pesquisas de muitos estudiosos são, em geral, orientadas para chegar à definição de uma causa última que justifique o instinto de morte ou, ao contrário, à demonstração da inexistência desse instinto.

No momento atual, é desejável que surjam orientações no pensamento analítico mais capazes de estarem em sintonia com os aspectos de *indizibilidade*, às vezes paradoxais, do funcionamento psíquico. Esses aspectos vêem coexistir impulsos destrutivos e impulsos criativos em uma complexa dinâmica funcional, sem que jamais se possa isolar os diversos componentes. Seria desejável, portanto, uma posição capaz de confrontar-se com a *resultante* desse movimento contínuo, e não com um único aspecto do fenômeno considerado.

São exatamente esses os pontos centrais que tivemos de enfrentar na experiência clínica com analisandos marcados por um prognóstico infeliz, que precisam encaminhar-se para a morte – não em termos de fantasia, mas como dado real, premente, inevitável e, portanto, psiquicamente invasivo.

Nós, analistas, precisamos nos dar conta dessa situação específica, cada vez mais freqüente e presente em nossos ambientes de observação e de trabalho, bem como avaliar os instrumentos e adequar as técnicas a essa realidade.

Eu já tivera no Brasil a experiência, nada fácil, de aceitar pedidos de ajuda profissional para acompanhar analiticamente pessoas que tinham prognóstico fatal. A revelação de morte certa em um prazo de tempo relativamente breve levara algumas dessas pessoas à busca desesperada de respostas inexistentes no trabalho analítico. Apesar disso, a freqüência das sessões, a possibilidade de dar início a um diálogo e o estabelecimento de uma dinâmica inicial da relação analítica permitiam uma visível diminuição da angústia de morte.

A experiência analítica com esses pacientes evidenciou a precariedade, não das hipóteses psicanalíticas de base, e sim da linguagem e das modalidades usuais da abordagem técnica e clínica e a inadequação do *setting* tradicional. Essa experiência, que se repetiu na Itália com uma amostra maior de casos, levou-me a enfrentar o problema e a propô-lo a colegas, para dar conta do pedido de pessoas, cada vez mais numerosas, que se dirigiam à análise dominadas pela angústia de ter de enfrentar a própria morte.

O que proponho é o testemunho e o resultado de uma difícil e dolorosa experiência profissional com numerosas pessoas que viveram o período final da vida nos termos descritos (salvo algumas exceções que, durante a análise, tiveram uma melhora da condição física e, como conseqüência, tiveram também uma mudança de prognóstico). Quero reiterar que a especificidade do trabalho com esses analisandos é determinada pelo conhecimento real que eles têm do limite temporal imposto às suas vidas pela doença.

Gostaria de sugerir uma série de considerações de tipo teórico e idéias de caráter técnico que confluem em uma modalidade específica de abordagem analítica. Essa abordagem fica à disposição dos colegas que podem ser surpreendidos, em seu trabalho analítico cotidiano, por inesperadas modificações no estado físico de analisandos e que podem precisar, assim, conduzir análises com indivíduos que têm de enfrentar o problema concreto da morte e aquele ainda mais penetrante e desesperador, do tempo que tem um término.

A hipótese técnica e clínica que gostaria de propor refere-se à possibilidade de viver a própria vida com intensidade no tempo presente (preencher cada instante com coisas até pequenas), independentemente do tempo que resta para viver. Se é aceitável considerar – como defendem muitos pensadores – que a morte obrigou o homem a uma das intuições mais desconcertantes de toda a sua história, *o tempo,* por que não usar esse tempo para viver do modo que for possível ou, para ser mais claro, simplesmente para viver, desvinculando a vida presente do futuro que resta para viver?

No primeiro capítulo, referi-me, em termos gerais, à minha hipótese sobre o tempo e seu possível uso. Não é nossa tarefa exorbitar o campo de pesquisa em que atuamos, mas acreditamos que morrer faz parte essencial do viver e nos envolve com aqueles que têm um encontro marcado com a morte, em um momento conhecido[15].

---

[15] Um conceituado físico do *Massachusetts Institute of Technology* (MIT), usa o livro da Gênese, para explicar aos leigos como surgiu o Universo (o *Big Bang*). O físico Gerald L. Schroeder serve-se da teoria da relatividade para propor a "elasticidade do tempo", com a finalidade de demonstrar que quando um evento único é observado a partir de dois sistemas de referência diferentes, um bilhão de anos do homem em seu sistema podem equivaler a um único dia em outro sistema.

Estamos diante do tema universal que é o morrer, simétrico a outro tema universal, o nascer.

Não estou interessado em afirmar a importância de nenhuma das teorias sobre o tempo, seja ela uma concepção grega ou de qualquer outra cultura, e sim de uma concepção que encontramos universalmente expressa e valorizada de diversos modos. O seu testemunho é um texto bíblico, o Qohélet, o Eclesiastes:

Há um tempo para nascer,
um tempo para morrer,
um tempo para chorar...

Penso que reconquistar o sentido dessa pluralidade e dessa tensão pode significar reconquistar o sentido da vida e, com isso, deixar de viver o tempo como uma síndrome.

O problema – se de problema se pode falar – é para mim particularmente presente e considero-o fascinante. Ele não obriga a responder a uma pergunta, mas, ao contrário, leva a perguntar incessantemente: o que é o tempo? "Talvez a insistência do homem em se perguntar isso seja loucura..." (Lee Masters, 1941[16]). O que é, então, o tempo? "Se ninguém me perguntar, eu sei. Se tiver de explicar a quem pergunta, não sei" (Santo Agostinho[17]). O tempo de viver ou de morrer remete a algo de invisível, impalpável, como em certos textos de Shakespeare.

Durante a prática analítica com doentes terminais, somos continuamente solicitados a nos mover sobre a delicada linha de fronteira que separa a vida – no sentido de participação plena no próprio viver – da vida que não vale mais a pena viver – porque foi invadida pela dor e por estados físicos não mais controláveis. A medicina também, e especialmente os profissionais que trabalham em terapia intensiva, está aceitando a "doce morte". Na Itália, foi recentemente introduzido o uso oficial da morfina para combater a dor física das situações extremas.

Como sustentar o sistema Uno-Binário na ausência de uma "morfina" para o Binário? É preciso evitar equívocos perigosos, como o

---

[16] L. Masters, *Antologia de Spoon River*, Brasília, Editora Cátedra, 1993.
[17] Santo Agostinho, *Confissões*, São Paulo, Martin Claret, 2002.

Vida e Tempo

ingênuo, mas fascinante, fundamentalismo ideológico, que substitui um simples ato de caridade por uma série infinita e barulhenta de argumentações. Ou a sutil hipocrisia que deixa para as máquinas a tarefa final de manter um corpo em vida, sem respeitar e sem se responsabilizar por aquele que "vive", naquele corpo e por aquele corpo.

Sabemos que o tema da morte "desejada" é inevitável, pois parece que hoje é uma das liberdades de que podemos dispor. Na realidade, foi a tecnologia biomédica que se apoderou da vida e do seu fim, pois tem condições de oferecer benefícios e, ao mesmo tempo, de prolongá-la para além do que hoje julgamos desejável, a ponto de transformar a vida humana em algo semelhante à vida vegetal. Somos obrigados a nos confrontar, de um lado, com a subjetividade do indivíduo que aspira a decidir livre e conscientemente o próprio destino e, de outro, com a responsabilidade do código deontológico do médico que tem a obrigação de garantir, a qualquer preço, a sobrevivência. Parecem-nos excessivos e pouco respeitosos os sofismas realizados em torno de "onde" colocar o limite do exercício da vontade e da liberdade individual.

Rejeitar tratamento já faz parte inevitável da autonomia da pessoa e isso implica o direito de deixar-se morrer ou, até mesmo, de provocar a própria morte. Acreditamos que todos morrem, ou cessem de viver, do modo como foram capazes de viver. Não temos e não conhecemos protocolos que tracem, para o médico, os limites dentro dos quais ele deve ou pode interromper a terapia. Assim, é preciso deixar que o sujeito seja livre para pedir a interrupção do tratamento e por fim à sua vida. Essas considerações talvez sejam apenas palavras vazias, porque o fim da própria vida depende ainda de uma decisão ativa do próprio médico.

Há notícias da existência, nos Estados Unidos, na Holanda, na Bélgica e na França, de uma fórmula chamada "compaixão solidária", que envolve o interessado, familiares, médicos e até magistrados. O procedimento suscita grande perplexidade, sobretudo por reconhecer uma competência que excede o âmbito usual de quem a recebe. A solidariedade, se disso se trata, confunde a eutanásia com a decisão de um grupo sobre o fim da vida de um indivíduo.

A morte é, às vezes – bem mais do que gostaríamos de admitir – algo de muito semelhante ao suicídio, que não é um simples ato de morte. Ele pode ser também um aspecto extremo de amor e respeito pela própria vida. Deveríamos imaginar, finalmente, regras que respeitem a multiplicidade dos valores em jogo e a especificidade de cada situação pessoal humana.

É próprio da medicina oficial enfrentar o problema corajosamente e, até onde for possível, de modo claro e levando em conta o parecer do interessado. Ou a cura é viável, ou então, sem causar sofrimento e respeitando o indivíduo e a vida, coloca-se um ponto final. Isso não exclui o fato de existirem parentes obstinados, que não se rendem, não por "amor" ao familiar em fase terminal, mas porque precisam daquela presença aparente por motivos que nesse contexto não é oportuno tratar.

A psicanálise já se interessou pelo problema da morte e pelos doentes terminais através de Freud[18] e de muitos outros autores, que se basearam sempre em suas idéias[19]. São muitos os mecanismos de funcionamento mental descritos pelo indivíduo que se encontra diante do próprio fim e é relevante a intensificação de respostas emocionais carregadas de ódio em relação à própria vida.

Essa reação não só é compreensível, como também natural. Mas ainda resta definir *contra o que* se dirige esse ódio; pois, se esse ele tem uma direção, a emoção pode nos indicar quais são as modalidades que o indivíduo coloca em ação. As manifestações podem se dirigir contra o mundo externo (episódios de loucura homicida) ou contra o próprio sistema Uno-Binário, pois, paradoxalmente, a an-

---

[18] S. Freud, *op. cit.*

[19] Não podemos esquecer que o próprio Freud foi, de certo modo, um doente terminal de câncer na garganta, cuja agonia durou dezesseis anos. Trinta e três operações cirúrgicas marcaram seus últimos anos, para fazer frente à progressiva devastação produzida por aquilo que ela chamava *das Ungeheuer*, o monstro, segundo o testemunho de seu médico pessoal Max Schnur, e como consta da biografia escrita por H.J. Schultz (*Letze Tage*, Berlim, Kreuz Verlag, 1983).

gústia de morrer pode levar a encurtar o tempo de vida (suicídio) como antecipação da morte anunciada.

No que se refere ao nosso campo de pesquisa, tudo o que consideramos possível fazer é informar a pessoa sobre a possibilidade de ter um ou mais colóquios para delinear uma experiência que poderá oferecer algumas possíveis vantagens. Estas existirão se formos capazes de perceber as características específicas do diálogo que acontece entre o corpo e a mente do analisando, esclarecendo o modo de seu funcionamento psíquico, bem como respeitando, com o máximo da sensibilidade, uma situação que não tem nenhuma, ou quase nenhuma, possibilidade de ser superada.

Tomar conhecimento do perigo da morte, a idéia de ser condenado e de ter de morrer nas semanas ou meses seguintes provocam sempre um estado de angústia e de tristeza muito peculiares. Acrescentemos a isso o fato de que nem nós mesmos somos imunes ao medo da morte.

Nem psicanalistas nem médicos foram preparados, pelo menos com a formação atual, para enfrentar a morte, e, pelo contrário, estão dispostos a colocá-la em um futuro que muitas vezes coincide com um horizonte de mera possibilidade.

Do ponto de vista psicológico, o doente terminal seguirá percursos mutáveis e fortemente condicionados pelo andamento e pelo progresso das técnicas da medicina. Deverá enfrentar estados marasmáticos que evidenciarão, entre outras coisas, as características da sua estrutura psíquica de fundo.

Como já tive ocasião de mencionar em trabalhos anteriores, no diálogo constante, e o mais harmônico possível, entre Uno e Binário, podem se apresentar repentinos estados marasmáticos produzidos por uma violenta e inesperada manifestação do corpo que apanha o Binário despreparado para enfrentá-los.

A psiquiatria conhece bem os estados marasmáticos – definidos como crises psicóticas –, que podem se apresentar ao longo da adolescência ou durante a gravidez ou ainda durante doenças físicas importantes, e os descreveu com abundância de detalhes. Acredito que essas manifestações desarmônicas, longe de poderem ser consideradas em termos de *patologia,* reproduzem modalidades arcaicas com as quais o sistema Uno-Binário enfrenta repentinos desequilíbrios no eixo vertical. São modalidades específicas de cada indivíduo e identificam as formas dialógicas e conflitantes do binômio angústia-resposta daquele sujeito particular.

Nichols[20] propõe, porém, a existência de solução para o conflito e a conseqüente formação de *novas estruturas psíquicas,* que conduziriam "a uma adaptação melhor à única realidade possível, com a renúncia ao *inútil desejo de vida".*

Afirmações desse tipo são concebíveis apenas se o especialista é da opinião de que aceitar a morte como parte da vida seria uma mistificação, pois, no fundo, todos gostaríamos de viver eternamente.

Não acredito que a morte seja um dos fenômenos menos compreensíveis e menos imagináveis, mas simplesmente um acontecimento tão banal quanto nascer. Quanto a considerá-la como parte da vida, gostaria de lembrar que a vida, e somente a vida, termina com a morte. E, como já afirmei muitas vezes, é justamente esse limite que permite superar *o existir* para chegar a *ser.* É difícil, para nós, imaginar uma vida sem fim, mas podemos aceitar que outros a desejem assim e não queiram renunciar a esse desejo. Na experiência clínica, nenhum dos casos que abordamos apresentou características semelhantes ou coincidentes com essas que acabamos de descrever.

É claro que somos mamíferos e pertencemos à espécie *sapiens sapiens,* mas a dinâmica do sistema Uno-Binário varia tanto quanto o DNA. Além de sofrer as modificações produzidas pela experiência, pelo ambiente, pelo nível de sensibilidade e pelo conhecimento, a capacidade de diálogo que teremos dentro da relação primária vertical[21] também terá papel determinante; assim, as modificações produzidas pela visão pessoal do significado de viver também exercem a sua influência. Apenas se utilizarmos como orientação o que o ana-

---

[20] S. E. Nichols, "Emotional aspects of Aids: implications for care providers", in *Journal of substance abuse treatment,* 4: 137-140, 1987.
[21] A. B. Ferrari, *O eclipse do corpo, op. cit.*

lisando diz poderemos tornar a abordagem clínica e técnica mais perspicaz.

Essas reflexões e considerações visam, de um lado, a configurar uma possibilidade de diálogo analítico útil para o analisando e, de outro, a contribuir para a preparação pessoal e profissional do analista e tornar mais fácil a abordagem de situações-limite – para as quais, até agora, nenhum professor jamais nos preparou.

O aspecto que caracteriza minha proposta de trabalho clínico consiste no modo como se trata, na relação analítica, o tema das coordenadas espaço-tempo. Além de estar sempre presente no diálogo analítico comum, esse tema fornece muito apoio quando se trabalha em situações especiais.

Nesse *setting* específico, não podemos proceder como estamos habituados, ou seja, não podemos distinguir os dois componentes necessários para considerar o pensamento e defini-lo em seus aspectos funcionais – espaço e tempo – para exaltar a sua utilidade pragmática na experiência cotidiana. Em tal relação analítica, estamos imersos em uma dimensão alterada pela ausência de um dos parâmetros fundamentais que a compõem: o tempo. Falta, assim, um elemento fundamental para todo o sistema Uno-Binário.

Nada nos resta, senão tornar o tempo absoluto, "fragmentando-o" de modo a dilatá-lo a tal ponto que cada momento contenha em si todo o tempo de vida. É tarefa essencial do analista não saturar o tempo, pois o interessado é dele ávido demais, para ter a capacidade de contenção[22].

Também o outro componente, o espaço, constitui um problema. O tema evidencia uma complexidade multiforme. Se distinguir as duas coordenadas permite uma razoável capacidade de produzir pensamentos cujo resultado é uma experiência pessoal e original, o que acontece na relação analítica, nas situações que estamos abordando, parece inverter essa hipótese. Na realidade, para quem está prestes a morrer, os dois referentes não podem ser diferenciados, pois o espaço pode "socorrer" – livremente, eu diria – o tempo, pode ajudá-lo.

---

[22] Ver Capítulo 1.

Essas são observações simples, derivadas do registro de como os interessados se colocam nessa dramática situação, na qual é justamente a falta do tempo o que prevalece. Eu não saberia dizer, senão aproximadamente, o que acontece entre espaço e tempo, ou melhor, o que acontece às coordenadas espaço-tempo.

Encontramo-nos diante de um processo que poderia ser descrito como uma contração-dilatação do tempo. O objetivo é pôr ordem nesses estados marasmáticos.

Tais pessoas não parecem muito interessadas no espaço. Na relação analítica, elas aparentam, em muitos momentos da experiência, tornar-se uma coisa só, como que fundidas, uma coisa concreta, compacta, uma nova realidade da qual são vítimas.

A tarefa do analista, entre outras, é dar uma direção e um ritmo ao aqui e ao agora. Dilatando o tempo para além de seus limites, ao contrário do que acontece em análises não específicas, as duas coordenadas, em vez de permanecerem distintas, sobrepõem-se, confundindo-se em um único plano. Produz-se, então, como uma miragem, algo parecido a um deserto de dor, em que as pessoas sentem ter "muito tempo" à disposição. Essa visão é momentaneamente compartilhada pelo analista. Talvez sejam os restos de uma antiga ilusão de imortalidade, toda a força da vida que estimula a esperança. Nós e o analisando sabemos disso. Sabemos que esse tempo é irreal, fora daquele contexto e daquele instante. Ambos percebemos uma diferença substancial, uma das especificidades dessa experiência especial de trabalho analítico. Na realidade, a diferença é dada pelo fato de que o analista pode ainda ter um amanhã, enquanto o analisando tem *só* amanhã.

Isso reforça a ênfase colocada no hoje, porque o inevitável pertence ao amanhã. A realidade e a capacidade de se adaptar a ela, por parte do indivíduo, é diretamente proporcional às possibilidades de harmonia entre Uno e Binário. Um resultado, digamos, favorável, que pode nascer dessa experiência, é o surgimento de um tempo que se torna disponível, um tempo que se pode viver. A duração desse tipo de análise pode variar de alguns encontros a alguns meses.

É evidente que as pessoas que já viveram períodos em que a própria existência esteve em perigo – qualquer que seja a natureza do perigo – são muito mais sensíveis para ativar, nessa situação, um diálogo pessoal interno. Isso não se deve a milagrosas conversões ou à superação de conflitos específicos, e sim ao fato de o indivíduo poder desfrutar de seu potencial criativo, sob a pressão dramática de alguns acontecimentos, ou, em outras palavras, ser capaz de "aprender a viver", a usar seus próprios recursos.

Esses analisandos parecem obedecer ao que I. Berlin[23] propõe como liberdade negativa – uma liberdade concebida como ausência de interferências na esfera da ação individual. Ele afirma: "Normalmente me considero livre uma vez que nenhum indivíduo, ou sociedade de indivíduos, interfere com a minha atividade." Nesse caso, a morte é o limite, é a liberdade negativa. E o analisando pode, então, se quiser, servir-se de nós, no contexto da Relação Analítica, para respeitar a sua liberdade contra a ideologia, a utopia e outras soluções que considera restritivas.

A partir da hipótese de base de *O eclipse do corpo*[24], é útil distinguir entre as funções do Uno e do Binário.

Baseando-nos na intuição de Freud (1922)[25], segundo a qual o ego é corpóreo, podemos afirmar que o Uno, enquanto corporeidade, responde ao impulso filogenético cujo princípio fundamental é manter o sistema em vida. O modo como tudo isso se realiza é marcado pela presença mediadora do Binário em suas relações, seja com o Uno, seja com o ambiente ao qual pertence. Poderíamos argumentar que a força vital é total no início da vida e depois, mediante as vicissitudes, vai esmorecendo no tempo.

O "processo de morrer", como vimos, parece mais fácil se Uno e Binário estão em relação harmônica ou se, pelo menos, vivem um conflito tolerável pelo sistema. *Grosso modo*, é o Binário que se separa do

---

[23] I. Berlin (1958), *Due concetti di libertà*, Milano, Feltrinelli, 2000.
[24] A. B. Ferrari, *op. cit.*
[25] S. Freud, *op. cit.*

Uno por algo que poderíamos definir como impaciência ou intolerância em relação aos limites, no sentido mais amplo do termo. O abandono do Uno produz um impulso em direção à onisciência e à onipotência que implica a negação das necessidades – um dramático divórcio no sistema, que se torna extremamente perigoso para o indivíduo.

Poderíamos continuar afirmando, paradoxalmente, que, do ponto de vista analítico, viver faz parte de morrer ou que o processo de morrer é parte ativa do viver. É provável, também nesse ponto, que a escolha seja determinada pela consciência que cada indivíduo tem à disposição.

O material clínico põe em evidência o fato de a notícia de uma condição patológica irreversível ser seguida pelo assombro, como eco de algo inesperado, inimaginável em si mesmo. Depois, vem um silêncio que pode dar ensejo a manifestações de vários tipos, que indicam sempre, mesmo que de modo informe, os elementos estruturais da personalidade que se sente condenada. De modo grosseiro, podemos dizer que o Uno e o Binário se observam, um ao outro, com pouquíssimo espaço de manobra. Eventualmente o pensamento poderá funcionar como amortecedor, visto que o dado em si não é, na maioria absoluta dos casos, modificável, e é, portanto, apenas fonte de possibilidade de pensamento.

Outro aspecto que se faz presente para o analisando é a nova maneira de utilizar o tempo. Talvez seja mais adequado à experiência dizer que ele não usa mais essa noção como estava habituado a fazer. O tempo pode ser dilatado até perder suas características reconhecíveis, para aproximar-se de algo que poderíamos definir como "espaço", ou pode ser acelerado de tal modo que passado, presente e futuro se tornem um "tempo" indistinto e, em certo sentido, confuso. Ele surge como elemento desejável, como a água para quem tem sede, o que leva a uma disposição ávida em relação a ele.

Certamente, o discurso fica viciado pelo fato de que apenas partes do sistema (o Uno, no caso de doenças irreversíveis) estejam destinadas a acabar. Por isso, qualquer que seja a ameaça letal, o Binário se sente impotente, aprisionado, capturado por uma coerência na qual a doença se move, decompondo e dissolvendo o corpo.

Partindo do pressuposto de que o Binário não pode abandonar o tempo sem correr o risco de catástrofes maiores, a operação clínica e teórica constrói-se, principalmente, sobre o modo como esse tempo pode ser gerido.

O modelo de que me sirvo para tais indicações utiliza metaforicamente o que aconteceu no trabalho de restauração, ainda hoje em andamento, dos estupendos afrescos de Giotto da Igreja de São Francisco, danificados pelo terremoto que há alguns anos abalou a cidade de Assis, na Itália. Na catástrofe, alguns afrescos foram pulverizados. Mesmo assim, uma equipe especialistas conseguiu reconstruir parte deles, servindo-se de minúsculos fragmentos recuperados. Defini esse conjunto de fragmentos como "a poeira de Giotto"[26].

De modo análogo, propomos ajudar o analisando que está prestes a morrer a viver o tempo que lhe resta, levando em consideração ínfimos segmentos de tempo, de maneira que ele se permita viver, nas condições atuais, tudo o que puder, no único momento em que isso é factível: o presente. Tecnicamente, isso implica que as sessões não devem deixar, dentro do possível, assuntos em suspenso.

Essa atenção, por parte dos dois protagonistas, permite ao analisando considerar cada encontro como uma sessão em que "tudo o que precisava ser dito foi dito". Se ambos forem capazes de *não* deixar coisas em suspenso, a prática mostra que pode ocorrer uma diminuição da tensão e da angústia do analisando, que consegue, em outros termos, colocar em prática o viver, momento por momento. É igualmente evidente que esse alívio, devido à "completude" do dizer de ambos, beneficia também o próprio analista.

Paradoxalmente, acabar significa, de um lado, poder suportar a percepção de "não ter mais tempo", mas também, acossado pela doença, aprender a viver aquele tempo e, assim, a "viver o morrer". Digo "não ter mais tempo", mas talvez mais correta seja a fórmula "só amanhã", com a qual intitulei este capítulo. Com essa expressão, entendo tanto a limitação do tempo que resta para viver – sem possibilidade de

---

[26] N.T.: Esta expressão, em italiano (*Il pulviscolo di Giotto*), é o título original do presente volume.

construir expectativas sobre o passado e projetá-las para o futuro –, como a própria essência do viver, principalmente com a proximidade da morte, que contempla só o tempo presente ou, na melhor das hipóteses, fragmentos de um futuro próximo. Um tempo, portanto, que se constrói no momento em que se faz, no momento em que se vive; um tempo que está dentro de cada fragmento de experiência, já privado da possibilidade de nutrir-se de esperanças ou de promessas.

Vem à mente aquela velha regra dos professores de latim: *spero, promitto e iuro reggono l'infinito futuro*[27], enquanto aqui a regra impõe tempos presentes, um contrato máximo com o *hic et nunc*[28] da vida, contínua referência ao modelo proposto pelo provérbio hebraico: "Se não eu por mim, quem por mim? Se não agora, quando?"

Mas essa operação é possível apenas com a condição de que a medicina proteja o analisando, dentro do possível, da dor física, a fim de que o sistema Uno-Binário não seja devastado de modo descontrolado. São inúmeros os exemplos que poderíamos citar: próteses dolorosas também do ponto de vista psíquico (como o ânus artificial e a bexiga externa); graves dificuldades para se alimentar e limitação a dietas líquidas; penosas condições respiratórias; impossibilidade de se comunicar e emitir sons por causa de intervenções cirúrgicas. Neste último caso, o uso de pequenas lousas de plástico em que o paciente pode escrever e, com um simples movimento da mão, apagar e reescrever, são instrumentos válidos, que facilitam a própria experiência analítica. Em tais situações, podemos nos servir do mesmo modelo de fragmentação proposto para o tempo, ajudando os pacientes a se servirem de pequenos goles de líquido e a acompanharem os novos ritmos do controle esfincteriano, ou a apreciarem o tempo necessário para transformar o pensamento em escrita, apagando depois, para repetir de modo funcional a operação.

---

[27] N.T.: *Espero, prometo e juro, regem o infinitivo futuro*. Jogo de palavras possível em italiano, língua em que a palavra "infinito" significa tanto "aquilo que não tem fim", quanto o modo verbal que em português denominamos "infinitivo".

[28] N.T.: Aqui e agora.

Essa nova maneira de se posicionar modificará a percepção do obstáculo e tornará mais funcional a relação entre Uno e Binário na relação analítica. Assim, mesmo que de modo tênue, podem ser restabelecidas as relações do Binário com uma percepção corpórea não mais ameaçadora ou hostil, mas capaz de favorecer, ainda que por um pequeno fragmento de tempo, um prazer que devolva o sentido da vida. Tal experiência permite recuperar uma perspectiva temporal mediante diferentes e múltiplos sinais de percepção corpórea e o correspondente psíquico, estendendo seu significado a cada operação.

Na Relação Analítica conduzida nessas modalidades específicas, há períodos em que o analista precisa estar pronto para conter a ruptura de um momento de harmonia conquistado pelo analisando. A harmonia pode ser subvertida por estados marasmáticos repentinos, em geral produzidos por situações objetivas de dor (visitas periódicas de especialistas que controlam o estado geral do paciente) e também pelo uso de algumas expressões ou palavras do analista que, no contexto do diálogo, fazem emergir fantasmas momentaneamente incontroláveis (como o uso não filtrado de participação emocional do analista, que é mais uma resposta à sua angústia pessoal, etc.).

Nesses momentos, é possível criar um eco perigoso, que amplia a dissonância entre o analista que vive e o analisando que morre, e nisso se embatem Uno e Binário, que não podem se dissociar de sua inevitável realidade. Uma dissonância à qual se acrescenta o fato de que a vida do mundo externo, que ignora os acontecimentos pessoais, movimenta-se, como pano de fundo, entre os dois protagonistas.

Prefiro evitar, neste capítulo, qualquer observação que implique material clínico ou que faça menção (mesmo com toda a severidade deontológica, necessária em todos os casos clínicos) aos pacientes que acompanhei pessoalmente. Sou depositário de documentos e escritos que alguns dos interessados quiseram deixar sob minha guarda. Não usarei esse material. Acredito que seja um dever, não apenas com relação aos ausentes, mas também àqueles que vivem situações análogas, aos quais faço votos para que levem adiante suas experiências de vida.

É um problema que nos coloca diante de responsabilidades muito precisas, que não se limitam ao respeito pelos depoimentos, mas que devem se transformar em solicitação de empenho aos colegas que desejem aprofundar a hipótese e a teoria que rege essa modalidade particular de trabalho analítico.

O analista, nessa abordagem, não pode se eximir de acompanhar o analisando até quando ele o desejar, e, em determinadas condições, até mesmo fora do consultório. Pode ser em sua casa ou no hospital em que ele está internado. As necessidades do *setting*, levando-se em conta as exigências objetivas, são reduzidas ao mínimo indispensável: colóquio protegido, ao menos pelo tempo que o interessado é capaz de suportar, freqüência a ser estabelecida e horários sempre compatíveis, se possível, com as necessidades do analisando.

Na maioria dos casos, o paciente se sente como corpo manipulável nas mãos de especialistas. Não é pouco ajudá-lo a considerar que tem a possibilidade de escolher e decidir por si próprio até onde deve chegar sua capacidade de viver com dignidade. Para que isso aconteça, é necessário que se ative um delicado diálogo entre Uno e Binário. Caso contrário, ele é obrigado a se dirigir a um terceiro elemento, a alguma convicção ideológica pessoal, por exemplo, em relação à qual não devemos ter nada contra. Tudo isso, porém, determinaria o fim da experiência analítica, porque o percurso já estaria estabelecido *a priori* pela ideologia do analisando.

Precisamos acrescentar outra dificuldade: a onipotência que alguns excogitam com refinadas formas de auto-engano. Este recurso é uma tentativa compreensível de manter a aparência de controle, que mascara de modo pueril uma profunda percepção de impotência. Nem é preciso dizer que o analista, ao considerá-la uma forma de "registro de linguagem"[29], deve se preocupar principalmente com a angústia que nela reside e que o interessado tenta manter distante.

É evidente que, nesse contexto, Binário e Uno podem se confrontar de várias formas. Em lugar de dar nome às situações de maior

---

[29] A. B. Ferrari, *A aurora do pensamento, op. cit.*

Vida e Tempo

ou menor conflito, parece mais útil testemunhar que as vicissitudes do conflito podem colorir negativa ou positivamente também o andamento da doença. Uma situação de ódio entre os dois componentes do sistema tende a precipitar, de modo cada vez mais dramático, os próprios acontecimentos – mas não podemos afirmar que a ausência de ódio implique evoluções positivas. Temos, no entanto, a experiência de situações harmônicas que chegaram às vezes a oferecer ao analisando a possibilidade de atingir um estado de espírito quase confortável.

Gerir os sentimentos do paciente, especialmente o ódio e o amor, tem importância fundamental no sentido de aproximar o seu sistema dos dados inexoráveis da realidade. O ódio, em particular, em suas infinitas e refinadas versões, é um indicador do andamento da relação analítica e mostra, não a resignação nem a aceitação, mas um estado de espírito semelhante ao que, quase sempre, toma conta de nós quando contemplamos um pôr do sol.

Não viria à mente de ninguém contestar o pôr do sol, nem mesmo quando *il desio intenerisce il core*[30] , mas a certeza histórica nos leva a insistir em um alvorecer que não queremos que acabe, como se fosse um dado de fato e irrenunciável. Isso é válido também para os convalescentes e para todos nós, mas toca com intensidade especial os adolescentes e todas as pessoas que têm os dias contados e que vivem, por assim dizer, no tempo do particípio e do gerúndio. A morte não confere nenhuma autoridade a quem morre e chega a ser tão banal quanto o nascimento, mas tem, sobre esse último, a vantagem ou a desvantagem de ser um acontecimento final.

Minhas primeiras experiências com esse tipo de analisando remontam a mais de trinta anos, quando a medicina não havia, nem de longe, atingido os níveis de conhecimento sobre terapia da dor que tem hoje. Naquela época, a dor contínua, constante e sem trégua, era um poderoso aliado da morte e colocava o analista diante de um inimigo impiedoso e, de certa forma, invencível; ela cancelava qual-

---

[30] N.T.: O desejo enternece o coração.

79

quer esperança. A dinâmica, em si, era muito simples: quando cessava a dor, aparecia imediatamente a esperança. Isso impedia, porém, que o par analítico realizasse um trabalho, pois anulava a difícil construção de um tempo presente, em que o analisando pudesse desenvolver o seu viver. Hoje, em determinadas situações, não é a dor o aspecto que se manifesta com maior prepotência, mas uma série de problemas relacionados ao aspecto estético, que envolvem a imagem de si do analisando, deturpada em conseqüência de quimioterapias, radioterapias, etc.

O analista, diferentemente do que acontece no trabalho conduzido com os outros pacientes, não deve nem pode ficar à espera ou passivo, pois o silêncio, o vazio, a pausa preenchem-se imediatamente com a morte. É necessário e desejável, ao contrário, que o analista abra caminho corajosamente para enfrentar a realidade do analisando, segundo os seus tempos e suas possibilidades. A tarefa prioritária da intervenção é evitar que se crie um divórcio dentro do sistema Uno-Binário.

As pessoas chegam ao consultório pedindo apoio para um dos componentes de seu sistema – aquele que é sentido como mais ameaçado e onerado – acompanhadas pela morte ou deixando-a do lado de fora do recinto da análise.

Não estamos falando de fantasias, mas de dados reais, ainda que sejam infinitas as possibilidades da mente de entrelaçar, tratar e substituir "imagens por coisas concretas" e vice-versa. O diálogo precisa, então, estar ancorado nos dados reais que levaram os pacientes a bater em nossa porta.

Ficar à deriva: esse é o perigo constante que está à espreita da mente. Seria útil protegê-la, evitando recorrer à memória, ao *ontem*. A consideração não atinge apenas a técnica; o passado afastaria o analisando de si mesmo, pondo a realidade em um outro tempo que esconde uma armadilha: a exclusão de um dos componentes do sistema, o corpo ou a psique.

O trabalho analítico procura criar, no analisando, um espaço para viver, para o diálogo, de modo a evitar fugas que acabem por

Vida e Tempo

confundi-lo e abalá-lo. Em palavras mais simples, poderíamos concluir dizendo que o analisando – pretendendo menos do que imagina serem os seus recursos, mas encarando-os de forma realista – vive em uma situação menos incômoda e dolorosa e pode, dentro do possível, ser o que pode ser.

Uma das questões colocadas por esses pacientes se refere ao porquê de terem de morrer agora, justamente quando poderiam utilizar o tempo para viver, no momento em que percebem terem vivido de modo pouco funcional e se dão conta de como é articulado o seu funcionamento sensorial. Mas eles questionam principalmente o modo como é possível retomar contato consigo próprios, sem a ajuda do corpo que está sofrendo, que foi danificado e duramente provado pela dor. Não temos respostas, senão reformulando a pergunta. Senão corremos o risco de cair em uma situação semelhante à do veterano: "aqueles sim... é que eram bons tempos". E, inexoravelmente, o espaço se fecha por causa de uma opção.

O tempo acabou, não importa quanta vida reste ainda a ser vivida[31]. Esse *resto* é o protagonista deste capítulo intitulado "Só amanhã". Nada mais, talvez, do que a simples experiência de ir ao encontro da morte saciando-se de vida. Isso é quase imediatamente percebido pela maioria dos interessados, que se referem a essa experiência como "coisa de quem está vivo e não coisa de gente morta".

É oportuno evitar, na medida do possível, que os temas tratados sejam ou se tornem formas saturadas de Tânatos ou o seu oposto. E aqui se coloca um problema que não é de pouca importância. O trabalho analítico não pode simplesmente entrar em conluio com o analisando no sentido de levá-lo para longe dos pensamentos de morte, o que acabaria por reforçar ou favorecer operações de cisão e/ou negação. No primeiro caso, o paciente tentaria afastar o fato da sua experiência por considerá-lo muito perigoso para seu equilíbrio. Isso configuraria uma agressão ao seu funcionamento psíquico, que poderia ficar muito empobrecido. Ao aludir à negação, pensamos no

---
[31] Referência à qualidade de vida.

mecanismo pelo qual o sujeito "não pode esquecer aquilo que não pode deixar de lembrar" e tenta se opor a isso, negando-o ou recorrendo a qualquer artifício. Ademais, o analisando pode sentir que a vida é sua, mas que tudo o que é necessário para viver pertence só ao analista, sem que ele possa se apoderar disso completamente.

Uma das possibilidades para restabelecer os contatos entre Uno e Binário é ajudá-lo a levar-se em consideração. Estabelece-se, então, no analisando, algo como um eco que faz os minutos se tornarem horas e as horas, dias, que contêm todo o tempo possível e vivível. Isso pode provocar protestos por parte do analisando que se sente desencorajado. Acontece com freqüência que ele manifeste mal-estar declarando a própria impossibilidade de acompanhar o diálogo e a sensação de precisar sempre correr atrás do analista, condição que impede o fluir do viver e do perceber juntos.

Em termos gerais, poderíamos dizer que tais situações podem levar o analisando a duas atitudes opostas: idealizar o analista, considerando-o um mago, ou então efetuar uma momentânea e desastrosa cisão, tornando-se espectador de si mesmo. Fazendo assim, restringe-se a um perigoso e sufocante cerco, sentindo-se só, sem saída e desesperado.

É evidente que a experiência analítica também está destinada a terminar. Isso não impede que, às vezes, possa ser levada a cabo e acabar porque analisando e analista assim o decidem, antes que a morte sobrevenha.

Em geral, a riqueza dos registros de linguagem, do onírico em especial, são indicativos das modificações das relações internas e externas do sistema e permitem, como em toda relação analítica, avaliar a sua importância. É possível que, por meio de um sonho, o analisando mostre ter atingido a percepção de que a experiência realizada pode ser considerada suficiente. Pode ser até que uma frase, a conclusão de um pensamento trabalhoso ou os versos de um poeta sejam suficientes para indicar a esperada resposta ao próprio viver.

O medicamento adquire, nesse contexto, uma importância que supera o seu possível efeito terapêutico. Ele se torna, em sentido metafórico, um verdadeiro "personagem", que o analista precisa levar em consideração e que o analisando manipula conforme suas angústias e necessidades. O mesmo pode acontecer com qualquer parte do próprio corpo, como manifestação dramática de uma situação real de profundo mal-estar. É, assim, sempre útil ressaltar e aceitar o significado corpóreo que emerge disso, mas é também necessário esclarecer que os aspectos físicos são de competência dos médicos especialistas.

Outro aspecto que propõe dificuldades específicas refere-se à intensidade do conflito existente no sistema Uno-Binário, ou seja, quanto o Binário está disposto a escutar as mensagens corpóreas. Encontramo-nos diante da presença simultânea de duas linguagens: a corpórea e as possíveis representações dela que o Binário pode oferecer. Fui por vezes testemunha do ódio profundo que alguns analisandos nutriam pelo próprio corpo jovem e da inútil, mas séria, consideração que exprimiram em relação a ele, quando já era tarde demais.

Depoimentos de colegas oncologistas descrevem os obstáculos encontrados para seguir uma determinada terapia por causa da incapacidade do sujeito de dar indicações sobre seu estado geral, como se o diálogo entre ele e o próprio corpo fosse um diálogo entre surdos-mudos.

É exatamente a relação Uno-Binário que precisamos enfrentar, embora a relação que mantêm seja dramaticamente conflitante. Se for possível alcançar uma situação de alguma harmonia, poderemos, então, assistir a algo que chamamos "sono da doença" e, em casos assim, a vida pode transcorrer em condições aceitáveis, por um período bem mais longo do que o prognosticado. Isso equivale a introduzir o analisando no seu microtempo, de modo que cada minuto seja seguido por outro, em uma série que não é certamente infinita, mas que constitui dias decentemente viváveis. Se, porém, a doença é vivida como invasiva, traiçoeira e infiltradora, a morte pode se aproximar ainda mais rapidamente, reduzindo cada vez mais os já escassos recursos disponíveis para viver a vida.

A atitude oposta é, como já mencionamos, entregar a doença ao médico e o funcionamento psíquico ao analista. Em resumo, não assumir responsabilidade em relação a si mesmo é algo muito semelhante à manipulação do tempo. Quanto mais nos deslocarmos com a fantasia para o futuro – na vã tentativa de exorcizar a dor e a angústia –, mais eliminaremos o presente, que nunca é recuperável. Não se servir da corporeidade, do Binário ou do tempo – não importa qual área se decide eliminar – significa debruçar-se sobre perigosos abismos antes de morrer, dando consistência à sombra da morte que está presente, contínua e sufocante. Tudo isso não só obscurece as possibilidades do analisando, mas principalmente subtrai espaço para que ele se assuma com consideração e respeito.

É evidente que em alguns sujeitos, a ameaça apenas coloca em evidência uma desarmonia pré-existente. Mas isso não impede (e não quero ser um otimista obstinado) que se possa, mesmo nessas condições, viver o que de possível e vivível está à disposição e que, paradoxalmente, a doença seja muitas vezes a razão, ou o pretexto, para que o sistema Uno-Binário possa se reintegrar.

Uma última consideração trata da possibilidade de o analisando começar a falar sempre do "fim". É óbvio que esses pacientes pensem unicamente na morte, mas é bom lembrar que, apesar de parecer monotemático, o campo do viver não perde, na verdade, nenhuma de suas nuanças, ao contrário.

As amplas matizes do viver apresentam-se geralmente sob a forma de perguntas. Queremos reiterar que não nos cabe responder, mas reformular as perguntas, quando necessário, e fazê-las a nós mesmos, com a finalidade de mantê-las, se possível, sempre abertas. Nesses casos, refazemos pacientemente o percurso de todas as relações analíticas: antes a corporeidade, em seguida a doença, depois o tempo, a capacidade de pensar. A abordagem não se modifica substancialmente.

Em poucas palavras, o que desejamos assinalar aos interessados é que se trata de uma experiência analítica que cada um de nós faz cotidianamente com os próprios analisandos, porque a morte, ou se preferirmos, o limite, está presente como pano de fundo de qualquer diálogo analítico. O que modifica substancialmente a relação é a irrupção inesperada e violenta de um termo definível como "tempo" (também naqueles casos em que os indícios premonitórios estão decididamente presentes), um "personagem" que modifica completamente o significado da vida do indivíduo, requisitando-o para uma realidade que é conhecida, mas que estivera sempre afastada.

Isso é tudo o que acreditamos poder dizer sobre esse tema. Seria muito interessante recolher depoimentos práticos de vivências clínicas, para confrontar e completar nossas observações e ampliá-las com a experiência de outros colegas, de modo a oferecer uma casuística ampla e significativa das modalidades técnicas e clínicas, através da colaboração de pontos de vista teóricos diferentes.

A coleta de depoimentos permitiria aperfeiçoar os aspectos teóricos e práticos a partir de considerações ditadas pela experiência, com a dupla possibilidade de aperfeiçoar um tipo especial de *setting* e de oferecer mais indicações válidas para aqueles que pretendem enfrentar esse campo de pesquisa.

Para evitar perigosos mal-entendidos, insistimos em dizer que a hipótese com que trabalhamos estuda a funcionalidade do sistema Uno-Binário e, assim, tudo o que comporta o viver, inclusive o seu limite, o morrer.

Porque
é o sol que morre
aquele que se pode fixar
com lúcida visão.[32]

---
[32] Poema de Luciano Angelucci (1960) dedicado ao analista que "trabalha com" – e não "sobre" – quem sabe que está prestes a morrer.

CAPÍTULO 3

INDIVÍDUO: UNIVERSO DOS MITOS

O mito pessoal como matriz da linguagem individual

A aplicação dos métodos psicanalíticos na interpretação dos mitos e das religiões teve início em 1907, com um texto breve de Freud *Ações obsessivas e práticas religiosas*[1]. Após evidenciar algumas coincidências e analogias entre os cerimoniais obsessivos e os elementos de práticas religiosas específicas, ele formulou a hipótese de que a neurose obsessiva seria um equivalente patológico do ritual religioso, podendo ser tratada como uma religião privada e a religião, por sua vez, como uma neurose obsessiva universal.

É nítida, nessas considerações, a influência do pensamento iluminista, com sua rigidez de interpretação ao vincular a manifestação religiosa humana unicamente à expressão de uma fé religiosa. Isso torna difícil explorar as áreas emocionais do homem que estão na base da propensão universal à religiosidade[2] e, ao mesmo tempo, tende a empobrecer a formulação de hipóteses que podem explicá-la, para além dos aspectos que se referem à fé, em sentido estrito. A

---

[1] S. Freud, *op. cit.*
[2] A distinção introduzida por Karl Barth (1882-1968) entre *fé* e *religião* baseia-se em uma concepção já presente na literatura profética de Israel e no Novo Testamento. A *fé* é a adesão pessoal e existencial do homem que crê em seu Deus e na sua revelação. É fruto de uma opção da consciência e supõe um empenho ético. A *religião* (ou a *religiosidade*) é, porém, a expressão histórica e cultural da fé: concretiza-se em ritos, mitos, instituições, folclore, etc., e pode se tornar um modelo sociocultural. Barth havia introduzido um tipo de antítese entre os dois conceitos (e com isso revelou sua matriz protestante). Na realidade, a fé precisa exprimir-se exteriormente por meio da religiosidade. Esta, por sua vez, se perder a raiz da fé, transforma-se em mero ritualismo ou estrutura social. O ideal seria uma combinação de ambas, com um equilíbrio quase sempre difícil de ser atingido. (Monsenhor G. Ravasi – diretor da Biblioteca Ambrosiana de Milão. Comunicação pessoal, 2003).

técnica psicanalítica permite encontrar, na base das manifestações humanas, os impulsos inconscientes que as sustentam, revestindo-as de função psicológica específica e resgatando-as da aparente falta de significado. Acredito que essa potencialidade do instrumento psicanalítico pode ser estendida também para a compreensão dos mitos, ritos e costumes (comuns às sociedades "primitivas" e às sociedades complexas, organizadas), dos quais se perderam a fonte e a possível riqueza de significados que os impregnava na origem. A difusão de mitos, ritos e costumes diferentes, em áreas geográficas separadas no espaço e no tempo, autoriza-nos a pensar que se referem a um patrimônio inacessível, em seu valor profundo, e desconhecido até para os praticantes de hoje, apesar de comum a todos os homens.

Talvez seja possível formular a hipótese de que os próprios mitos são, do ponto de vista cultural, os prováveis testemunhos de uma inimaginável revolução: um acontecimento que se perdeu no tempo, mas que, podemos presumir, caracterizou, na filogênese do ser humano, a passagem da instintividade para a humanidade e o conseqüente estabelecimento de seu conteúdo em regras e códigos culturais.

Vestígios desse processo de passagem da fisicidade à corporeidade e à psiquicidade encontram-se nos estudos antropológicos dedicados, principalmente, aos cultos de morte. São apenas resquícios – quase sempre frágeis demais – que nos fazem supor que séculos de história e complexos acontecimentos contribuíram para essa passagem hipotética.

A alteração sofrida pela dimensão instintual, que modificou substancialmente a história do percurso humano, continua a ser misteriosa, mas parece ter sido decisiva. Aparentemente, os instintos continuam a reger e a regular, de modo inalterado, o resto do mundo animal.

Alguns sinais possíveis dessa revolução talvez ainda estejam presentes no homem atual, do ponto de vista psicanalítico. Acredito que há vestígios disso no modelo que Freud definiu como *complexo de Édipo*. Daí pode emergir, com destaque, a especificidade de um verdadeiro artefato cultural. Algo constituído e construído como obstáculo –

como "dique", pode-se dizer –, com a função específica de represar o ímpeto de ações naturais que caracterizavam a dimensão instintual.

Como artefato cultural, o complexo de Édipo remete a um momento plástico do funcionamento psíquico em que aspectos da animalidade e da humanidade dos indivíduos se dinamizam e se fundem, mediante a ativação de uma teatralidade que compreende vários personagens, em multiformes cenários e modalidades visuais e representativas. É para ressaltar a dinâmica e a plasticidade desse teatro edípico que prefiro a definição de *constelação edípica*, como indiquei em trabalho anterior[3].

Na constelação edípica a função instintiva ainda está presente e, pelo menos em parte, é revelada pelo próprio imaginário. Nesse sentido, pode ser encontrada em todas as manifestações em que o imaginário tem função relevante, como por exemplo, na atividade onírica. Do mesmo modo, podemos supor que outros "testemunhos" humanos, como o mito, o rito, a cultura, etc., podem representar, por sua vez, diferentes modos de contenção de áreas certamente vinculadas à dimensão instintual.

A experiência clínica me permite afirmar que a crônica de nossos fatos comuns acabará por se tornar história e produzir mitos. Por isso, não é possível viver um mito em sua totalidade, mas apenas alguns de seus aspectos, cujo significado está encerrado na acepção do rito.

Os métodos psicanalíticos começaram a ser utilizados na interpretação de mitos e religiões em 1907, como já foi mencionado. Essa aplicação tinha a finalidade de colocar em evidência coincidências e analogias que ressaltavam o fato de as ações "forçosas" de determinados indivíduos poderem ser consideradas neuroses obsessivas. Estendendo a utilização do conceito, podemos considerar a religião (o equivalente ideológico do ritual religioso) como uma neurose obsessiva universal e reduzi-la, assim, a uma dimensão de anormalidade (patologia) do comportamento humano, sem esclarecer melhor sua funcionalidade em relação ao processo que levou o ser humano a se distinguir do resto do mundo animal. Ao repropor a abertura do

---
[3] A. B. Ferrari, *A aurora do pensamento, op. cit.*

capítulo, gostaria de formular algumas hipóteses implícitas na proposição freudiana. Na afirmação "colocar em evidência interessantes analogias" entre o ritual obsessivo e a religião (Freud, 1907), temos, a meu ver, a primeira tentativa de dar atenção a esses fenômenos do comportamento humano. É preciso ressaltar, porém, que ao propor unicamente a dimensão patológica, essa visão não permite considerar adequadamente alguns momentos do desenvolvimento do ser humano que, de geração em geração, voltam a propor, na ontogênese, percursos possivelmente análogos ao processo filogenético. Refiro-me, por exemplo, a passagens típicas da fase da adolescência, em que aspectos do mundo mágico infantil cedem lugar à dimensão adulta. Os aspectos fóbico-obsessivos, por exemplo, pertencem a um momento determinado da pré-adolescência que varia conforme o indivíduo, quanto a tempo, modo e forma, e é totalmente funcional nesse período crucial e específico da vida do homem. Sua função, longe de exprimir uma patologia, é facilitar a passagem do momento mágico e onipotente para o do impacto da introdução dos dados de realidade; isso permite ao jovem mover-se e operar no seu incipiente mundo racional.

A partir daí, todos os tipos de solução individual terão mais ou menos essa estrutura como pano de fundo, mantendo-a, porém, como potencialidade – a manutenção de uma certa tonalidade fóbico-obsessiva ou compulsiva, por exemplo, e assim por diante.

O significado e a função da repetitividade têm, entre outras coisas, a finalidade de testar se as novas regras estão sendo aceitas. Essas regras fornecem ao adolescente as garantias incipientes, inevitavelmente retiradas pela necessidade de abandonar o mundo mágico. Tais aspectos não devem ser confundidos com a área em que opera a compulsão à repetição, pois, na adolescência, ela é uma necessidade que tem papel construtivo: oferece segurança e permite um crescimento psíquico funcional[4].

Não é minha intenção contrapor o mundo mágico ao real, nem atribuir valores a aspectos éticos, religiosos ou culturais, mas ressal-

---

[4] A. B. Ferrari, *Adolescência: o segundo desafio, op. cit.*

tar que na fase da adolescência manifestam-se modalidades diferentes do mesmo sistema psíquico. Quero pôr em evidência as analogias que emergem com insistência na clínica e colocam interrogações difíceis de ignorar.

A experiência fóbico-obsessiva – uma das passagens que caracterizam a adolescência – pode, como todas as outras que se referem ao crescimento do indivíduo, acentuar e/ou atenuar características culturais do "pertencer" que se formalizam e se cristalizam no rito.

Não é esse o lugar certo para estabelecer se o mito, em qualquer modalidade, exprime ou não a verdade, ou melhor, "as verdades"[5]. Não é necessário pressupor que seu conteúdo seja verídico. Ele deve ser considerado a matriz primária do pensamento, pois tem, para isso, toda a potencialidade expressiva em que se condensa a experiência: é a voz – ou qualquer outra coisa – que dá significado a tudo e delineia as possibilidades simbólicas.

Segundo Kerenyi[6], o mito contém regras próprias e autônomas que o colocam no mesmo nível da poesia, da ciência, da música, do jogo e da festa. O autor sugere que o próprio jogo é a forma arquetípica da manifestação divina, o mito, cuja essência nasce de um passado que precede a história – algo muito semelhante ao que Bion propõe como pensamento sem pensador. Ele seria, assim, um dos modos que dão garantia à nossa existência, tendo o mito como testemunha dessa história. O autor questiona o que é a mitologia e responde com uma série de proposições sensibilíssimas que sugerem interessantes reflexões.

Deixando de lado, no momento, qualquer hipótese sobre as funções do mito, poderíamos dizer que ele seria algo muito próximo de um modo de poetar, do qual se distingue apenas, segundo Kereny, por ter forma de prosa. Dito isso, é preciso circunscrever o significado, não apenas do rito – que é parte do próprio mito, e se torna sua epifania –, mas também de suas relações com o culto.

---

[5] E. Garroni, "In che senso la psicoanalisi è una teoria scientifica? Tentativo di risposta", in *La proposizione analitica*, curadora F. Romano, Samizdat, Pescara, 2003.
[6] K. Kerény, *Religione antica*, Milano, Adelphi, 2001.

Seria possível propor o rito como momento socializante, e portanto coletivo, de uma experiência de "união com o divino" que o indivíduo torna pública, cujo efeito sobre o grupo é cultivar o respeito, codificando-o, em sentido amplo, no próprio culto. Para Kereny, a mitologia é uma arte próxima à poesia – à *poiesis*[7] –, que mantém, porém, a característica do "fazer".

Para o autor, é isso que determina a arte da mitologia, que inclui "o fazer ou o fato". Ela seria, então, uma massa de materiais antigos, transmitida e contida em narrações (*mitologemas*[8]), abertas a novas formas que, porém, não modificam o modelo de base.

Gostaria de ressalvar que é muito difícil não estabelecer um certo vínculo entre mito e rito. É evidente que, ao falar de mito, não me refiro à acepção filosófico-religiosa da palavra. Uso-a para descrever algo que está contido naquele mundo infinito que se esquiva da possibilidade de ser dizível e representável. Em outros termos, algo que não temos condições de registrar no plano do Binário ou de qualquer outra atividade psíquica.

A esse significado amplo de mito, podemos acrescentar o do próprio rito, que é quase sempre, pode-se dizer, a sua expressão necessária e funcional. Na realidade, o rito tem a função de renovar o mito ao longo do tempo: podemos afirmar que cada conjunto de ritos contém em si um mito, ou vice-versa. Definimos sucintamente os ritos como comportamentos mais ou menos organizados pelo indivíduo e/ou pelo grupo, em geral compartilhados por todos, regulando condutas e hábitos.

Nesse sentido, talvez seja possível considerar que o próprio indivíduo nasce no mito de sua cultura e é, ao mesmo tempo, portador do universo de mitos, por toda a sua vida.

Todos nós necessitamos de metas e objetivos para, em torno dos quais, organizar a existência. Mas essa exigência comum e fun-

---

[7] N.T.: *Poiesis*: criação, formação, produção.
[8] N.T.: A palavra italiana *mitologema* significa "núcleo originário de um mito a partir do qual se desenvolveram os mitos tradicionais". Foi adotada nesta tradução por ser bonita e de fácil intuição.

damental, sempre projetando a realização para o futuro, parece estar impregnada de uma aura emocional que aproxima e transforma esperanças e objetivos em algo que assume a especificidade do mito. Uma aura que toma a forma de algo que proponho denominar *nossos mitos pessoais*.

No plano existencial, nossas ações e seus efeitos parecem nos envolver e tocar aspectos tão íntimos e profundos de nós mesmos que são percebidos como um só acontecer. Não há palavras para exprimir esse processo. Provavelmente é a força criativa do mito que faz com que a ação enigmática nele contida eleve o "acontecer" a um plano de universalidade. Ainda que o mistério de cada um de nós continue indizível, ele é, ao mesmo tempo, comum a todos os homens.

Na tentativa de tornar compreensíveis algumas configurações, Max Müller[9] foi um dos primeiros, já no século XIX, a utilizar a análise linguístico-etimológica para abordar alguns mitos que não seriam de outro modo dizíveis nem compreensíveis[10].

Müller propõe uma teoria geral da relação entre linguagem e mito, segundo a qual a mitologia não é nem história transformada em fábula[11], nem fábula transformada em história, e nem mesmo o resultado do assombro derivado da contemplação dos grandes fenômenos naturais. O autor chama de mito o resultado condicionado e mediado pela linguagem; ele estaria ligado a uma suposta deficiência originária da própria linguagem e, portanto, a uma sua inerente incapacidade.

---

[9] F.M. Müller, *Comparative mythology*, London, 1856, e *Introduction to the science of religion*, London, 1873.
[10] Com essa finalidade, ele usa como referência e exemplo a lenda de Deucalião e Pirra. O autor nota que, nessa história, a afirmação de que o homem se originou das pedras deixa de ser incompreensível se lembrarmos que, na região em que esse mito provavelmente teve origem, os gregos designavam homens e pedras – *laas*, *laoi* – com nomes que tinham sons muito semelhantes. A história da linguagem parece tornar inteligível o mito de Dafne também. A palavra Dafne pode ser reconduzida ao sânscrito *Ahana* que significa aurora. A história de Febo e Dafne seria apenas a descrição do surgimento da aurora, seguida pelo surgimento do deus solar que corre atrás de sua esposa. Dafne foge, empalidecendo, até dissolver-se no regaço de sua mãe, a Terra.
[11] N.T.: O termo italiano *fiaba* foi traduzido por *fábula*, em sua acepção de "narração de coisas imaginárias ou fictícias".

Müller afirma que todas as designações lingüísticas têm necessariamente vários significados, e é nessa pluralidade que se aninha a possibilidade de pesquisar a fonte e a origem de todos os mitos. A mitologia é, portanto, inevitável. Se reconhecemos a linguagem como forma exterior do pensamento, a mitologia é uma necessidade inerente a ela. Torna-se, assim, a sombra opaca que a linguagem lança sobre o pensamento e que não poderá desaparecer, enquanto linguagem e pensamento não coincidirem completamente. E parece que essa circunstância jamais se verificará. Além disso, apesar de a mitologia ter se manifestado com mais força na idade antiga da história do espírito humano, ela nunca desapareceu completamente.

Para Müller, o mundo mítico é simplesmente um mundo de aparência, que é gerada pela auto-ilusão originária, necessária ao ser. Essa auto-ilusão fundamenta-se na linguagem, que a aprisiona naquela pluralidade de significados que ela nos lega.

A concepção de mito não como força positiva da imaginação e da representação, mas como uma espécie de deficiência da nossa estrutura – a ponto de precisar ser encarada como forte "desarmonia" condicionada e alimentada pela linguagem – tem defensores também na moderna literatura etnológica. Na verdade, essa concepção parece ser, em relação às suas raízes, apenas uma oposição necessária ao realismo ingênuo, segundo o qual a realidade dos objetos é algo simples e univocamente "dado".

Entretanto, a noção de que a imagem não tem conteúdo independente e não pode ter um significado próprio também é indiscutível. Na imagem, reflete-se um real ao qual ela não corresponde de modo algum, um real que não encontra expressão adequada. E mais: a simples imitação de um modelo dado (e tudo o que designamos como idealização, maneira, modo ou estilo) está sujeita, em última análise, a essa regra, de modo que a própria idealização, se reportada à "verdade do objeto" representável, é apenas uma adaptação e poderia ser considerada como alteração subjetiva. Todos os processos de formação da imagem parecem manifestar essa "deformação": uma distância da realidade objetiva e da realidade da experiência imediata.

John R. R. Tolkien[12], que considerava a verdade um "fato da mitologia", em uma carta a C. S. Lewis, amigo íntimo e crítico severo, que havia afirmado que os mitos são mentiras escreveu: "O mito é uma invenção sobre a verdade."

Essa posição parece exageradamente sensata para ser aceita. O homem é um ser cultural e, sendo assim, é possível que cada história importante – a própria fábula, por exemplo – transmita ou reflita acontecimentos verdadeiros, ocorridos e operantes dentro do nosso sistema, com modalidades que às vezes adquirem o sabor das coisas mágicas, miraculosas ou falsas.

De acordo com a cultura específica e os vários contextos, as coisas se apresentam – ou melhor, aparecem – com características que não podem deixar de ter algo em comum e de universal, em certo sentido. Por isso, apesar da multiformidade que apresentam, são representativas da história.

Não é fácil, certamente, fazer afirmações relevantes em uma área tão delicada como a da hipótese que estamos tratando. O próprio autor, ao escrever sobre o debate filológico em torno da origem, da difusão e da evolução independente da fábula, expõe sua hipótese de que a "história da fábula é, provavelmente, mais complexa do que a história biológica da raça humana; talvez tão complexa quanto a história da língua humana".

Todas as hipóteses têm, porém, um dado em comum: a presença de um "autor de histórias", um criador. Podemos certamente afirmar que é obra de nossos ancestrais, ou, em outras palavras, da própria humanidade.

A perspectiva de Max Müller, segundo a qual a mitologia é só uma "doença da linguagem", pode ser abandonada sem remorsos. A mitologia não é absolutamente uma doença, ainda que possa adoecer, como todas as coisas humanas. Seria igualmente possível dizer que o pensamento é uma doença da mente. É mais próximo da realidade dizer que as línguas, especialmente as línguas modernas euro-

---

[12] J. R. R. Tolkien, *Il medioevo e il fantastico*, op. cit.

péias, são uma doença da mitologia. Mas a linguagem não pode, de modo algum, ser deixada de lado. A atividade psíquica, que se exprime na linguagem e na narração, é contemporânea ao nosso mundo. A mente humana, dotada de faculdades de generalização e abstração, "não vê apenas a grama verde... mas vê que é verde e ao mesmo tempo grama"[13].

John R. R. Tolkien[14], considerando alguns versos do poema medieval fantástico "Beowulf"[15], afirma que essa elaboração provém, obrigatoriamente, da mesma forma narrativa arcaica em que o poema foi escrito. Na introdução da tradução italiana dessa obra, G. De Turris[16] escreve que, em Tolkien, "a criação de uma linguagem gera por si só uma mitologia porque a criação da língua e a criação da mitologia são funções correlatas". Rejeita, assim, a definição da mitologia como doença da linguagem, proposta por M. Müller. A fábula é um ramo natural da literatura que pode ser apreciado por crianças, adolescentes e adultos. É por isso que a fábula – assim como o mito – não pode nem deve ser deformada ou alterada. Precisa manter inalterada a sua lição: "o perigo, a dor e a sombra da morte podem conferir dignidade e talvez até sabedoria à juventude inexperiente e hesitante..."[17]. Sobre esse tema, gostaria de indicar um trabalho de Luigi Santucci, que reivindica a força poética – e estética, portanto – do fantástico, "pela convicção de que os fatos e os seres mágicos satisfazem a exigência perene que a criança tem de se dirigir à dimensão do fantástico". Em vez de criar uma fratura com a realidade de amanhã, a fantasia é a melhor propedêutica. Acredito que essa necessidade do "fantástico" supera o período infantil e se estende por toda a vida do homem.

---

[13] J. R. R. Tolkien, *op. cit.*
[14] J. R. R. Tolkien, *op. cit.*
[15] N.T.: "Beowulf" é o mais antigo poema épico da literatura germânica. Calcula-se que foi escrito no início do século VIII por autor desconhecido. Sobre o poema, J. L. Borges afirmou: "O autor obteve o efeito de um mundo antigo, tão antigo a ponto de ser anterior às mitologias e às teologias" (*Letterature germaniche medioevali*, Roma-Nápoles, Edizioni Theoria, 1989).
[16] J. R. R. Tolkien, *op. cit.*
[17] L. Santucci, *La letteratura infantile*, Bolonha, Massimiliano Boni Editore, 1994.

Apenas como indicação, gostaria de recordar que é possível atribuir aos diferentes períodos de passagem significativos da vida do homem – infância, adolescência e idade adulta – características e formas específicas de narrar a nós mesmos nossos "contos de fadas", nossas "fábulas-ilusões", nossas "histórias-recordações" em cenários que variam ao longo das fases que marcam a vida.

No coração da fábula está a magia, cuja virtude "reside em seus efeitos e entre eles existe, em grau máximo, o de satisfazer alguns desejos humanos primordiais"[18] – superar as barreiras espaço-temporais, comunicar-se com outros seres vivos, com objetos inanimados, mas falantes, enfim, com qualquer outra forma, viva ou não.

E há a fantasia – uma espécie de síntese em que está presente a imaginação – que fala da não-realidade, de liberar-se do "fato". Talvez seja a forma mais alta de arte, pois "atrás dela, existem a vontade e os poderes reais que não dependem da mente e dos objetivos dos homens, pois a fantasia (que é criação, apesar de se basear no conhecimento das coisas do mundo), ao superar o humano, libera-se da possessividade, cujo excesso a tornaria desarmônica".

Formar imagens mentais de objetos que não estão presentes é uma das capacidades da mente humana: trata-se da imaginação. Parece-me que a palavra "fantasia" tem algo a ver com "imaginar", mas, ao contrário desta, não está sujeita à realidade. Tende, em vez disso, ao que chamamos de arte; artefato de coisas não presentes, inexistentes em si, mas pertencentes à capacidade e à necessidade de exprimir o que está em nós, ainda que não seja dizível.

Aproxima-se, nesses termos, do sentido de uma metáfora ou de uma alegoria[19]. Isso acontece também em relação a outras formas narrativas como a fábula ou o conto popular, em que, além desses elementos que remetem ao poder do pensamento mágico, existem com freqüência outros expletivos inconsistentes e de pouco valor. O

---

[18] De uma conferência de J. R. R. Tolkien "Sobre as fábulas", Universidade de St. Andrews, 1939.
[19] Tolkien, a propósito principalmente das alegorias que se referem à natureza – ao Sol, à Lua, ao mar, etc. –, afirma que elas evidenciam "muitas coisas bem mais potentes que não podem ser claramente separadas do mito, pois derivam dele".

significado de um mito não se pode facilmente prender ao papel com os alfinetes do raciocínio analítico. Em outras palavras, penso que o mito é o lugar simbólico em que o mundo (o dos humanos, pelo menos) é representado e reconhecido pelo que é e significa para nós, naquele momento.

Essa característica do mito permite abordar alguns aspectos da atitude mental que caracteriza a fase de latência e, em particular, da primeira adolescência, do ponto de vista psicanalítico. O surgimento do parâmetro temporal, conforme Ferrari[20], Carignani[21] e Romano[22], dá a pessoas, acontecimentos e coisas uma perspectiva diferente. Eles são afastados no tempo e adquirem rapidamente um sabor antigo, e muitas vezes mágico, como se existisse a necessidade de um sobrenatural do qual cada um de nós é o potencial portador.

Tais processos não englobam nunca o real em si e precisam recorrer ao sinal e/ou ao símbolo para representá-lo ou fixá-lo. Mas o sinal exige uma atividade mediadora para assumir um sentido; ele é obrigado a envolver em um véu aquilo que quer manifestar. A palavra, assim, em sua função de mediação, tenta exprimir de algum modo o evento objetivo e o subjetivo, o mundo externo e o interno; mas não consegue exprimir a plenitude individual do existente – mesmo participando dele –, e sim uma espécie de resumo do *acontecer*.

Nenhum significado que tenta se apropriar do som e da imagem pode ser mais do que um "indício" – que deve parecer pouca coisa, se comparado à multiplicidade e à totalidade concreta da intuição real. Isso pode valer para o mundo dos objetos. Mas, precisamos considerar que vale também para a aquisição da consciência de nós mesmos[23].

O mito, a arte e a linguagem, portanto, contêm a potencialidade de se tornarem símbolos. Cada uma dessas formas dá vida e faz emer-

---

[20] A. B. Ferrari, *Adolescência: o segundo desafio*, op. cit.
[21] P. Carignani, "La finta calma della latenza", in *Parolechiave,* 16, 77-99, Roma, Donzelli, 1998.
[22] F. Romano, "Memoria e tempo storico nell'analisi con adolescenti", in *Psiche,* ano VIII, n. 2, 85-94, Roma, Borla, 2000.
[23] Ver o conceito de "configuração egóica" em A. B. Ferrari, *A aurora do pensamento*, op. cit.

gir de si mesma um mundo de significados que, por sua vez, colocam-se como "indício" de uma realidade que os compreende e que, certamente, é mais ampla e mais complexa do que eles indicam. Esse processo, como afirma com perspicácia Cassirer[24], é ainda mais válido para as representações fundamentais míticas da humanidade. Elas não são, nesse sentido, nem sublimações de um mundo de realidade, nem simples representações da fantasia; representam, antes – e não apenas para a consciência primitiva –, a totalidade do real.

A concepção e a interpretação mítica não podem ser vistas como algo que se acrescenta *a posteriori* a alguns elementos inerentes à realidade empírica, mas como experiência primária e original profundamente permeada pelas configurações do mito.

Nessa ótica, qualquer teoria que quiser colocar as raízes do mito nas experiências transcendentais, na experiência do sonho, ou na própria intuição da realidade natural, acabará sendo certamente redutiva.

Do ponto de vista psicanalítico, estamos constantemente às voltas com manifestações do comportamento humano em que é possível encontrar vestígios de formas míticas pessoais. Entretanto, essas formas se ressentem do modo de se manifestar do próprio comportamento, seja ele verbal ou não. Trata-se de uma dinâmica complexa em que a dimensão mítica forma o indivíduo em seu viver, em seu transformar-se, ao mesmo tempo que é formada por ele. Em outras palavras, o sujeito, ao se comportar e existir, dá e recebe informações de seu mundo mítico, mas na operação de discriminação do mesmo, modifica-o. Podemos imaginá-lo como um processo que acompanha a vida inteira de um indivíduo e tem papel determinante na constituição de sua identidade.

O sentido de identidade – intimamente ligado à configuração egóica – nasce da possibilidade de obter informações da nossa própria atividade: podemos "observá-la" diante de nós, em uma representação que pode ser intuída. Enquanto se observa o contínuo acrescimento e a transformação da configuração egóica, é possível

---

[24] E. Cassirer (1923), *Filosofia das formas simbólicas*, São Paulo, Martins Fontes, 2004.

assistir, simultaneamente, à formação de uma espécie de núcleo, um tipo de condensação em que a dimensão mítica assume uma consistência autônoma em relação a seu criador, capaz de viver com regras e leis próprias.

O que quero dizer é que a sensorialidade e a emoção que se manifestam no estado de perturbação da dimensão subjetiva podem dar lugar a uma representação na qual é possível encontrar, de modo mais articulado, algo que remete à dimensão mítica: mito que inclui liberação e salvação em relação ao medo, satisfação de um desejo ou de uma esperança, etc.

Tudo isso estabelece uma conexão tão estreita com a palavra que é impossível dizer qual dos dois – mito ou palavra – precede o processo em direção da representação por imagens, e qual dos dois se segue a ele. Elas podem pertencer ao mundo pessoal do indivíduo e ser parte de conceitos que podemos considerar gerais.

A palavra, de fato, pode ser compreendida em sentido mítico, antes que ideal, como resultante de experiências emocionais e concretas sintetizáveis nas teorias e nas hipóteses que orientam os comportamentos individuais. Incluindo a metáfora – também derivada do mito –, a palavra transfere o que é essencial, de modo que não só pode "nomear" a realidade, mas também colocar-se, ela também, como realidade, enquanto a define.

Na linguagem metafórica, na qual se encontram resíduos pertencentes à linguagem mágica, a própria palavra precisa dizer sem dizer. Ela se torna invocadora de forças incontroláveis e assume força e intensidade tão poderosas que chega a ser perigosa[25]. Magia do sinal, do som e da forma.

As aparentes modificações do mito e da metáfora acompanham outras tantas modificações da linguagem, frisando e evidenciando, para isso, os diferentes contextos culturais ou históricos que caracterizam a dimensão mítica, e podem se referir aos vários campos do conhecimento e da atividade humana. Poderíamos supor, então, que

---

[25] Observações de caráter antropológico realizadas pelo autor em expedições feitas no Brasil e citadas em nota, no Capítulo 2 deste livro.

a linguagem pode modificar os modos como os indivíduos falam de si ou narram os fatos que consideram significativos, enquanto a estrutura do mito permanece inalterada.

Essa consideração sobre a relação entre linguagem e mito é essencial, a meu ver, no que se refere à configuração egóica. A corporeidade (Uno), enquanto se configura como objeto por excelência e realidade primeira da atividade do Binário[26], está indissoluvelmente vinculada à dimensão biológica do próprio corpo, ou seja, aos aspectos estruturais que constituem aquele determinado organismo. Esses aspectos só podem se modificar dentro dos limites colocados pela própria estrutura, mas é preciso que uma função psíquica ganhe forma – uma função capaz de acompanhar a atividade do indivíduo nas transformações que marcam o ritmo de sua existência. A configuração egóica desempenha essa função e oferece potencialmente suas capacidades criativas, para permitir que o indivíduo "narre" o desenvolvimento da própria história.

A palavra terá, então, uma função fundamental na construção do Binário e na sua complexa eficiência. Nesse sentido, ela pode ser considerada como uma verdadeira interação comunicativa entre o que acontece na relação Uno-Binário e o mundo em que o indivíduo vive[27]. É preferível utilizar a expressão "interação comunicativa", para distinguí-la da comunicação que acredito ser possível apenas dentro do sistema constituído pela relação entre corporeidade e psiquicidade (Uno-Binário). Caberia à interação comunicativa a tarefa de tornar público o que o indivíduo decide dizer, a partir da comunicação interna do sistema.

Voltando ao mito, ele se apresenta em si mesmo como uma síntese possível e estabelece um "pertencer", uma tensão específica, que influencia de modo determinante a identidade, tanto como indivíduo, como em relação a outros indivíduos.

---

[26] A. B. Ferrari, *O eclipse do corpo, op. cit.*
[27] A. B. Ferrari, "La proposizione analitica" in *L'interpretazione analitica*, Roma, Bulzoni, 1986.

Talvez seja interessante considerar que. nesse universo mítico. o momento de "crise" – resultante daquilo que, no início deste capítulo, indiquei como processo de transformação da animalidade em humanidade – pode ter permitido que certas formas arcaicas se separassem do marasmo dos sentimentos indiferenciados da vida no grupo. Presume-se que, com base nesses aspectos, foram aparecendo, em seguida, atividades do pensamento cada vez mais definíveis, que não seriam mais anônimas, pertencentes a grupos ou culturas, mas seriam apenas de um único indivíduo.

Os elementos da corporeidade que definem a individualidade e os que definem a existência como grupo (no sentido de forma de cultura, do qual o Binário representa a resultante individual), assim como tudo o que é inerente ao grupo – tudo isso constitui a matéria-prima de um processo que ganha forma específica por mérito de algumas categorias fundamentais que não estão apenas contidas nele, mas resultam dele. O pressuposto dessa hipótese é que a função psíquica tenha início com o primeiro registro de uma percepção sensorial e com a atribuição de significados diferentes às operações de perceber a sensação e de registrá-la.

Mais uma vez quero ressaltar a unidade constituída pela corporeidade – sensações e emoções que provêm do corpo – e pelo aparato que as percebe e anota. A distinção analítica entre corpo e funcionamento psíquico não faz parte da consciência mítica, que não a conhece e ignora esse dualismo.

Para além de qualquer consideração, porém, o que emerge e permanece como força sempre intacta para o sentimento mítico é a idéia da unicidade da vida, ou seja, o processo de diferenciação que permitiu, não só que o homem fosse determinado pelos parâmetros da própria espécie, mas que adquirisse a consciência específica do seu ser.

O homem só pode descobrir seu mundo interno e defini-lo como algo que lhe pertence se puder "pensá-lo"; e esse mundo se torna possível principalmente mediante seus mitos pessoais, dos quais derivam sua origem e sua forma como indivíduo. Isso parece oferecer uma direção para o desenvolvimento da consciência. O caminho em direção à interioridade pode ser completado apenas percorrendo uma estrada que tem duas direções: do interno para o externo e vice-versa.

O efeito que o homem exerce sobre o mundo externo não consiste apenas em tomar posse dele. Todas as suas atividades evidenciam e trazem à luz a sua natureza formadora, em seu duplo significado, já que o indivíduo parece se realizar não apenas impondo sua própria forma aos objetos, mas descobrindo e adquirindo as formas a partir dos efeitos que lhes impõe e dos quais sofre a reação.

Em resumo, a natureza formadora refere-se ao homem em si, mais do que à atividade que ele naturalmente exerce. É evidente que quanto mais vasto for o espaço que a pessoa ocupa com sua atividade, mais definidas serão a realidade "objetiva" e o significado do seu modo de ser indivíduo e de sua função.

Quando nós, analistas, participamos de processos desse tipo – e na atividade clínica os exemplos não acabam –, eis que aparecem, refletidas pela consciência do analisando, "as coisas" – aspectos firmemente ancorados na dimensão mítica que ainda não assumiram a relevância e a definição de verdadeiras representações, mas que contêm aquilo que potencialmente poderia ser um pensamento. São "as coisas" que se revelam na relação analítica. Se o analista for capaz de frisar de modo adequado sua presença, torna-se possível para o analisando experienciar a emoção que elas suscitam –como esperança, medo, desejo, terror, satisfação ou decepção. Experienciá-las pode permitir – é o que se espera – o aparecimento de um novo modo de predispor o pensamento. Com isso, as teorias que vêem na personificação e na adoração de certos objetos ou forças da natureza "o início da consciência mítica" perdem razão de ser. Antes do início dessa objetivação, e antes da diferenciação da totalidade do mundo em partes, em figuras coerentes e duradouras, existe um momento em que essa totalidade pode estar presente no homem unicamente como capacidade potencial. "As coisas" são o resultado conseqüente das forças de um processo de objetivação.

Algumas impressões isoladas emergem desse estado de marasmo e se tornam salientes por uma série de características, pela intensidade especial, bem como pela força e insistência que têm. As experiências clínicas, parte essencial do processo que ocorre na relação analítica, colocam-nas cotidianamente e decididamente em evidência.

O problema surge em toda a sua dificuldade quando precisamos comunicar a experiência individual aos colegas e especialistas de disciplinas afins.

As esperiências clínicas são expressão de um estado único de consciência, de uma tensão que tem vida relativamente breve: são a percepção que analisando e analista têm de si mesmos, no momento em que se dão conta do modo de seu funcionamento mental.

Poderiam estas impressões corresponder ao material de base sobre o qual se estruturaria a primeira produção mítica? Considerações sobre observações clínicas são possíveis unicamente no contexto da relação analítica[28], na qual o mito está presente de forma, digamos assim, muda.

É possível obter vestígios evidentes na linguagem onírica, na constelação edípica, na configuração egóica e nas percepções que, repentinamente e "às escondidas" do próprio interessado, revelam estados emocionais e sentimentos, apresentando sob uma nova luz uma ordem que oferece horizontes e recursos potenciais para o mundo interno do analisando.

Proponho, como exemplos clínicos, alguns fragmentos extraídos de diferentes experiências com adultos de ambos os sexos, baseados em registros de linguagem onírica que apresentam, no conjunto, analogias estimulantes e são, a meu ver, exemplificações válidas do tema que estou abordando. Por razões de discrição, o material clínico será considerado de forma limitada, suficiente para indicar a estrutura que, de várias maneiras, está por trás daquilo que chamamos de mito pessoal.

De minha longa atividade profissional, três situações ficaram presentes em minha memória, como personagens que vivem comi-

---

[28] A. B. Ferrari & E. Garroni, "Schema di progetto per uno studio della relazione analitica", *Rivista di Psicoanalisi*, 25, 2, 282-322, 1979, e A. B. Ferrari, "Relação psicanalítica: sistema ou processo?", *Revista brasileira de psicanálise*, 29, 4, 476-496, 1983.

go. Dos casos considerados, dois foram conduzidos por mim e outro foi extraído de uma experiência de supervisão. São perfeitos para exemplificar essa hipótese. Em minha experiência, foram casos extremamente difíceis. A desarmonia existente nos três era tão grande que, por vários meses, os pacientes precisaram ser levados às sessões por parentes.

a) Um homem vestido com um impermeável bege, sempre molhado, como se a chuva conseguisse apanhá-lo todas as vezes. Abandonava-se no divã, fixando a parede branca que estava à sua frente. Nem sequer uma palavra, apesar de minhas solicitações contínuas. A um certo ponto, articulou alguns sons em que era possível reconhecer as palavras "branco... veneno, chorou por muito tempo". Era-me impossível apreender fragmentos de um mundo submerso, que pareciam pertencer a aspectos indistintos. Mas esses aspectos denunciavam uma força potencial de agregação, que se manifestava no uso de um "alfabeto", que acabou propiciando, mais tarde, uma linguagem apta a um possível diálogo.

b) Uma mulher tomada por uma angústia que a obrigava a falar continuamente, sem pausa – espécie de associação livre que impossibilitava, porém, a apreensão dos significados. No dilúvio de sons, apareciam, aqui e ali, palavras "estranhas" ao confuso contexto. Depois de muito tempo, unindo-as em forma de criptograma, acabaram por denunciar um significado. Muitíssimo tempo de trabalho e de pesquisa nesse mar "sem sentido". As palavras emergiam e desapareciam sem aparentemente deixar rastros. O estilo talvez fosse "fantástico", apesar de servir-se de fatos cotidianos e banais. Mas, para além das inimagináveis extravagâncias, havia uma trama, talvez uma história, ainda que indistinta quanto a passado, presente e futuro. Algumas intervenções baseadas nessas frágeis indicações permitiram-lhe encontrar palavras e formar frases sensatas para seus padrões e necessidades.

c) Um homem de corporatura forte. Entrava e se acomodava na poltrona de olhos fechados, com uma certa rigidez. Não dormia nem se mexia, e mantinha os punhos cerrados. Um dia levantou-se do divã, colocou-se diante do analista e fixou-o. Ficou muito tempo nessa posição. Depois, estendeu lentamente a mão fechada e, continuando a fixar o analista, abriu-a: na palma da mão, havia uma flor dilacerada.

Não pretendo me estender muito nisso, mas recordo, desses casos, a tentativa bem-sucedida de superar a escuridão da loucura, recorrendo a algo que pudesse iluminar o pensamento. Essa possibilidade pode ser o que chamo de mito pessoal, que como matriz do Binário impregna a corporeidade: aquilo que em um trabalho anterior chamei de "mente do corpo"[29].

Quando a loucura obscurece completamente o pensamento, às vezes é possível uma retomada, se o sujeito for capaz de recuperar os vestígios de sua linguagem. Acredito que esse vestígio – o mito – pode ser indicado como o único aspecto pessoal que sobreviveu à catástrofe.

A área em que a ação se desenvolve, nesses três casos, é quase sempre um território estrangeiro, "estranho", desconhecido ou assim considerado pelo sonhador. Os cenários de fundo, que podem variar em relação à história pessoal e à cultura à qual pertence o sonhador, são pouco relevantes. O que ganha destaque é o fato de que os personagens falam uma língua incompreensível, e que o sujeito, por sua vez, não é compreendido por ninguém.

Verificam-se interrupções e interferências em todos os níveis de comunicação dentro do próprio sistema e em todas as possibilidades mnésicas ou associativas. Como se isso não bastasse, paira no ar a ameaça de perda de sentido da própria identidade (ou a própria perda). Na narração do material onírico, não se possui nenhum documento de identidade, passaporte ou algo do tipo e, assim, é impossível voltar ao estado de base da própria identidade, restabelecendo uma situação anterior.

No afã de buscar o que foi perdido (rua, quarto de hotel, identidade, etc.) esquecem-se também os lugares da própria presença no

---

[29] A.B. Ferrari, *O eclipse do corpo, op. cit.*

cenário onírico como endereços ou localidades do próprio sonho. Os personagens que revestem papéis nesse cenário não conseguem entendê-lo, e o sujeito não consegue dar significado ao que lhe tentam comunicar. Alguma coisa parece se afastar do indivíduo. A emoção e a atmosfera reinantes são as de ter perdido para sempre uma ocasião importante.

Alguns analisandos têm uma visão particular de sua configuração egóica, julgando-a de modo muito pouco generoso e atribuindo-lhe todos os tipos de indignidade: da mentira ao furto, da impulsividade ao egoísmo. Essas características são sentidas como próprias, mas não vividas como essenciais à própria estrutura. A prova disso é o aspecto fortemente crítico que assumem em relação a si mesmos.

O modelo se repete, o estranhamento pode se servir da incomunicabilidade (ou da situação considerada incomunicável) entre as relações vertical e horizontal, entre os próprios desejos e as proibições adotadas (ou usadas como pretexto para esse fim).

Situações eróticas, propostas pelo material onírico, podem mascarar a ausência do sujeito, que se coloca em circunstâncias que considera brutais, inomináveis, em um entrelaçamento de impulsos que não é capaz de gerir e que facilmente pode justificar uma drástica rejeição dessas mesmas situações. A exasperação do problema também acontece porque é possível que essa modalidade, por sua vez, esconda uma chantagem dramática que tenta substituir o sentido de viver pelo de morrer, empobrecendo enormemente a qualidade da vida. O resultado é uma atitude particular do analisando em relação a si mesmo, que se configura e funciona como um imperativo.

Alguns pacientes declaram textualmente que observam tudo isso dentro de si com assombro, surpresos, conturbados e atraídos, como um turista olharia para a cratera de um vulcão e para o fulgor do magma que ilumina suas vísceras. Muitos dizem sentir a vitalidade arrebatadora – que suscita pânico e vertigem –, de "algo que aparece como um rastro, um sinal antigo", um desenho, um sonho, uma ideologia, experiências e esperas. Tudo isso é muito semelhante àquilo que chamaríamos, nesse contexto, de coisa "estranha", incompreensível, mas, de algum modo, próxima de nós – um mito, talvez, apesar de fazer parte de uma dimensão do próprio viver. Um mito pessoal, então?

O que considero mito pessoal refere-se, assim, aos aspectos entrópicos que caracterizam a relação entre Uno e Binário. Em primeiro lugar, quanto à relação primária vertical e, em segundo lugar, quanto à relação primária horizontal[30], oferecendo características de originalidade que se traduzem nas formas específicas como cada indivíduo elabora suas experiências.

Levar em consideração a área entrópica na relação Uno-Binário conduz, inevitavelmente, ao privilégio de uma perspectiva diferente da que se refere ao processo experiencial como parte de uma categoria estreitamente vinculada ao intelecto. A este, que se refere à área neguentrópica[31] da relação Uno-Binário, pertence a fala expressa na linguagem histórico-comum, as hipóteses e as teorias de base, os modos de viver, por meio dos quais analista e analisando se confrontam e trocam competências e experiências.

As considerações que quero propor, e que considero funcionais para o trabalho clínico, referem-se a um processo que se situa em um vértice diferente daquele que considera unicamente o intelecto. Estão mais próximas de algo que parece uma emoção estética. Em resumo, algo que permanece indizível, mas que opera em profundidade dentro do sistema, como uma força dominante e desconhecida.

É evidente que muitas vezes, na vida, colocamo-nos objetivos irrealizáveis. Apesar disso, continuamos a propô-los, ainda que implique, nesses contextos fortemente dinâmicos, gastar a energia destinada às necessidades e às urgências da sobrevivência pessoal.

Modificamo-nos de modo consciente e inconsciente, adquirimos e perdemos pedaços do mundo, mudamos de interesses, motivações, opções, preferências, e chegamos a nos sentir diferentes (ou indiferentes) e até mesmo "estranhos" a nós mesmos, mas sempre

---

[30] A.B. Ferrari, *O eclipse do corpo, op. cit.*
[31] N.T.: Neguentropia é o elemento que tende a organizar o sistema e pode combater a tendência à entropia (desorganização e indiferenciação do sistema).

nós mesmos como sistema. A corporeidade é a matriz arcaica da unicidade, o fio invisível que une o passado ao presente. É isso que quero indicar quando proponho a função do mito, em especial dos mitos pessoais, que acredito estarem na base da criatividade e das organizações mutáveis que marcam a personalidade. O que defino como "mito pessoal" talvez seja apenas aquele farol que, nas piores e mais escuras tempestades das vicissitudes psíquicas (náufragos da própria mente), oferece uma tênue luz que pode estar indicando uma nova aurora.

Quanto ao material clínico apresentado anteriormente, é importante esclarecer alguns pontos. A relação analítica é um espaço virtual que acolhe analista e analisando, bem como as respectivas histórias que vão se construindo nessa troca. É claro que nenhum tipo de material clínico pode ser separado de seu contexto analítico. Ele resulta do que diz o analisando e dos aspectos colocados em relevo pelo que diz o analista. Mais do que dado objetivo do paciente, é expressão da própria relação analítica. Os aspectos operacionais que o analista ativa – refiro-me especialmente à proposição analítica[32] – passam a fazer parte do que se entende por material clínico. Entretanto, as proposições do analista precisam ser calibradas em relação às hipóteses do analisando, e não às hipóteses teóricas do analista.

Vou exemplificar, utilizando material extraído de meu último trabalho[33]. Uma analisanda afirma ser muito difícil liberar-se dos modelos de comportamento com que convive há muito tempo: "Percebo a emoção e em vez de aceitá-la e experimentá-la, eu a abandono, porque não coincide com a idéia que tenho de mim. Apenas essa idéia é o meu Eu. Ocorre, então, que não há ninguém em minha mente para abrigar minhas emoções. É como se eu colocasse uma boneca naquele lugar, para não sentir a angústia daquela cadeira vazia sem ninguém para acolher o que sinto. Eu é que deveria estar lá."

---

[32] A. B. Ferrari & E. Garroni, "Schema di progetto per uno studio della relazione analitica", *op. cit.*

[33] A. B. Ferrari, *A aurora do pensamento*, *op. cit.*

Não creio que seja necessário comentar. O material clínico, como toda a fala da analisa, é integrado.

O analista propõe ao analisando que o que ele sente (corporeidade) está em conflito com as posições "teóricas" do Binário, naquele momento, naquela situação e com aquela urgência. A proposição analítica é formulada de modo que não contenha as hipóteses teóricas do analista e seja fácil de assimilar por parte do analisando – o único que poderá indicar quanto consegue usufruir da proposição do analista. Isso significa que o contexto e as específicas situações que surgem na relação analítica sugerem a analista e analisando, simultaneamente, capacidade de elaboração e, naquele exato momento, o início de um diálogo funcional para o tema em questão.

Ao falarmos de nossa específica área de competência, facilmente esquecemos que muitas das dificuldades em relação aos aspectos – epistemológicos, digamos – da pesquisa que conduzimos derivam, em grande parte, do material mutável, "inefável" e "evanescente", como sensações, emoções, e sentimentos. A leitura do material clínico fornece unicamente vestígios de um percurso que é único em si. Isso pode levar a um julgamento da proposição analítica como polissêmica, muito variável ou pouco dirigida à fala dos analisandos. A impressão não corresponde aos dados de fato, embora possa ser justificada pela impossibilidade real de traduzir em uma linguagem "precisa" os inúmeros componentes do "aqui e agora" que compõem o inevitável pano de fundo: voz, formas e modos de expressão, contextos, emoções, etc.

Tudo isso parece relacionado com a impossibilidade de "trazer de volta à cena", ou de recriar o clima no qual se moviam as emoções e sentimentos que pertenciam a cada um dos componentes de uma antiga foto de família. Não podemos esquecer que analista e analisando têm características próprias, com as quais marcam o seu funcionamento psíquico.

Se concordamos com o fato de que a relação analítica se manifesta predominantemente sob forma de diálogo, e que esse diálogo é o fulcro da relação, podemos nos dar conta de que uma das funções de ambos os participantes é, principalmente, assumir a parcela de responsabilidade que permite a ambos construir uma relação analítica.

Supomos que se possa acrescentar a tudo isso a intensidade da troca e a possibilidade que ambos têm de se mover, de tal modo que os papéis sejam trocados em inúmeras ocasiões, constituindo, assim, o elemento vivificante da própria relação.

Acredita-se que o analista tem condições de ressaltar os pontos de urgência do analisando (em palavras mais explícitas, os pontos de urgência que normalmente se evidenciam na sessão) permitindo a diminuição do nível de sua angústia. Isso ocorre por meio de intervenções, seguindo linhas que se referem às possibilidades específicas de percepção do analisando.

O material clínico citado foi observado no contexto especial de urgência que se refere à dificuldade do indivíduo em aceitar a dinâmica de sua configuração egóica, no tocante a seus modelos de referência.

Proponho que tudo isso seja examinado como exemplificação do "estranhamento" – já descrito – que a pessoa sente e manifesta com relação ao que poderíamos chamar de identidade originária, percebido como a irrupção de algo que surpreende e assombra o próprio interessado.

Permanece aberta, porém, a hipótese metodológica geral, segundo a qual existe uma relação recíproca entre a formação da linguagem e a dos mitos. Essa teoria encerraria uma dificuldade que no momento – até onde sabemos – ainda não tem solução. Podemos imaginar, de fato, que na elaboração dos primeiros estágios da visão mágica do mundo, o homem não tenha sido capaz de distinguir, articuladamente e com clareza, o desejo da coisa desejada.

O desejo contém uma força imediata. Basta intensificar ao máximo a sua interiorização para transformá-lo eficazmente no objetivo desejado: a ilusão. Toda a magia está impregnada por essa crença que é a potência real e realizadora dos desejos humanos. Isso é determinante para sustentar e alimentar a onipotência do pensamento. E não é só: tal atitude parece ser constantemente confirmada e validada pela experiência que o homem acumula na resposta dominante do valor de suas ações – manifestas na influência que ele exerce sobre o próprio corpo, sobre os movimentos do corpo, os componentes do corpo e, em particular, por meio das mãos e da gestualidade.

O mito, sem dúvida, oculta dentro de si múltiplas potencialidades – o mistério, inclusive –, não como coisa "não-expressa ou silenciada", mas como coisa inexprimível. Ele mesmo é uma criação, uma vez que estabelece – talvez – alguns dos modos com os quais o homem iniciou seu caminho rumo ao "humano". Caminho que consideramos unicamente como momento de passagem e de transição, durante o qual o animal homem chegou à consciência de si.

Cassirer[34], porém, afirma que o próprio mito é apenas uma doença do espírito e – exagerando tanto quanto Müller – também uma doença da linguagem. Mas o mito "é", enquanto a linguagem sofre as vicissitudes de uma série de modificações e de variáveis que se sucedem no tempo. O fato de tudo isso poder dar vida a novos mitos, do mesmo modo que uma geração dá vida a outra – com os respectivos parâmetros físicos e culturais que acompanham esse suceder-se, que são, ao mesmo tempo, formadores e derivados do processo –, é coisa bem diferente.

Extrapolando, poderíamos dizer que a separação entre corporeidade e Binário é exemplarmente evidente no mito de Ícaro. em que o Uno é abandonado e o Binário, livre dele, pensa que pode voar. A interpretação dos mitos depende também do ponto de vista de quem os observa.

Como exemplo de um caso-limite, é suficiente comparar dois mitos, o de Teseu e o de Ícaro, para descobrir que, no primeiro, a corporeidade do Minotauro é expressa de modo tão totalizador e ameaçador que nos leva a suprimi-la, configurando assim a morte – morte do Uno. Já no segundo, a corporeidade é simplesmente ignorada e configura a morte do Binário. Em ambos os casos, é a morte que aniquila o sistema-homem.

---

[34] E. Cassirer, *Filosofia das formas simbólicas*, op. cit.

Para a concepção mítica, que não faz nenhuma distinção entre os diferentes âmbitos dos objetos, e não esboça nenhuma análise causal entre os elementos da realidade, essa conclusão tem, de fato, uma força vinculadora. Essa concepção une – através de um simples ato de "resolução" – o fim, o resultado e a satisfação do desejo.

Poderíamos imaginar que os mitos pertencem ao homem como possibilidade filogenética "provável", na acepção usada por Lamarck. Para exemplificar essa afirmação, ilustrando-a psicanaliticamente, eu proporia, mais uma vez, a constelação edípica, cuja extraordinária força de impacto e de presença condiciona, em grande parte, o comportamento e a vida de cada homem. Podemos definir essa força como pertencente a uma das pré-concepções já descritas por Bion[35], com muita eficácia.

É preciso lembrar também dos arquétipos da teoria junguiana, que, em função do inconsciente coletivo, manifestam-se nos mitos. Podemos concebê-los apenas imaginando-os, ou melhor, equiparando-os aos códigos filogenéticos e qualificando-os como capacidades adquiridas no significado já descrito.

Se acrescentarmos que o homem, em sua experiência existencial, tende a transformar o mito em rito, podemos afirmar que essa transformação tem a função de adequar à vida cotidiana os "universais" que cada indivíduo elege através de seus mitos pessoais.

Sabemos muito bem que esses equilíbrios dinâmicos são sensíveis e frágeis e que é exatamente nessa área que está presente o maior perigo radicado na relação dialética entre mito e rito. O rito pode se formalizar de modo excessivo, a ponto de adiar, ou até mesmo bloquear, o movimento de contínuo intercâmbio com o mito, que se exaure, assim, no próprio rito.

A rigidez na passagem entre mito e rito facilita e favorece a transformação do rito em um modelo, que tem o poder de substituir de modo global e estático a relação dinâmica entre mito e rito. A idealização – conseqüência da transformação do rito em modelo –

---

[35] W. R. Bion, *Cogitações*, Rio de Janeiro, Imago, 1999.

bloqueia o processo e facilita, por sua vez, o aparecimento de angústias persecutórias que transformam definitivamente a idealização em ideologia, com todas as modalidades e características desarmônicas que distinguem, sem exceção, todas as ideologias: intolerância em relação a si mesmo e em relação ao mundo.

Uma vez especificados os aspectos e os significados que caracterizam as diferentes categorias de mitos, os registros de linguagem onírica e as ideologias, precisamos lembrar que, na prática analítica, essas distinções nem sempre são possíveis. Ao contrário, elas se sobrepõem, se fundem e se confundem, como momentos de mundos que o analista precisa evidenciar em suas específicas funções e contextos.

Poderia até afirmar (com todo o respeito pela complexidade de temas sobre os quais, como psicanalista, não tenho competência) que algo semelhante ocorre no âmbito circunscrito ao significado que os analisandos dão comumente à religião e, em contextos particulares, ao significado da religiosidade. Nessa área, é possível supor que o homem vá desenhando, atribuindo modos e formas de religiosidade que pertence a todos, exprimindo um sentimento de grande valor potencial.

Gostaria de sugerir que, uma vez perdida a espontaneidade originária, o homem imaginou um "deus" com características onipotentes e colocou-o fora de si para que cuidasse unicamente dele e de sua instintividade (que ele mesmo tolhera, ao vestir-se). A operação acontece no âmbito do Binário, que favorece, com meios próprios, a dicotomia entre Uno e Binário, segundo a vigorosa mensagem platônica.

Vamos nos restringir ao *Fedro* de Platão[36]. Em 229 D (Platão, XXX), Sócrates também mostra uma atitude que poderia ser entendida como intolerante, ao transformar o preceito délfico em mito, chegando até a convertê-lo em rito: a busca de si mesmo, ou se preferirmos, a contínua busca de nós mesmos[37].

---

[36] Platão, *Fedro*, São Paulo, Martin Claret, 2001.
[37] Narra-se o diálogo ocorrido entre Fedro e Sócrates, enquanto passeavam pelas paragens onde Bóreas teria seqüestrado Orítia. Fedro pergunta a Sócrates se achava que aquela narração (ou *mitologema*) era verdadeira. O filósofo responde afirmativamente, mas acrescenta que, apesar das histórias serem graciosas e engenhosas, não queria perder tempo com elas, pois estava ocupado em tentar conhecer-se a si próprio.

No trabalho clínico, aquilo que Sócrates define como "histórias graciosas e engenhosas" faz parte do diálogo cotidiano que se desenrola em uma relação psicanalítica.

Para concluir, desejo vivamente chamar a atenção de colegas e estudiosos para o tema do mito e para a sua relevância no contexto analítico, mas não quero saturar a proposta com um dilúvio de material clínico (por razões já citadas).

O que considero mais interessante não é a hipótese sobre a "necessidade" de mitos pessoais – subjacentes à estrutura da personalidade –, mas o vasto campo que se expande para muito além dos temas que tentamos evidenciar.

Mais pesquisas, aprofundamentos e novas hipóteses sobre o assunto podem ser úteis para revelar modalidades e formas talvez ainda não conhecidas do funcionamento do mundo psíquico.

O analista pode avaliar a utilidade clínica dessas argumentações e adotá-las, se desejar, como mais um ponto de observação.

CAPÍTULO 4

A OUTRA FACE DA LUA

Algumas considerações analíticas sobre o sono.
Na ausência de sonhos, para onde vamos?

"A outra face da Lua" não é na realidade um capítulo, pois não preenche os requisitos para isso. Não foi concebido desse modo, e tem origem em evidências que se impuseram por si só, enquanto estudávamos detalhadamente os registros de linguagem, em geral, e o registro de linguagem onírica de nossos analisandos, em particular.

Posso adiantar, sem me eximir de responsabilidade pelo que direi, que o conhecimento que tenho do tema é o que advém da experiência, ainda que isso não confira autoridade suficiente para abordar o assunto.

É imprescindível fazer uma primeira consideração: é inevitável que o sonho dependa do sono – condição necessária, mas não suficiente para sonhar. No nosso caso, esse é um motivo válido para que não ignoremos o sono.

Dito isso, outras considerações nos levam a abordar um assunto que, de certo modo, não é especificamente analítico. Esse tema me interessa, não apenas porque é meu campo, mas porque a predisposição para o sono ocupa um espaço importante na vida – até mesmo do ponto de vista do tempo – e porque facilita a produção de atividades que denominamos "sonhar".

A dificuldade de abordar o tema do sono diz respeito, antes de tudo, à escolha do material que se relaciona a ele, no contexto em que a relação analítica não está presente. E também tem a ver com o modo como esse material clínico se apresenta e pode ser ouvido, lido e utilizado como possível evidência ilustrativa do próprio tema. Esta, como outras, é uma dificuldade adicional, pois precisamos lembrar que, em geral, os aspectos marginais de um diálogo analítico são inúmeros, tentadores e por isso mesmo tendem a nos desviar.

Algumas colocações feitas pelo analisando devem ser, em regra, consideradas com atenção pelo analista. Estamos nos referindo a tudo que é dito sobre a corporeidade do sujeito e que indica a presença de desarmonias físicas momentâneas, que ajudam a evidenciar de que modo essa corporeidade é significativa. Por exemplo: estados físicos debilitados, excesso de peso ou peso reduzido, etc.

Dificilmente, porém, quando falamos do material clínico dos analisandos, nos detemos para prestar a devida e específica atenção na modalidade ou na forma como falam do sono, como comem, e outras coisas do gênero. Não constam da literatura psicanalítica trabalhos específicos sobre o sono. Esse problema se refere aos limites do psicanalista e à sua possibilidade de percepção.

O sono é premissa do sonho e é condição necessária, mas não suficiente, para que ele ocorra. Para dizer de forma mais precisa e poética "o sono é a pastagem dos sonhos"[1].

Em muitos mamíferos, parece que o sono se caracteriza também por uma grande atividade física e, apesar do estado de repouso, não pode ser relacionado apenas à elaboração onírica. As funções do sono ainda não são bem conhecidas. Também não sabemos por que transcorremos tanto tempo dormindo. E, ainda hoje, não conhecemos exatamente os mecanismos neuronais e químicos que o produzem.

Parece existir, por parte da fisiologia, alguma dificuldade em colocar o sono como principal referente de todas as manifestações que dele dependem. Do ponto de vista histórico, parece-nos que essa área foi estudada por Freud, com suas hipóteses sobre dormir e sonhar. Talvez isso tenha levado muitos especialistas a se dedicarem à fisiopatologia do sono.

---

[1] Agradeço ao prof. Luciano Angelucci por essa e outras sugestões válidas.

O que queremos esclarecer de imediato é que os neurologistas parecem não ter dúvidas de que os circuitos cerebrais que governam a atividade do sono são *diferentes* dos que produzem e "regulam" as atividades oníricas. As implicações dessas importantes afirmações são relevantes do ponto de vista analítico, e colocam uma série de perguntas que vão muito além da discussão que queremos expor nessas breves considerações.

Os especialistas distinguem duas formas específicas – o sono e o sonho – também nos seres humanos. A atividade onírica manifesta-se visivelmente a um observador pelo movimento rápido dos olhos – REM (*rapid eye movement*). Esse movimento não é prerrogativa do sonho, e os movimentos oculares podem ser facilmente confundidos com os da vigília.

É preciso lembrar, a esse propósito, que alguns estudos afirmam que os movimentos das pálpebras e os movimentos oculares apresentam diferenças quantitativas em algumas tribos "primitivas" do Senegal e da Indonésia, por exemplo. Segundo os especialistas, essas diferenças deveriam ser consideradas no tocante aos padrões específicos usados no Ocidente. Não há menção alguma à possibilidade de serem atribuíveis unicamente a aspectos culturais.

Quanto ao sono que estamos examinando, ele não deveria comportar "nem vontade, nem desejo", na acepção que essas palavras implicam, mas isso não exclui a presença de uma forte atividade cerebral, que permanece ativa também nos que estão dormindo. É o que os neurologistas chamam de *complexo K*, formado não mais por ondas *alfa* e *beta*, mas por ondas *delta* que, diferentemente das primeiras, estão presentes e são constantes no repouso. Essas últimas são relativamente breves, muito dinâmicas, e anunciam a chegada do chamado sono profundo[2].

Em outras palavras, poderíamos dizer que há entre o sonho e o sono – no que diz respeito ao chamado "estado mental" – a mesma relação existente entre caça e caçador, ou seja, uma prevalência mo-

---

[2] W. Dement, *C'è chi veglia e chi può dormire*, Bolonha, Ed. Zanichelli, 1977.

mentânea do Binário sobre o Uno (no sono, ao contrário, é o Uno que prevalece sobre o Binário).

O sono REM é profundo e, para distingui-lo do "leve", é definido como "sono paradoxal". Para muitos especialistas, ele se caracteriza por ser organizado, apesar de ser passivo e insignificante.

Concordo amplamente com a hipótese defendida pelos especialistas que consideram o sono como uma função ativa das mais intensas e muito relevante[3]. Já em 1950, o neurologista italiano G. Moruzzi considerava o sono uma condição altamente organizada do cérebro.

Assim, para além das questões abordadas por especialistas sobre mecanismos neurofisiológicos, podemos dizer que o sono está relacionado principalmente com o que formulamos como Uno, e o sonho – no sentido de desejo que se manifesta na atividade onírica – continua a manter no sistema, mesmo que em tom menor, a sua estreita ligação com o Binário[4]. Tentaremos colocar essa hipótese em evidência através do material clínico que será discutido.

Recentes estudos especializados sobre o sono falam da existência de vários estágios do processo de dormir, claramente definidos, organizados e nada casuais.

Observa-se que os recém-nascidos transcorrem a maior parte do tempo no sono chamado "ativo". Isso continua durante boa parte da infância. Essa modalidade de sono não deve ser confundida com o que se define como "sono tranqüilo". No caso de adultos e idosos, passa-se de uma notável atividade motora, em geral, a casos em que está presente uma completa – mas às vezes apenas aparente – paralisação.

É preciso acrescentar uma outra observação sobre a qual todos os especialistas concordam: o processo de acordar é acompanhado, em geral, por um aumento de secreção de cortisol, cuja finalidade é preparar o organismo para as exigências físicas do despertar. Este é o sinal de que as exigências da corporeidade precisam ser satisfeitas e,

---

[3] A. Rech & J. M. Siegel, "Sleep and dreaming", in *Principles of neuroscience*. Fourth Edition by E. R. Kandel, J. H. Schwartz, T. M. Jessel, 936-947, Nova York, McGraw Hill, 2000.

[4] A. B. Ferrari, *O eclipse do corpo, op. cit.*

de fato, a secreção de cortisol aumenta rapidamente no sangue, durante a parte final do sono.

Não é apenas esse hormônio que age durante o sono. Há muitos outros que têm funções operacionais diferentes e específicas, que se servem do sono para atuar. O sono parece desempenhar, portanto, um papel importante na regulação das secreções hormonais porque, nessa fase – não perceptível para quem dorme – os órgãos endócrinos se ativam e liberam no circuito sanguíneo hormônios que influem decisivamente em todo o corpo[5].

Do ponto de vista psicanalítico, a conexão entre Uno e Binário parece corresponder satisfatoriamente a esse quadro, pois é capaz de respeitar as variações do sistema-indivíduo, mesmo permitindo a identificação, a cada momento, dos aspectos mais relevantes na complexa dinâmica da relação Uno-Binário. No tocante ao sono, refiro-me especialmente à função desempenhada pelo Uno. É ele que nos informa, de modo indireto, sobre a forma como se dá o sono e sobre as mudanças que o acompanham nas diferentes idades.

O material clínico que será examinado a seguir faz parte do cotidiano de qualquer analista. São frases aparentemente banais com as quais os analisandos de qualquer idade, instrução, preparo ou condições psíquicas, comunicam ao especialista uma sensação geral relativa ao modo como acordam:

"Hoje estou me sentindo bem, não sonhei, ou talvez não me lembre."

"É um belo dia, é... essa noite eu não sonhei" (o dia está cinzento e está garoando).

"Faz tempo que não me sinto tão bem."

"Dormi um sono só, inacreditável!"

"Estou entusiasmado, sei que posso enfrentar o dia."

"Não aconteceu nada de novo, mas estou com uma sensação de bem-estar..."

"Eu dormi? Nem percebi."

---

[5] P. Lavie, *Il meraviglioso mondo del sonno*, Turim, Einaudi, 1999.

Essas palavras têm um significado particular, que vai além da mera comunicação, conforme o momento em que são ditas: no início da sessão ou em outro instante da relação analítica.

É evidente que o significado literal – formal e comum a todos – não contém a mensagem. Não é a forma que importa ressaltar, e sim o fato de que é aquele indivíduo que usa aquelas determinadas palavras e lhes dá sentido.

As palavras, em si, referem-se a um horizonte de significados possíveis, encerrados nas características daquele analisando. É nesse contexto que o fato de exprimir-se com uma linguagem histórica comum adquire seu real significado (é o que acontece também com outras expressões do paciente na relação analítica).

A especificidade do analisando coloca em evidência dois aspectos: o primeiro se refere à sensação corpórea traduzida em "frases feitas" – e até aqui, nada de estranho. Mas o segundo revela uma experiência que pode ser compartilhada e que poderia revelar um significado bem diferente. Em outras palavras, a possibilidade de traduzir em fórmulas comuns uma experiência de "sono", com as modalidades já descritas. Essa operação, por razões ainda desconhecidas, serve-se principalmente do Uno para restabelecer as condições harmônicas de equilíbrio dentro do sistema.

O modelo que comumente aplicamos para nos guiar é o das correspondências significativas[6], que nos orientam em relação a qualquer afirmação do analisando (afirmações que guardem, porém, uma relação, pelo menos associativa, com certas hipóteses de que nos servimos momentaneamente para acompanhar os modos de funcionamento dos mecanismos psíquicos do sujeito). Não há nada de novo nisso também.

Mas a importância que podemos atribuir ao sono, da maneira como o estamos considerando, é apenas a que cada um tem de si próprio. A presença do Binário é, certamente, apenas "potencial" – todas as funções relativas à atividade consciente e à capacidade de realizar experiências estão, na prática, na sombra.

---

[6] Ver A. B. Ferrari, *A aurora do pensamento, op. cit.*

Alguma coisa acontece no plano físico-corpóreo que isola a consciência do indivíduo durante intervalos de tempo variáveis e o leva a um território, até o momento, desconhecido, no qual acontecem "coisas" que não podem ser conhecidas, mas que são funcionais para restaurar as condições funcionais para viver. É exatamente esse momento – que não pode ser conhecido – que se torna limite e garantia da possibilidade de recuperação.

Tudo isso que acaba de ser dito não se refere, a meu ver, à atividade de sonhar, seja ela registrada, esquecida ou negada, nem ao sono induzido por substâncias químicas. No caso da atividade onírica, o tema do sono não poderia ser considerado desse modo e sim como fenômeno natural e simples. Em relação ao sono produzido por substâncias químicas, é preciso considerar que ele produz perda de memória e de várias modalidades sensoriais. A percepção da dor é a primeira a ser afetada, em seguida perde-se a sensação tátil e, sucessivamente, a auditiva, a visual e todas as demais. Nesse ponto, ainda pode haver resposta aos estímulos – inclusive os verbais –, mas não restaria uma lembrança espontânea dos eventos. Nos estágios posteriores, assiste-se à perda da resposta ao comando e, depois, das respostas motoras aos estímulos nocivos.

Estamos em presença de um problema aparentemente simples e intrigante. O que acontece durante o sono sempre despertou interesse mas ainda não obteve respostas satisfatórias. Por milhares de anos, os homens invocaram o sono para poder sonhar, e o sonho era motivo de fascinantes e complexas leituras.

O que quero propor tem um significado clínico relevante para mim, e sempre que consigo detectá-lo tenho a sensação de que alguma coisa se encontra do lado obscuro desse universo. Alguma coisa que talvez não seja possível conhecer e que está destinada a ser ignorada.

O sono é regido por um ritmo biológico que não é adquirido e que, portanto, é independente do tempo; as operações que têm a finalidade de alterá-lo, modificando o ambiente externo, não têm validade. O relógio corporal obedece apenas ao tempo biológico – plenamente contido pelo Uno –, que desenvolve mecanismos neuronais capazes de indicar periodicamente ao sistema o momento em ele deve se ativar e o momento em que deve deter cada atividade. Qualquer oposição imposta pelo Binário a esse andamento tem certamente conseqüências – se exasperadas ou impostas por condições externas – que podem significar até mesmo a morte do sujeito.

Sabemos que não é a escuridão nem a luz que regula estes mecanismos, mas um hormônio especial, produzido pela glândula pineal, que os especialistas chamam melatonina, e outros, como a serotonina, a GABA, etc. Os cientistas explicam que esses mecanismos respondem automaticamente a determinados estados e a prova evidente disso manifesta-se no fenômeno do sonambulismo e no comportamento de crianças e adolescentes cujo sono não apresenta reações ao ambiente[7]. Às vezes, principalmente no primeiro caso, não há nem sequer inibição do tônus muscular.

Como já mencionei, as várias teorias existentes sobre o assunto parecem concordar com o fato de que existe, no sono, uma modalidade funcional que permite – dada a particular e momentânea predominância do Uno – restabelecer um funcionamento harmonioso dos órgãos e da corporeidade em geral, como sistema. Trata-se, portanto, de uma necessidade corpórea, de uma necessidade primária[8].

As mudanças que ocorrem no controle dos processos que regulam o mundo interno e registram as modificações do mundo externo, citadas anteriormente, mostram que o sono REM é uma condição fundamental. Diferentemente da vigília e do sono que estamos estudando, o sono REM mantém uma atividade vivaz de diálogo que se manifesta no Binário através da corporeidade, enquanto no sono, essas funções ficam, em certos níveis, suspensas, e a atividade é predominantemente corpórea.

Sabemos que o sono REM é muito intenso durante os primeiros dias de vida e aparece já no estado fetal. Isto tem duas implicações de alguma importância. A primeira é que esse tipo de sono teria características fisiológicas mais semelhantes às da vigília do que às do

---

[7] A. B. Ferrari, *Adolescência: o segundo desafio*, op. cit.

[8] Ver A. B. Ferrari, *O eclipse do corpo*, op. cit.

sono propriamente dito, e a segunda é que o limite se encontra entre ele e a vigília. Uma vez superado esse limite, acorda-se, ainda que não haja estímulos detectáveis.

Isso não significa que os sonhos – que são parte do REM – não sejam necessários para manter o equilíbrio do aparato psíquico, como disse Freud há quase cem anos. Ao contrário, parece que o sono REM desempenha também um papel na aprendizagem e na memória por meio de funções determinadas e específicas que pertencem à esfera da atividade psíquica. Entre elas, estaria a de selecionar material na massa não-funcional de informações acumuladas durante a vigília. Não é simples levantar a hipótese de que a atividade onírica pertence ao Uno, até mesmo nos momentos – chamados pelos neurologistas de REM ativo – em que a corporeidade dialoga intensamente com aspectos do Binário.

Mas quando falo de "outra face da lua", refiro-me à área em que a atividade principal é desempenhada pela fisicidade-corporeidade que age de modo obscuro e silencioso e "repara" todo o sistema. Dou a essa palavra o significado de eliminação, reconstrução e construção, como já mencionei. Em outros termos, trata-se da procura de um equilíbrio que permite a continuidade funcional da vida.

Reitero que minha hipótese defende a existência de um *continuum*, não de um dualismo cartesiano (o aparente dualismo é apenas força de expressão).

Não nos é possível encontrar uma resposta para o fato de que nem todos os sonhos são registrados nem accessíveis à consciência através da memória. Nesse caso, então, recordar um sonho seria simplesmente contá-lo? Podemos dizer que há uma experiência que, de alguma forma, registramos.

Além disso, não podemos ignorar o fato de que mesmo quando recordamos alguma coisa, existe sempre, de algum modo, uma certa quantidade de informações que não é utilizada e que vai alimentar o inconsciente[9].

---

[9] A. B. Ferrari, *Adolescência: o segundo desafio, op. cit.*

Mas nós podemos utilizar esse inconsciente, tornando-o consciente e, assim, disponível e útil para fornecer e descrever recordações cuja função é responder às perguntas que nós mesmos – ou os outros – colocamos. Essa reconstrução tem, nesse caso, todas as características de uma forma viva de "alucinação", pois a alucinação também contém aspectos de eventos já vividos. Mas o registro da linguagem onírica apresenta outra característica peculiar e específica, relacionada com a própria composição da recordação do sonho que emerge do sono. É como uma névoa que ocupa a escuridão da noite.

O sonho, nesse caso, no seu desenrolar, é retomado pelo sonhador e, como já dissemos, pode se esquivar dele. Recordar é condição necessária para ter uma experiência. O sonho, como registro de linguagem, produz as mesmas causas e efeitos que a atividade no estado de vigília, no contexto da experiência global do indivíduo.

Na verdade, podemos dizer a mesma coisa das alucinações, já que sonhar, assim como alucinar, recordar, e mesmo pensar, pertenceria à consciência do mundo interno, ou seja, à relação primária vertical entre Uno e Binário.

Essas considerações podem motivar a investigação de uma série de questões no campo psicanalítico que nos levariam a afirmar, paradoxalmente, que uma atividade psíquica nunca é consciente. Uma resposta possível a esta conclusão seria afirmar que temos acesso somente aos resultados dos processos mentais e não aos próprios processos.

Em 2003 surgiu a notícia de que pesquisadores britânicos e belgas teriam descoberto aquela que parece ser uma das mais importantes funções do sono. Eles afirmam que durante o sono, as partes do cérebro encarregadas da aprendizagem continuam a armazenar novas informações. Portanto, mesmo dormindo, continuamos incessantemente a aprender. Esse tipo de registro precisaria do funcionamento ativo do Binário. Reservo-me a possibilidade de aprofundar essas informações, que, se corretas, revolucionariam toda a questão.

Voltando aos exemplos do material clínico já descrito, queremos precisar que a fala dos analisandos não se refere unicamente às formulações positivas e entusiásticas sobre os efeitos benéficos e restauradores do sono. Há também falas que indicam que o sono não pôde – em parte ou completamente – desempenhar sua função:

"Não estou me sentindo descansado."

"Estou mais cansado agora, de manhã, do que quando fui dormir."

"Foi uma noite infernal."

"Estou exausto, pior do que se tivesse passado a noite trabalhando..."

Essas frases devem ser depuradas dos chamados exageros maníacos e/ou depressivos. Aliás, em condições desse tipo, a perda da capacidade de dormir é muito freqüente e representa uma indicação "diagnóstica" importante. Mas o que importa não é tanto o que o analisando diz, mas a forma que usa para comunicá-lo a nós: é apenas esse aspecto que pode nos sugerir uma eventual proposição analítica, que pode ser ouvida pelo interessado e ter significado para ele.

Quando o analisando comunica com freqüência esse tipo de mal-estar ou de satisfação em relação ao sono (falas entusiásticas ou de desalento sobre ele), a experiência clínica indica que podemos, em ambos os casos, levantar a hipótese de que estamos diante de algo anômalo no funcionamento dos órgãos, ou, mais grave ainda, no funcionamento daquele sistema.

Outro aspecto que considero clinicamente delicado, e que é, em parte, responsável pela funcionalidade de um contexto analítico, diz respeito ao estado geral do analisando. O seu modo de escutar e de estar presente na relação analítica (mais ativo ou menos ativo) dependem disso. É evidente que a qualidade do sono se reflete sobre a capacidade de atenção e elaboração do analisando e do analista durante a relação analítica.

Tudo o que acabamos de discutir é uma tentativa de contribuir, com nossas considerações, para o avanço de outras ciências que há muito estudam o porquê de dormirmos e sonharmos. A compreensão do funcionamento do cérebro durante o sono, em todos os níveis, não pode, é claro, ficar separada do estudo do funcionamento psíquico e do "sistema homem" por inteiro, unindo, mais uma vez, a medicina e a psicanálise em um terreno de fronteira.

P.S.: Espero que o significado auto-irônico desse *divertissement* não perturbe demais o leitor, porque o sono, como tudo, exige apenas que cada um de nós lhe dedique tempo, para que ele faça seu curso do melhor modo possível e atinja seu objetivo corporal de "nos fazer dormir" do modo que sempre conhecemos. A ciência sugere muitas possibilidades, mas o sono parece reivindicar modalidades que possuímos já em nossa constituição biológica. O sono está sempre disponível e é paciente: nos dá tempo para encontrá-lo...

CAPÍTULO 5

AUTO-ANÁLISE COM TESTEMUNHA

*Algumas questões teóricas e técnicas sobre
a análise de analistas
Análise – Supervisão – Auto-análise*

A. B. Ferrari
F. Romano

As considerações apresentadas neste capítulo derivam da experiência direta obtida em análises realizadas com colegas que pediram nossa ajuda. Tornou-se evidente que o modelo analítico habitualmente usado criava algum embaraço para aquele que solicitava análise e já possuía uma experiência amadurecida, através de análise anterior e de sua atividade profissional.

A utilização do modelo usual comportava problemas de urgência e questões relativas ao tempo que são muito relevantes nesse caso. Paradoxalmente, o fato de possuir uma longa e cotidiana familiaridade com a análise, e de aprender com essa experiência, pode interferir na necessidade de procurar um analista.

O que motiva o tipo de abordagem que propomos é justamente a consciência da solidão e do risco contínuo de saturar o próprio sistema com os resíduos não elaborados das relações analíticas em andamento. A necessidade de elaborar uma técnica analítica específica surge, assim, a partir da identificação de aspectos que impedem um colega de pedir ajuda em momentos de dificuldade pessoal e/ou profissional.

Foi realizada uma pesquisa atenta e difícil dos procedimentos envolvidos na auto-análise com testemunha, tanto no *setting* quanto na realização.

As primeiras observações remetem para a necessidade de identificar os aspectos significativos e específicos que permitem definir, em termos mais complexos e articulados, uma modalidade de análise para analistas. O termo reanálise, que em geral é utilizado, sugere a idéia de um retorno ao passado ou de uma repetição de eventos e processos já ocorridos. A convicção de que experiências traumáticas geram mudanças, que podem ser retomadas e transformadas simplesmente voltando à condição inicial, produz a idéia de que é preciso regredir para progredir. Recorrer a esses conceitos não parece funcional do ponto de vista clínico, e duvidamos que tenha valor mesmo no plano teórico.

Quase todos os analisandos apresentam alteração ou perda momentânea dos parâmetros espaço-temporais, quando a experiência coincide com uma situação difícil na relação entre Uno e Binário (relação vertical)[1]. Exemplos disso são evidentes em situações de grave doença física e em todos os estados psíquicos desarmônicos. Em casos assim, observam-se fenômenos usualmente definidos pela psicanálise com o termo "regressão", já que o indivíduo tende a adotar modalidades de pensamento e comportamento que são freqüentemente confundidas com as de fases anteriores e já superadas, das quais restam aparentes caricaturas.

Em geral, considera-se que, quando o indivíduo está pressionado pelo surgimento de angústias não elaboradas e indizíveis, ele acaba usando modalidades psíquicas e comportamentais próprias do passado, cuja lembrança, conservada em determinadas áreas da mente, é evocada pela memória.

Uma observação superficial poderia sugerir que a memória, como função capaz de "conservar" experiências, permite voltar ao passado.

Se a observação fenomênica induz a descrever a evolução do indivíduo como um processo que avança ao longo do tempo histórico, a relação entre Uno e Binário acontece, por sua vez, em uma contínua e dinâmica alternância de momentos em que ora emergem

---

[1] A. B. Ferrari, *O eclipse do corpo*, op. cit.

aspectos do Uno, ora do Binário. É exatamente essa alternância que torna dinâmica a relação, sendo funcional que o conflito se mantenha em níveis toleráveis.

Elementos que emergem, às vezes, sob a forma de estados marasmáticos pressionam continuamente para serem contidos e filtrados pelas funções do Binário. Este, por sua vez, com freqüência ameaçado em sua atividade, tenta eclipsar emoções e sensações, chegando até a mantê-las circunscritas na área da fisicidade. Nesse sentido, uma vez mais o conceito de regressão se mostra como instrumento desprovido de funcionalidade e de significado.

A partir dessas considerações, propomos que não se adote o termo reanálise, mas que se defina esse tipo de abordagem como *auto-análise com testemunha*. Veremos a seguir as razões que sustentam a escolha dessa definição.

Já conviemos que a relação analítica é um processo que se articula no contexto de uma relação não comum, para a qual contribuem igualmente analista e analisando. Ressaltamos também que a função do analista consiste em ativar processos de pensamento – mais do que em fornecer respostas, etiologias ou tratamentos – e que a relação analítica se desenvolve por meio de duas linhas principais: o "ir em direção de si mesmo do analisando" e o "voltar em direção de si mesmo do analista"[2].

É dessa "volta em direção do analista" que gostaríamos de tratar, esclarecendo logo que não se trata de regressão nem de retorno a fases historicamente colocadas no passado, mas de dirigir-se ao mundo delimitado pela própria dimensão vertical.

No encontro com o analisando, o analista opera em um estado especial de atenção e de consciência que consiste na suspensão mais completa possível de todo o conjunto de disposições pessoais, preconceitos, pressupostos teóricos, etc. Supõe-se que o treinamento a que se submeteu o tenha preparado para abrir um espaço mental[3].

---

[2] A. B. Ferrari, "Relação analítica: sistema ou processo?", *op. cit.*
[3] F. Romano, "Stati di coscienza e registri di linguaggio dell'analista", in *Impronte*, n. 5, estate, Pescara, 2002.

Mas ele fica à escuta do quê? O que emerge no silêncio que se faz em sua mente, desobstruída de preconceitos, desejos e teoria? Quais formas vão se delineando nessa indefinível penumbra? O que sabem ou conhecem ambos – analista e analisando – das áreas não iluminadas de suas percepções, que são a matriz do mal-estar que Freud denominou "o estranho"[4]?

No decorrer de uma sessão, é possível verificar fenômenos de alteração do estado de consciência no analista – ainda que transitórios –, especialmente em momentos acentuadamente desarmônicos da configuração egóica do analisando[5].

Na origem da psicanálise, Freud ressaltou que os conhecimentos técnicos do analista não são suficientes se não forem enriquecidos pela consciência do "efeito da influência do doente sobre os sentimentos inconscientes do médico". No seu escrito *Perspectivas futuras da teoria psicanalítica*[6], ele utilizou pela primeira vez o termo *contratransferência* para indicar o conjunto desses fenômenos.

Este conceito, desde suas primeiras formulações até hoje, foi se expandindo bastante, principalmente por mérito de Racker[7]. Mesmo levando em conta os mais recentes avanços da pesquisa psicanalítica, reputamos que talvez até mesmo as últimas formulações ainda sejam pouco eficazes para iluminar a área complexa na qual têm lugar os fenômenos que o termo implica. O conceito de contratransferência foi estendido a tantas e tais definições que seu significado ficou empobrecido. A hipótese com que trabalhamos considera a psiquicidade uma função da dimensão corpórea mais do que um objeto colocado do lado de fora do sistema indivíduo, o que leva a estabelecer a relação analítica como um encontro entre dois aspectos de um sistema – nesse caso, entre o sistema do analista e o sistema do analisando. O encontro acontece nas respectivas dimensões vertical e horizontal, o que facilita a análise dos fenômenos psíquicos e emo-

---

[4] S. Freud (1919), *op. cit.*
[5] F. Romano, *op. cit.*
[6] S. Freud (1910), *op. cit.*
[7] H. Racker, *Transference and countertransference*, London, Hogart Press, 1949.

cionais específicos. É possível formular novas hipóteses, através da análise das características desse contexto particular (entende-se como contexto o conjunto e não a soma dos dois componentes) definido como relação analítica. Esta assume significado de processo, no qual analista e analisando são igualmente competentes, cada um em relação à própria experiência e ao próprio sentir, e igualmente envolvidos na construção de uma linguagem específica ou "pragmolinguagem"[8]. Trata-se de um código de encontro inicial que definimos, em outros contextos, como "romance analítico"[9].

A interpretação deixa de ser, nesse contexto, um instrumento derivante do conhecimento teórico e apriorístico do analista, para se tornar uma proposta que constrói, para o analisando, a cada vez, uma proposição analítica[10].

Uma vez designada, definida, e circunscrita a responsabilidade do analisando, cabe ao analista identificar as teorias implícitas na comunicação verbal dele e, em particular, a maneira como trata da angústia que as gera e escora. Identificada a angústia, o analista solicita ao analisando possíveis leituras e elaborações, procurando limitar a produção de novas teorias e favorecer a liberdade dos processos de pensamento.

Composta desses diferentes momentos, a construção de uma proposição analítica pode ocupar uma ou mais sessões, e constitui uma área de encontro entre analista e analisando, que deve ser mantida não saturada. Somente assim o diálogo analítico pode existir e prosseguir, em toda a sua potencialidade.

Em outros termos, a proposição analítica constitui um impulso "pragmático" cuja função, a partir da fala do analisando em cada encontro, consiste em sustentar a possibilidade de que sejam dizíveis os estados emocionais e sensoriais que não encontraram espaço para ser elaborados. Sensações e emoções que, se ficarem "amontoadas",

---

[8] A. B. Ferrari, "La proposizione analitica", *op. cit.*
[9] A. B. Ferrari & E. Garroni, "Schema di progetto per uno studio della relazione analitica", *op. cit.*, e A. B. Ferrari, "Relação analítica: sistema ou processo?", *op. cit.*
[10] A. B. Ferrari, "La proposizione analitica", *op. cit.*

criarão uma condição de saturação, sob forma de teorias que impedem o início dos processos funcionais de reflexão.

O analista recebe contínuas solicitações no contexto da própria verticalidade (*relação Uno/Binário*), das sensações e percepções que nele se ativam durante a relação analítica. Ao procurar se aproximar da verticalidade do analisando, quanto mais estiver disponível para escutar esses estados, mais o analista conseguirá liberar aspectos úteis ao próprio diálogo interno.

Podemos agora dizer que *a proposição analítica contém aquilo que se mobiliza na vertical do analista em concomitância com a fala do analisando*, e, graças justamente ao uso das correspondências significativas, ele é capaz de esclarecer o modo de funcionamento do analisando, no aqui e no agora de cada encontro.

Essa atitude não implica para o analista a necessidade de evocar aspectos superados ou não conhecidos, mas de ativar a pesquisa de estados emocionais que, na dimensão vertical, vão se produzindo mediante o encontro com o analisando. Tais estados definem alguns aspectos da sua específica disposição psíquica, que são semelhantes, mas não especulares, aos do próprio analisando.

Somente quando o analista consegue identificar o significado é que se torna possível esclarecer o panorama psíquico presente naquele determinado momento para ambos. O diálogo analítico enriquece-se com novos registros de linguagem e com uma potencialidade comunicativa, do analisando e do analista, maior e mais profunda.

Consideramos necessário que um processo de aumento da capacidade funcional de expressão tenha início na vertical do analista, paralelamente à ativação do mesmo processo na dimensão vertical do analisando.

A partir da sua condição especial de escuta, o analista é posto em contato direto com a própria área entrópica – da qual obtém, a cada momento, elementos que estão em sintonia com a situação psíquica do analisando – e deixa que se percam, por entre as malhas da rede de contato, emoções e pensamentos que não são funcionais ao contexto.

Exemplificamos, uma vez ainda, o processo por meio do qual o analista recorre ao próprio inconsciente e produz inconsciente, a cada instante, no decorrer das relações analíticas. Se ele reconhece esses registros e se dispõe a codificá-los, pode tornar a proposição analítica mais eficaz. Isso significa que sua atenção está concentrada na percepção, na escuta e na auto-escuta, e está disponível para acolher representações, imagens, sensações e emoções que se produzem em sua área vertical. No decorrer do diálogo analítico, ele vai representando o que percebe do próprio sistema Uno-Binário em relação ao analisando.

Desse processo, o analista deixa emergir, e escolhe, as modalidades que são mais idôneas para o sistema do analisando. Serão formulações poéticas, irônicas, estéticas, proposições até com matizes aparentemente agressivos, ou empáticos, ou de outros tipos ainda. O importante é que estejam presentes as modulações necessárias para uma formulação co-participante e aderente à proposição. A configuração egóica do analista atravessa, assim, momentos de maior ou menor expansão, sob o impacto das emoções que emergem quando ele escuta o analisando.

A especificidade e a unicidade de cada encontro, bem como a clareza da relação analítica, residem na disponibilidade para abandonar as formas que se vão construindo, a fim de que se recomponham em formas novas e inéditas.

É razoável afirmar que o analista é solicitado a uma atitude auto-analítica em todas as relações analíticas. Em alguns casos, entretanto, os movimentos produzidos na sua vertical, pela evolução da relação, são de tal grandeza e se referem a níveis tão profundos que exigem uma atenção específica e um cuidado especial, pois poderiam não ser reconhecidos e assimilados por ele.

As considerações sobre relações analíticas que estamos examinando têm a finalidade de esclarecer e definir aspectos dessa nova hipótese. Nesse sentido, propomos a modalidade que definimos como *auto-análise com testemunha* – apropriada para elaborar a complexidade da relação entre Uno e Binário fora dos esquemas conhecidos –

a fim de orientar o incessante trabalho de pesquisa, tão necessário para aperfeiçoar os instrumentos de investigação.

A auto-análise com testemunha deriva especificamente dos pressupostos que levaram à formulação da hipótese do OOC (Objeto Originário Concreto). O trabalho, com efeito, desenvolve-se unicamente na dimensão vertical, na qual o analista que pede ajuda a outro analista, deveria saber se orientar, além de ter um certo conhecimento dos obstáculos que estão toldando seu horizonte. Ao contrário da análise, cuja tarefa é indicar um possível ponto de urgência, na auto-análise, a função da testemunha é abrir um leque de urgências, conferindo ao interessado a tarefa de identificar o aspecto que considera mais premente: abrir um leque de possibilidades, deixando ao sujeito a faculdade de escolher.

Neste sentido, tudo se passa dentro do sistema do sujeito. Não cabe à testemunha celebrar o reencontro entre os aspectos internos do colega, que, por algum obstáculo, ainda não conseguiram entrar em comunicação. Às vezes, ecos de problemáticas pessoais ressoam em analogia com as do analisando, provocando momentâneo distúrbio.

Uma colega que pediu ajuda para auto-análise descreve assim seu trabalho de analista:

"O percurso pelo qual conduzo minhas análises é descontínuo, como uma onda: por longos períodos tenho a impressão de que tudo procede de modo fluido, rico e construtivo. A relação analítica se constrói e se desenvolve, dia após dia, com satisfação para mim e para o analisando. A um certo ponto, tudo muda de súbito: meus referentes não são mais suficientes e sou obrigada a mudar de parâmetros, a inventar na hora. É como um terremoto que abala âmbitos ainda não descobertos ou tocados pela minha consciência. E assim, posso apenas ficar à espera, recolhendo material e registrando os abalos que se produzem em mim, até conseguir esboçar um caminho visível e utilizável. Isso poderia ser definido como 'inventar no momento da experiência', sem poder me referir a nada que já aconteceu ou de que já tenha experiência.

Isso se deve às solicitações da relação analítica que revolvem em mim algo que está além do que vejo, acontece. Eu registro o que acontece no momento mesmo em que surge, mas estou, por assim dizer, cega. Minha mente não pode utilizar o material que registra. Em casos como este, recorrer à supervisão foi útil, mas nem sempre suficiente. Acredito tê-la utilizado, até hoje, como estímulo que indiretamente me sustentava na tentativa de dar forma ao produto do meu 'terremoto' e de construir um novo equilíbrio na relação analítica em andamento. Quase sempre, quando esses esforços têm sucesso, sinto que respiro melhor do que antes, e percebo estar em um nível diferente de profundidade, o que acontece também com meu analisando. A linguagem torna-se mais específica e significativa. Essa nova ordem continua a funcionar e a relação analítica escorre com fluidez, até o abalo sísmico seguinte. Se o depoimento que estou dando é uma forma de auto-análise, penso que a ajuda de um analista poderia tornar essa experiência mais ágil, rápida, interessante e menos dolorosa para o meu analisando e para mim."

Nessas ocasiões, pedir breves períodos de auto-análise não diminui o valor de quem a pede, nem confere algum poder ou superioridade ao analista que recebe o pedido, que chamamos de testemunha – testemunha e companheiro de uma pesquisa de significados que o colega que está em dificuldade pode realizar, graças ao apoio dessa relação analítica especial.

Todas essas considerações assumem relevância específica quando o colega se encontra em situações clínicas incomuns, que exigem uma competência singular. Por exemplo, a necessidade de trabalhar com analisandos que sofreram danos irreversíveis no âmbito da fisicidade e estão imersos na angústia gerada pelo surgimento da sombra da própria morte[11]. Em casos assim, o analista precisa enfrentar e elaborar, em primeiro lugar, as próprias angústias relativas ao viver e ao morrer. Sabemos que, na dialética entre Uno e Binário, é possível formular (como em todas as situações) teorias que tentem exorcizar a angústia da morte, conseguindo, desse modo, apenas condições mais favoráveis ainda para que ela se verifique.

---

[11] Sobre a questão de como se relacionar com a própria morte, ver o capítulo "Só amanhã", neste mesmo volume.

Nesse sentido, o analista se diferencia do médico porque a medicina geral, no Ocidente, tem certa dificuldade em considerar a relação entre Uno e Binário como um sistema unitário. Isso acontece também por um excesso de negação dos limites indicados e compreendidos entre dor e vida.

A função da análise consiste, ao contrário, em favorecer o início de uma dialética construtiva entre Uno e Binário, que inclui, por força, o problema da morte. Com freqüência, as soluções que o Binário identifica para derrotar o sofrimento, tentando exorcizar a dor do limite, da vulnerabilidade e da finitude, não têm outro efeito senão intensificar essa dor, no sentido de torná-la ainda menos aceitável. Naturalmente, a condição básica é que o analista tenha realizado, por sua vez, na própria vertical, a máxima abertura possível em relação à vida e ao seu limite. Se não for assim – e se ele se encontrar de repente diante desse tipo de problema, com esse nível de significados –, isso pode suscitar no analisando um eco emocional forte e perigoso.

Relatamos aqui o caso de um colega que enfrentava pela primeira vez o problema da angústia de um analisando, irrompida com o surgimento de um tumor, durante o percurso analítico. A situação manifestou-se, no seu sistema, através de um sentimento inicial de inadequação para ajudar o analisando, acompanhado até de culpa, originada no temor de que um erro na condução da análise pudesse ter favorecido a manifestação dessa grave situação orgânica. A sua capacidade de escuta de tudo isso e a capacidade do seu diálogo interno fizeram-no recorrer imediatamente a um outro analista. Durante os encontros, pôde abordar conteúdos relativos ao analisando e elementos do próprio sistema diretamente envolvidos na questão do tempo de viver e de morrer, do prazer e da dor.

Colega: Às vezes, tenho a impressão de que, dentro de mim, existe uma proibição: posso existir apenas se ocupo um espaço limitado. Posso mordiscar e comer minha comida só em pequenos bocados, e muito lentamente, porque depois não haverá mais nada para mim.

Analista testemunha: Acha mesmo que o tempo de sua vida se multiplicará desse modo? Assim, certamente, não haverá mais comida, nem mulheres, nem nada. Mas a dor não irá poupá-lo. Falta apenas o prazer de saber que ainda existe algo, desde que se apresse em saborear toda a comida que tem nas mãos, antes que se torne intragável ou perca o sabor.

Colega: Tive um sonho estranho: tinha uma amante, africana talvez, uma negra... ela queria fazer sexo comigo, de modo muito sensual, quase violento. Eu a matei, com a ajuda de minha mulher, e a escondi, emparedando-a no corredor... Deu tempo de fazer tudo. Logo depois, chegaram outras pessoas. Mas enquanto conversava com elas, o sangue começou a escorrer pela parede e acordei com o terror de ser descoberto. Não entendo o porquê desse sonho.

Analista testemunha (sorrindo): Está vendo? Não adianta mais tentar esconder toda essa vitalidade violenta: ela transparece, revela-se, não é possível escondê-la, como quem esconde o sol com a peneira. Pense no que quer fazer com isso, mas não acredito que adiante ocultá-la nem se iludir achando que pode acabar com ela. Ela vive e se manifesta com ímpeto, apesar de você. Nesse ponto, é melhor assumi-la de uma vez por todas! Não há o que esperar! Não há mais tempo.

Simultaneamente, a análise de seu analisando se desbloqueia. Este se submete a uma intervenção cirúrgica e o analista consegue fazê-lo elaborar o desejo de vida que reaparece quando a ameaça física é removida. A pessoa é ajudada a canalizar sua energia em projetos construtivos e amplos, usando a consciência da morte como fronteira espaço-temporal, dentro da qual procura dar todo o espaço à vida.

A maneira de se exprimir do analista testemunha pressupõe, portanto, que já exista, no interessado, um autoconhecimento suficiente e que não seja necessário deter-se no significado das palavras – o que normalmente é útil no diálogo analítico para se ter acesso à vertical do analisando e ao mundo dos significados nela contido. A linguagem é, portanto, direta e imediata, pois pode se servir do diálogo já suficientemente ágil e ativo que o colega tem consigo mesmo. A auto-análise desempenha a função de potenciar os recursos que ele já ativou durante experiências clínicas anteriores. Em resumo, nesta hipótese, o analista testemunha constitui uma ajuda na autogestão de seu mundo interno, nos momentos difíceis que se revelam pelo cansaço, pela escuridão da mente, ou pela dúvida a respeito de suas capacidades – e também pela curiosidade que se sente por aquilo que é incomum, que parece se manifestar no próprio sistema.

A nosso ver, o uso dessa técnica de abordagem permite responder adequadamente a essa necessidade, evitando um inútil dispêndio de energia, e potenciando, ao mesmo tempo, o instrumento analítico.

Parece inadequado e insuficiente recorrer a um *setting* analítico comum, no caso do surgimento de dificuldades temporárias de um analista, pois este *setting* possui modos e tempos adequados a uma primeira experiência, mas não é funcional para quem já tem dialética suficiente no âmbito da própria configuração egóica e disponha de ampla experiência analítica.

Não é relevante, para essa finalidade, a forma como foi realizada a experiência analítica. O que importa é que foi feita, e o colega, de qualquer modo, voltará ao conjunto de aspirações, desejos e emoções e aos referentes que identificou até aquele momento. Por essa razão, é muito importante que o analista testemunha mantenha o máximo respeito pelo percurso analítico já efetuado pelo colega. Para um analista que já teve ocasião de conhecer aspectos de si, pode ser importante ver que o conhecimento adquirido sobre o próprio sistema (que compreende fins, necessidade e desejos) é reconhecido e confirmado.

Respeitar a experiência analítica realizada pelo colega implica, em nossa opinião, reconsiderar alguns aspectos técnicos de condução. Referimo-nos especialmente à questão do tempo e das modalidades a serem utilizadas nessa eventual e nova experiência analítica. No que se refere à distribuição temporal das sessões, será o colega a indicar suas necessidades e deverá pagar os honorários unicamente das sessões realizadas. Quanto à condução dos encontros, a posição frente a frente é preferível ao divã analítico.

Estas indicações exprimem a necessidade de responsabilizar mais o colega em relação ao analista testemunha e permitem menos assimetria na troca que caracteriza essa modalidade. Assim é possível utilizar todo o mundo perceptivo presente no par analítico, em uma condição em que o risco de confusões e de equívocos que se poderiam verificar em uma situação de análise fica muito atenuado. Entretanto, é preciso lembrar que a análise já realizada pode, em alguns casos, transformar-se em um dos maiores obstáculos para tratar as dificuldades pessoais e pode levar até a ignorar tais dificuldades, acastelando-se o colega já analisado, em uma atitude rigidamente autoprotetora, onipotente e onisciente. A primeira experiência psicanalítica pode constituir um tipo de preconceito que assume a forma de uma verdadeira ideologia, coisa que é capaz de diminuir drasticamente a potencialidade de busca, reduzindo-a a um estéril conjunto de dogmas.

Além disso, as experiências analíticas anteriores podem ter favorecido também um aumento da intelectualização em prejuízo da possibilidade de traduzir a percepção em experiência, fator que contribui para aumentar a sensação de mal-estar e a aguda dificuldade de recorrer a uma testemunha, ainda que seja apenas para se consultar e não para pedir uma auto-análise. Embora esses movimentos sejam sempre considerados mecanismos de defesa, achamos oportuno reavaliar a sua funcionalidade, sob a luz da formulação do conceito de configuração egóica[12].

Nessa nova perspectiva, os mecanismos de defesa podem ser considerados como momentos em que a configuração egóica perde elasticidade e flexibilidade, levando, assim, à hipertrofia de alguns aspectos em prejuízo de outros. Em tais casos particulares, a possibilidade de tornar as sensações e emoções dizíveis e significativas pode ficar reduzida ao uso de um só registro de linguagem. Em várias ocasiões foi dito que essa dificuldade atrapalha a funcionalidade dos processos de pensamento. Observamos e costumamos definir como "defesa" aquilo que parece ser um conjunto de modalidades necessárias para enfrentar momentos de emergência. Poderíamos dizer que sua eficácia está es-

---

[12] P. Carignani, "Difese fisiche e difese psichiche", in *Parolechiave*, 22/23/24, Roma, Donzelli, 2000.

treitamente relacionada com sua flexibilidade e sua temporariedade. Passado o momento de emergência que as tornou necessárias, elas deveriam cessar de existir. São ineficazes e contraproducentes quando eleitas como modalidade de funcionamento única e predominante. Do ponto de vista técnico, sabe-se que não há nenhuma utilidade em levar em consideração a defesa e que é preciso aproximar-se da área de angústia que nos indica o ponto de urgência.

Em um processo analítico normal, é oportuno se dirigir diretamente à angústia do analisando, procurando o ponto de urgência[13], mas na auto-análise com testemunha é possível, e às vezes necessário, dirigir-se justamente a essas modalidades hipertróficas do colega, que não lhe permitem utilizar – ainda que tenha consciência disso – o diálogo com o próprio mundo interno.

A atenção se focaliza no sistema do colega e a testemunha é apenas um referente chamado para *testemunhar* o percurso que, de qualquer modo, acontece no interno[14].

A *auto-análise com testemunha* apresenta, como dissemos, características próprias que a diferenciam substancialmente da *análise* e da *supervisão*. Podemos dizer que esse tipo de trabalho realiza plenamente a hipótese sobre a função e o significado da relação analítica como sistema auto-interpretante.

Na relação analítica, entendida desse modo, dá-se ênfase ao fato de os dois sistemas (o do analista e o do analisando) estarem em confronto no mesmo contexto, enquanto na auto-análise com testemunha, a relação analítica acontece dentro do sistema do interessado. A diferença substancial entre os dois contextos reside nas características de quem formula o pedido de ajuda.

O analista que se dispõe a essa nova experiência elege um colega como testemunha de um processo de aprofundamento, que se articulará mediante perguntas que ele se coloca no contexto dessa particular relação. Na auto-análise, a presença do referente (a testemu-

---

[13] Em outras abordagens teóricas, o conceito de defesa corresponde a essa modalidade.
[14] A. B. Ferrari, "Relação analítica: sistema ou processo?", *op. cit.*

nha) tem a função de evitar eventuais tendências ao auto-engano. Na maioria dos casos, o analista que requer uma análise não tem a intenção de comprovar as próprias idéias, mas parte de uma dificuldade percebida com certa clareza dentro de seu sistema, e supõe-se que ele possa manter um certo nível de honestidade, abertura e coragem em relação ao conjunto da própria experiência.

Já ressaltamos que o analisando, no início da experiência analítica, pode apenas "ser" e está desprovido de uma certa consciência, já que requer a análise justamente porque a presença de obstáculos na vertical (sensações, emoções e pensamentos) torna difícil a comunicação entre Uno e Binário. Neste caso, o analista deve estar disposto a uma escuta capaz de acolher e discriminar qualquer variação mínima do contexto emocional, para favorecer a ativação dos processos de pensamento.

Porém, o analista que requer uma auto-análise *sabe*: possui conhecimento e informações suficientes, e, portanto, dirige-se *conscientemente* a um outro colega, responsabilizando-se pelo seu instrumento e ciente das próprias dificuldades em relação a certos contextos psíquicos.

A atitude do analista que se dispõe à escuta é recolher o testemunho de um processo que acontece em sua presença, livre, sem reservas, nessa forma especial de relação. A função da testemunha não deve ser entendida no sentido de abstenção, mas no de assumir maneiras de tornar as intervenções ainda mais livres, precisas e, se possível, pontuais. Será o analista que pede ajuda a decidir se e como utilizar o que lhe é assinalado durante esse diálogo especial. Ele já conhece o funcionamento do próprio sistema e os próprios instrumentos, mas ao relatá-los a um outro, escuta o seu dizer, reconhece e conecta aqueles significados, que lhe parecem momentaneamente obscurecidos pela angústia ou por outras problemáticas. Trata-se, então, de escolher uma testemunha, mais do que um interlocutor, e de reativar um diálogo que às vezes encontra-se alterado ou interrompido, ou apenas difícil de conduzir só com os próprios meios.

Durante uma sessão que precede a interrupção das férias de verão, uma analista comunica o seguinte ao analista testemunha:

Colega: Não entendo bem o que está acontecendo, devo estar atravessando uma fase particular da vida: alterações na corporeidade, situações afetivas em fase de mudança... Mas não sei se isso é suficiente para justificar a estagnação que estou vivendo com uma analisanda e a melancolia e o cansaço profundo que me acompanham constantemente, há algum tempo. Além disso, não me lembro do que sonho, coisa estranha para mim: em geral, percebo em mim, um diálogo contínuo que se articula principalmente através da linguagem onírica. Nesse período, sei que sonho, mas tenho a impressão de que estou tentando dizer a mim mesma algo de inconfessado, de que não consigo trazer à superfície algo que está me agitando em profundidade.

Analista testemunha: Sim. Está se informando sobre como vão as coisas no seu corpo? Exames médicos, etc.? Quanto ao resto, vejo que está muito imersa nas questões de sua vida... é... dentro demais! Claro que está sufocando! Quanto aos sonhos, só podemos esperar.

Colega (silêncio, depois diz para si mesma): Sufocando... é. Outra vez. Não havia percebido, mas é isso mesmo. Estou vivendo em apnéia. Estou sobrecarregada.

Na primeira sessão depois das férias, ela conta que teve um sonho durante a primeira noite e anotou-o, pois lhe pareceu particularmente novo e significativo. Nessa seqüência, o analista testemunha se serve das próprias intuições e percepções relativas à situação da colega de modo simples e direto, deixando-lhe a possibilidade de usá-las ou de rejeitá-las. A testemunha que recebe essa solicitação precisa ser capaz de graduar suas próprias características e modular sua atitude de modo correspondente às necessidades expressas pelo interessado. Mas, se acredita não ter condições de fazê-lo, pode recusar o convite.

É evidente que para desempenhar a função de *testemunha* é necessário que o sujeito se sinta em condições de exprimir tudo o que faz parte do seu mundo, suas hipóteses, as características que o distinguem, e também as experiências pessoais. Ele precisa colocar tudo isso à disposição, e terá, assim, respostas eficientes às perguntas que lhe serão feitas. A função pressupõe marcada capacidade e disponibilidade para modificar os próprios equilíbrios e procurar, em sua dimensão vertical, os modos e as correspondências significativas adequadas para facilitar e acompanhar o processo de auto-análise do colega.

Podemos falar, nesse caso, de um duplo retorno para si mesmo: o do analista testemunha e o do outro, do colega que já viveu uma experiência analítica. O processo interno do sistema psíquico do analista testemunha é análogo ao processo que se está reativando no colega. Poderíamos chamar essa auto-análise de compartilhamento de experiência.

Colega: Resolvi pedir ajuda a você porque admiro a sua obstinação e a sua capacidade de obter o que quer. A garra que tem para conseguir o que deseja é realmente invejável. Espero que me ajude nisso. Sei que deixo escapar tudo. Acredito sempre que não há nada para mim no mundo, e não consegui modificar esse aspecto nas experiências analíticas anteriores. Estou exasperado e cansado de mim mesmo.

Analista testemunha: Quanto à garra, acho que não lhe falta, se considerarmos a força com a qual se apegou a essa análise, apesar de tudo. No que se refere a mim, acredito que o que lhe parece ser garra para obter o que desejo seja mais a consciência que tenho do tempo e da finitude: não tenho tempo a perder e por isso estou nas coisas que desejo e procuro viver com toda minha força. Prometi a mim mesmo que não iria me arrepender, no futuro, de não ter me esforçado e que nunca teria de pensar: "Eu podia, mas não ousei; eu gostaria, mas me retirei."

Enquanto o analista testemunha fala, ao mesmo tempo, dá forma a alguma coisa que está se delineando dentro de si e continua a propor:

Analista testemunha: Não. Acredito que se trate de medo. Medo de viver, de se mostrar, de assumir o próprio ser. Saia da toca, enquanto tem vida e respira. Vai ver que é menos terrível do que imagina do fundo do buraco em que você se esconde.

O diálogo pode acontecer desse modo porque a capacidade de auto-escuta e de auto-observação de quem pede ajuda já foi verificada, e, assim, o analista testemunha pode se expor pessoalmente, pois sabe que com isso não apenas não corre o risco de colocar-se como modelo, mas, ao contrário, mostrando-se totalmente presente, digamos "sem reservas", oferece ao colega ocasião de voltar-se para si mesmo, com mais coragem e com o máximo da responsabilidade permitida por seu sistema. É óbvio que não seria possível propor um diálogo desse tipo no primeiro encontro ou nas fases iniciais de uma análise. Uma das diferenças entre análise e auto-análise com testemunha está nesse compartilhamento de experiência. Na auto-análise, é fundamental a possibilidade de usar o que se percebe e, sobretudo, a liberdade de se exprimir de modo direto, sem as tácitas modalidades filtradas[15].

No trabalho com o analista, a testemunha fornecerá todo o horizonte que consegue observar. A tarefa do colega é assumir inteiramente, ou só em parte, a contribuição de que dispõe. A testemunha simplesmente lhe entregará a própria proposição.

Aqui está outro exemplo:

Colega: Anotei um sonho que tive na primeira noite das férias e gostaria de examiná-lo com você.

Analista testemunha: Importa-se de deixar suas anotações comigo? Podemos falar sobre isso na próxima vez. Me desculpe. Não estava preparado para isso hoje.

Sobre esse material, já houve reflexão por parte da interessada, visto que ela até o anotou. Isso permite que a testemunha disponha livremente de sua própria atenção e interesse, para abordar as modalidades que a colega adota dentro do próprio sistema Uno-Binário. Ele pode decidir voltar ao material onírico apresentado por ela durante outra sessão, com base nas próprias necessidades e possibilidades, pois sabe que, de qualquer modo, a colega já está trabalhando eficazmente dentro de si, com seus próprios instrumentos. Dessa for-

---

[15] Esta modalidade se assemelha, em parte, ao que J. Rosen define como *análise direta*. In J. N. Rosen, *Direct analysis: select papers*, Nova York, Grune & Stratton, 1953.

ma, é possível utilizar toda a potencialidade que o material contém: através da pausa e da escolha do momento mais adequado para utilizá-lo, ele consegue obter de si mesmo a máxima disponibilidade.

Na seqüência, o analista testemunha decide propor à colega a idéia que tem sobre o sonho já citado. Ele não pede o parecer da interessada, limita-se a expor sua própria idéia. A colega escuta e ativam-se nela sensações, emoções e pensamentos. Reativa-se o processo de correspondências significativas que ficara temporariamente bloqueado em seu sistema.

Não se trata, nessa técnica, de utilizar um método interpretativo do sonho que recorre a teorias já concebidas, mas de oferecer ao colega o resultado da própria elaboração, que contém o máximo da sua capacidade de percepção e experiência. Se aceitas, podem solicitar muito da potencialidade de percepção, emoção e experiência no colega.

O analista testemunha, então, nesta seqüência, fala longamente. As frases entre aspas indicam aspectos do sonho que selecionou e que repete para a colega, sob a forma de anotações:

Analista testemunha: Li seu sonho. É dramático, na sua redundância. Contém coisas que se referem... com a sua licença... à sua identidade. Assinalei algumas coisas nas suas anotações, mas se quiser posso comentá-las.

Colega: Agradeceria muito.

Analista testemunha: G. é a sua maternidade, mas é também a sua identidade. Quando me falou de suas preocupações com seu filho, pareceu-me estranho... pareceu-me excessivo... mas, sabe... agora, por causa do sonho, pergunto-me se você não realizou, por meio de G., algo de profundo, que enfraqueceu muito o senso que tem de você mesma. O senso da maternidade prevalece sobre o senso de você mesma, mas, normalmente, deveria ser o contrário!

Analista testemunha: "Você está em uma reunião apinhada com G." A sua identidade é ser mãe de G., portanto G. é a sua identidade.

A referência à identidade do indivíduo, aqui, pressupõe e inclui uma expansão da percepção até da constelação edípica e, em relação a esta, do modo como são tratadas a identidade de gênero e a feminilidade de base, dentro do sistema.

Analista testemunha: "Perde a bolsa que contém documentos". Está procurando sua identidade, mas ela está em G., não está em você. Uma mãe não pode se anular no filho. Se for verdade que há uma ida, é verdade também que há uma volta. Há momentos em que você precisa de sua identidade, sem a maternidade. Seu filho goza de vida autônoma.

Colega (ofegante): Eu sei, claro!

Analista testemunha (com voz acesa): Sei que sabe. E quer saber mais a fundo?

"Peço a G. para encontrar minha bolsa." Pede ajuda a ele? Não consegue sozinha? Coloca tudo fora de você.

"Pessoa asquerosa e ambígua que fica perto de mim de modo duvidoso. Agora entendi, é ele que está me seguindo há muito tempo." Ele quem? O homem?

"Estando agachada." Quantas vezes já lhe disse que precisa parar de ficar agachada? E que pode muito bem vir para fora. Não há nada que precise esconder. Todo o espaço é seu e está disponível. Alguma coisa da sua experiência ainda está presente. Alguma coisa relacionada às figuras do seu teatro edípico. Precisa rever isso, doutora. Não pode renunciar a ser você mesma. É com "descaso" demais que não está presente aqui. Isso me alerta. Eu sei quem você é. Mas acontece que você não sabe. É aqui que está o problema. Mas eu preciso que você saiba.

"Sinto-me inquieta, mas G. me ajuda." Ah! Mas não é possível! Existe aqui uma dependência: você se coloca ali, por si própria... E não é só isso! Se pelo menos estivesse com as mãos livres! Mas, não, nada disso! Coloca ali a sua identidade e depois tem que fazer tudo você. Olhe o que faz.

"A cena muda: lugar melancólico... paisagem de dunas... às vezes dá para ver, às vezes não... não é possível reconhecer-se... não é definido." Não é definido porque não pode se situar, é o problema da identidade! Está tudo aqui! "O mar está distante..." Há tudo aqui:

"uma melancolia tormentosa". Mas, claro! Você perde você mesma, perde M... É... Mas se perde M., precisa ir buscá-la, e tomá-la pela mão, lá onde a deixou. É esse o sentido, não pode ser outro.

A colega fica em silêncio, escuta. A fala do analista, tão direta, não abstrata, nem asséptica, nem "científica", favorece a aproximação da própria colega. Ela tem a impressão de ser ela mesma que está falando de si, enquanto diante de seus olhos, vai-se descortinando o cenário do teatro que é animado por seus próprios personagens e emoções: tudo parece muito claro, simples, tocante. A impressão imediata é a de que o cordão que a sufocava, ligando-a ao filho, repentinamente se solta: parece claro que acordar de repente, no meio da noite, com um peso no coração, temendo e descobrindo que o filho ainda não voltou para casa, exprime a angústia de falhar em relação a si mesma: o seu "não ter ainda chegado em casa". Uma sensação de alívio e um novo vigor a invadem; a consciência de poder procurar dentro de si, com tempos e modos próprios, é tranqüilizante.

As observações do analista testemunha são pacatas, claras e cortantes, não deixam margem para comentários, no sentido de que não precisam deles. Sob a forma de diálogo, penetram em profundidade, em uma área incomum do sistema de M., pouco conhecida por ela. Ritmo, intensidade e linguagem caracterizam o encontro com alguém que já está habituado ao próprio sistema e nele procura novos nexos. Essa linguagem não poderia, é claro, ser utilizada com analisandos que estão na primeira experiência, e que ainda não exploraram nem trouxeram até a consciência o modo do próprio funcionamento mental.

Trata-se de utilizar um estilo que vai ao encontro do mundo emocional do indivíduo, tornando possível usar o momento da análise como experiência. Nesse sentido, tudo pode fornecer material útil para a auto-análise com testemunha: o caso que o colega leva de um analisando, o material relativo à sua própria verticalidade, não faz diferença. Qualquer que seja a porta que dá acesso à meta, ela será sempre formada pelos aspectos não resolvidos do colega.

Na pior das hipóteses, quando falta um certo dinamismo no sistema do colega em auto-análise, o material que a testemunha propõe poderá, talvez, ser utilizado mais tarde pelo próprio colega, caso se apresente a oportunidade. Não é possível estabelecer antecipadamente quanto tempo será necessário para poder delinear o mundo que a testemunha desconhece.

Por vezes, acontece de o colega voltar ao analista com quem fez seu primeiro percurso, que poderá, se o desejar – a decisão é toda dele –, aplicar esse tipo de abordagem. O trabalho pode se tornar, nesse caso, ainda mais simples, graças ao conhecimento que o analista testemunha já adquiriu – desde que não se transforme em preconceito ou juízo pré-estabelecido, o que atrapalharia a evolução do conhecimento de ambos.

Pode servir como exemplo o que conta uma analista que realizou uma segunda análise com o mesmo profissional da primeira experiência: a possibilidade de usufruir imediatamente de uma linguagem comum torna o processo de autobusca muito mais rápido do que na primeira vez.

Trata-se de retomar um vocabulário já conhecido, não apenas na relação com o outro – isso é óbvio –, mas também e, sobretudo, na comunicação que foi ativada na dimensão vertical, para revê-lo, ampliá-lo e modificá-lo, visto que na nova condição aquele vocabulário não é mais utilizável, pois se refere a experiências diferentes.

Em casos assim, o conhecimento derivante da análise anterior pode ser muito útil, mas apresenta o perigo de se revelar como o eco de algo muito distante, que, se precisar estar em primeiro plano, precisará ser configurado e definido de forma diferente e ter a finalidade indicada, de certo modo, pelo colega.

Nesse processo, que pode parecer semelhante a um percurso analítico normal, a diferença substancial consiste no fato de as propostas – provindas tanto do analista testemunha como do colega – não poderem se servir da simples capacidade de auto-observação, que aparece como elo de união real e evidente, por conhecimento e experiência do sistema. É preciso, na verdade, que elas se coloquem além desse limite, para tentar esclarecer os processos que as baseiam de forma mais refinada.

Na auto-análise com testemunha, o eventual surgimento de diferenças, mais do que analogias, deve ser considerado como garantia de individuação e de independência da testemunha no sistema, embora possa, às vezes, parecer um não-encontro.

Ainda que ambos compartilhassem a mesma abordagem teórica e clínica, diferenciar-se-iam, de qualquer modo, pelas modalidades pessoais. Nesse sentido, o não-encontro é quase uma garantia da liberdade e da capacidade de manter as áreas de diferenciação e de individuação, coisa que torna possível confrontar o próprio sistema no plano pessoal e profissional.

Voltando à questão da escolha do analista testemunha, não é necessário que nos delonguemos mais nisso, pois ela depende muito daquela urgência indefinível e imponderável que vem à tona. É um pedido ao qual não é possível colocar limites prefixados. Na análise, normalmente, a escolha do analista acontece durante a própria experiência. Mas na auto-análise, a escolha é a primeira condição para realizar a experiência. Nessa escolha, já pode haver, na dimensão horizontal, algo que o colega pede a si próprio e não consegue, sozinho, desenvolver ou articular.

Por exemplo, uma colega, depois de fazer a primeira análise com um profissional do sexo masculino, que representara para ela uma figura carismática – até por ser de outra geração –, pede ajuda a uma analista mulher, da mesma idade, em quem aprecia determinada característica que julga não ter e que se refere ao modo de lidar com o desejo, com a competitividade e com a volição.

É sabedora de tudo isso no momento em que requer a auto-análise, e logo percebe que consegue, estranhamente, manter dentro de si sentimentos contrastantes como admiração e inveja, afeto e ódio. Em pouco tempo, consegue esclarecer o significado do sentimento percebido como "inveja", depois de reconhecer na analista testemunha características que talvez sejam dela também, mas que ainda não assumiu conscientemente em seu próprio sistema: a partir desse momento e dessas premissas, pode se interessar pelos obstáculos que a impedem de ter acesso à própria capacidade de desejar e querer.

Portanto, a possível área problemática a ser enfrentada – a assim chamada área de urgência – já está delimitada e indicada na escolha do analista testemunha.

Em um outro caso, a escolha traz em si a problemática da dimensão temporal e a idéia da morte e da separação. A analista escolhida era idosa e recém-saída de uma grave doença, que pusera sua vida em perigo. O colega apresentou logo e implicitamente o problema do tempo: "Preciso começar, não posso mais adiar o momento em que poderei responder às minhas questões." Enquanto na análise anterior, a questão do prazo fora para ele fonte de profundíssimas angústias. Desta vez, a análise incluiu, já no início, a morte e a finitude; e isso imprimiu um forte impulso ao processo.

Diferentemente do contrato que envolve o par analítico de praxe, na auto-análise não há obrigação por parte de quem pede: apenas a disponibilidade da testemunha é central. O interessado não está vinculado a nenhum contrato econômico. Utiliza as sessões que quiser, e, quando achar que não são necessárias, está livre de qualquer compromisso. Tem total responsabilidade e liberdade de escolha: trata-se de uma auto-análise. O outro, como dizíamos, é só uma testemunha.

Os objetivos de uma auto-análise não podem ser indicados *a priori*, ainda que a consciência da necessidade de iluminar zonas de sombra dentro do sistema esteja presente desde o primeiro instante

Achamos interessante a possibilidade de enfrentar o tema a partir de diferentes vértices psicanalíticos, com analistas de diversas escolas. Isso nos permite confrontar a metodologia no tocante aos aspectos clínico e teórico e também às questões técnicas, confrontando abordagens analíticas dentro de nossas modalidades específicas de trabalho, utilizando nós mesmos (e não se trata apenas de um modo de expressão) como material de base de pesquisa.

O pressuposto irrenunciável é, naturalmente, a honestidade dos protagonistas e a total ausência de proselitismo por parte da testemunha, já que o objetivo é o conhecimento científico.

Porém, diferentemente do que acontece em outras ciências, é impossível explorar a reprodutibilidade da experiência, pois nada se repete e tudo está em constante transformação, no campo do funcionamento psíquico, neuronal e corpóreo.

Fora do que observamos em nosso trabalho e dos depoimentos que temos, não parece existir nenhuma outra maneira de essa atividade específica surtir efeitos eventuais em outros contextos.

Esse tipo de abordagem analítica difere significativamente não apenas da análise em si, mas também do método de supervisão clínica. O supervisor precisa respeitar os limites do mundo pessoal do colega e tomar cuidado para não superá-los. Ele utiliza o material clínico para falar das hipóteses e técnicas clínicas que geralmente usa.

Na auto-análise com testemunha não há tema sobre o qual falar, não há tratamento, nem objetivo, nem forma. O percurso associativo do processo é completamente livre.

Aqui está um exemplo:

Colega: Sabe, estou tendo muitos problemas com o meu analisando: não estou conseguindo mesmo. Nem consegui usar suas sugestões, ou então usei-as mal.

Supervisor: O que você quer dizer?

Colega: Apliquei suas "sugestões", mas ao final da sessão, os pais me telefonaram alarmados, dizendo que não era possível continuar daquele jeito e que não mandariam mais o filho para a análise. E ele mesmo quer interrompê-la.

A jovem colega mostra, com isso, que utilizou a discussão clínica com o supervisor, de modo, por assim dizer, passivo, transformando as questões que dela derivavam em verdadeiras sugestões, desprovidas da sua colaboração pessoal.

Supervisor: Vamos ver o material, o modo como você propôs.

A partir do material, fica evidente que a jovem colega usou as hipóteses que haviam surgido durante a supervisão de modo acrítico e fora do contexto da situação do paciente. As suas proposições, formalmente corretas, foram verbalizadas de modo frio e sem nada de pessoal.

Supervisor: Está vendo? É como se você fosse uma criança que pela primeira vez segura uma colher: enfia-a em qualquer lugar, menos na boca! Onde você está? Suas impressões, suas hipóteses, onde estão?

Colega: Sim, é verdade... eu não fui mesmo capaz.

Supervisor: Você admite que pode aprender com sua experiência, com seus erros? Sabe que é capaz de sentir e intuir? Saiba que as aprendizagens mais significativas podem vir exatamente daquilo que parece um erro... mas é preciso voltar-se para si próprio com um mínimo de curiosidade, senão é tudo cansativo, *inutilmente* cansativo.

Colega: Eu lhe agradeço por isso. Meu problema é mesmo uma profunda falta de confiança em mim mesma, que ainda não superei.

Supervisor: Não tenho nada a ver com essa questão. Ela diz respeito a você. E você pode cuidar dela em outro contexto. Aqui, vamos trabalhar com o seu material e entrar no mérito da sessão.

Nesse exemplo, a situação de angústia da jovem colega diante da percepção dos próprios limites pessoais e profissionais criou um impasse que levou o supervisor a deter-se um pouco sobre a atitude que ela mostra em relação a si mesma. Mas isso serve apenas para circunscrever a questão, identificá-la e diferenciar os campos de competência: "Aqui trabalhamos com seu material clínico, cuide do problema que tem com o seu mundo em outro lugar."

O supervisor procura não atrapalhar o caso específico, visto que não é possível entrar naquilo que é uma relação analítica pessoal, que concerne exclusivamente ao analista e a seu analisando.

Colega: Há um trecho em que o paciente delira. Realmente tive dificuldade, porque ele nunca sai desse delírio, apesar de eu solicitá-lo a examinar a realidade. Ele diz que quando está assim confuso, Deus lhe fala e lhe manda sinais. Nem sempre os compreende, mas isso o ajuda a sair da confusão. Perguntei-lhe se as pessoas são religiosas na casa dele. Respondeu que sim, mas depois ficou ressentido com minha pergunta.

Supervisor: Claro, a cultura na qual ele vive lhe fornece esse tipo de linguagem. Até aqui tudo certo. Mas vamos tentar formular uma hipótese. Vamos supor que este senhor tenha algum problema na relação com a sua corporeidade e que quando o corpo se faz sentir, ele cai em uma angústia inominável. E que, para se proteger, se distancie tanto do corpo, a ponto de perceber os sinais como se viessem de fora, de um outro mundo: talvez seja deus que lhe esteja falando. Para você faz alguma diferença que ele chame seu corpo de diabo ou de deus? Do ponto de vista clínico, o que interessa é ajudá-lo a dar início a um diálogo construtivo na área vertical. Experimente perguntar o que deus está lhe indicando. Se indica coisas diferentes, quando está confuso e quando não está. E de que modo indica. E como ele percebe esses sinais.

O objetivo aqui não é tanto entrar no caso individual, mas mostrar ao jovem colega o que é um registro de linguagem e como se pode utilizar um registro delirante para dialogar com o analisando, ajudando-o no âmbito do sistema Uno-Binário. E o supervisor não deveria ultrapassar o limite dentro do qual se articula e se desenvolve a dimensão vertical do colega com o qual está discutindo o caso.

Entrar no mérito de suas dificuldades ou de suas emoções criaria uma situação de confusão e favoreceria a dependência. O objetivo, ao contrário, é criar condições que suscitem curiosidade por diferentes modos de abordar o problema e pelos próprios recursos ainda não plenamente reconhecidos. A idéia é proporcionar circunstâncias propícias à ativação de processos criativos.

A supervisão cria, portanto, condições favoráveis para ampliar o diálogo com o analista e com seu sistema e o do analista com seu analisando, a partir do material supervisionado, mas não intervém em questões pessoais e emocionais. Essas, podem se manifestar, pois estão implícitas no modo de se colocar do analista em relação ao conjunto da sua experiência. Mas, nesse caso, devem ser dirigidas ao contexto de uma eventual análise com testemunha, caso haja condições para isso.

Gostaríamos agora de enumerar de forma muito sintética alguns aspectos técnicos que extraímos do exercício da função de testemunha em auto-análise.

1) A auto-análise com testemunha parece indicada para colegas que já fizeram uma análise válida, que tenha tido resultado em uma capacidade dinâmica dentro do sistema Uno-Binário. Embora na maioria dos casos esses dados coincidam com o fato de o profissional ter familiaridade com a experiência analítica, esta, por si só, não é garantia suficiente.

2) O trabalho examina principalmente as operações da vertical, ou seja, refere-se ao conhecimento e ao modelo de experiência e, em outros termos, ao modo de funcionamento psíquico do colega. Embora se presuma que ele já o conheça, pela própria experiência analítica e pela sua prática cotidiana como analista, é possível que algumas modalidades de funcionamento se apresentem de modo inesperado e não imediatamente reconhecível, durante a experiência.

3) Não se utiliza o aspecto transferencial em si, a dimensão horizontal, que já está contido no pedido de auto-análise e na escolha do analista. A transferência não é, de modo algum, objeto de atenção na auto-análise com testemunha. Gostaríamos de precisar, a esse propósito, que o senso de gratidão que o colega pode sentir pela testemunha, que lhe serviu de espelho, dificilmente assume tonalidades amorosas ou eróticas, como acontece durante uma análise.

Acreditamos que estejam ausentes desse contexto também os riscos de idealização, contrariamente ao que pode ocorrer em situações de supervisão e, em geral, na relação analítica. Uma atmosfera emocional está sempre presente, mas não é colocada em relevo, e a testemunha desempenha a função de catalisador, com mais eficácia e mais força do que em qualquer outro processo analítico.

4) A modalidade de intervenção é dialética e tem forte participação emocional. Trata-se de assinalar de modo "pictórico", expressivo, aspectos que exigem uma atenção especial por indicarem os instrumentos psíquicos potenciais que estão momentaneamente bloqueados.

5) A testemunha aparece em primeira pessoa e pode também se referir a situações da realidade profissional do colega e à própria experiência profissional.

6) Diferentemente do que acontece em uma relação analítica, a testemunha pode notar que tem um sentimento íntimo de solidariedade em relação ao colega, coisa que torna mais fácil o "voltar para si mesmo" e a identificação de elementos úteis para ambos, dentro de sua verticalidade.

A testemunha não deveria tentar transformar a assimetria necessária da relação em manifestação de poder. Longe de utilizar o próprio conhecimento de modo apriorístico, ela assume uma posição de plena e direta colaboração com o colega. Na prática analítica, o analista solicita continuamente a competência do analisando sobre suas necessidades, suas aspirações e seus desejos. Mas como testemunha, reconhece que o colega conhece tudo isso – ele já sabe, já conhece e, portanto, em certo sentido, guia e conduz a testemunha.

7) A auto-análise com testemunha não deve ser confundida, de modo algum, com o trabalho de supervisão. Nesta, o aspecto profissional flui no relato do tratamento dos analisandos, e a dimensão pessoal se dá mediante a produção de observações e impressões que estão estreitamente entrelaçadas: cada uma delas integra e reforça a outra.

Podemos levantar a hipótese de que, quando falamos dos analisandos, referimo-nos ao modo particular e subjetivo de ver a situação dele, naquela relação analítica. O que realmente acontece no recinto da análise é um dado relativo, que pode, às vezes, chegar a velar a percepção. Mas como sempre, tudo dependerá do ponto de urgência.

Se o colega, ao longo dos encontros, falar de um material clínico que o interessou de modo especial, do ponto de vista profissional, ou o emocionou, ou o deixou em dificuldade, podemos supor que está iluminando zonas da própria verticalidade, facilitando assim o acesso ao seu mundo interno. Tudo isso pode ser usado durante a auto-análise com testemunha, mas não na supervisão.

8) A consciência é o aspecto que caracteriza esse encontro e predomina sobre todos os outros. O colega é ciente e não é ao mesmo tempo, conhece o próprio limite e as próprias possibilidades, e pode respeitá-los e indicá-los à testemunha. Um processo de auto-análise

que não leve em conta um dado de realidade dessa importância e dessa extensão é improvável.

9) A linguagem deve ser a mais precisa possível e mirar apenas o cerne das questões, sem preâmbulos, com a finalidade de iluminar áreas e facilitar suas conexões dentro do sistema.

10) Do ponto de vista diacrônico e sincrônico, o tempo é utilizado segundo a capacidade de auto-análise do colega e depende exclusivamente dele. Ele é seu único juiz. A duração de uma sessão depende da necessidade de falar do colega e da testemunha.

É possível, gradativamente, que se chegue a uma definição da regularidade dos encontros – em geral, a freqüência semanal é ótima, levando em conta o nível de consciência do colega. Às vezes é útil introduzir pausas – como parênteses –, necessárias para atingir maior eficácia, permitindo a sedimentação de materiais emocionais e de conteúdos de pensamento especialmente intensos e saturantes.

Em alguns casos, uma ou duas sessões apenas podem ser suficientes para favorecer a retomada do diálogo na vertical, que fora temporariamente interrompido. A duração total de uma auto-análise dependerá da necessidade do colega, que, para avaliá-la, se servirá diretamente de suas percepções.

11) O colega, que já conhece o instrumento, pode ficar perturbado com algumas comunicações na própria vertical. A formação profissional pode até funcionar como barreira, inibindo um conhecimento suficiente da própria configuração egóica.

Este fenômeno pode ser comparado àquilo que a Física denomina "efeito Doppler": a sensação chega, em um instante, ao nível máximo de intensidade e funciona como sinal. O ápice precisa ser prontamente recebido pelo colega, antes que desapareça e fique submerso na prática cotidiana e no "ofício", em lugar de ser liberado e assimilado pelo sistema.

12) O trabalho é rápido e caracteriza-se por ter um ritmo cerrado, cuja intensidade tende a fazer com que se recebam sinais apenas perceptíveis, que permitem elaborar prontamente funções e signifi-

cados. O objetivo é aumentar o máximo possível a eficácia e a amplitude dessa abordagem.

13) O fim da experiência é decidido unicamente pelo colega. Não existe uma conclusão, pois a ênfase é colocada na capacidade de auto-análise do interessado. A auto-análise pode prosseguir sozinha (mesmo na ausência da testemunha) depois que tiver sido restaurada. É necessário tomar cuidado para evitar que a experiência se prolongue – na tentativa de aliviar as dificuldades de uma nova separação – e que se instaure uma recíproca dependência.

14) No que se refere à responsabilidade, em se tratando de auto-análise, insistimos que é preciso que o colega esteja presente na relação analítica com o máximo da potencialidade e dos instrumentos que possui. É necessário informar ao interessado, no início da experiência, sobre as formas e os tempos do trabalho que está para ser empreendido.

Um exemplo. No início de uma auto-análise com testemunha, a dra. Y perguntou: "O que devo fazer?" O analista respondeu: "Se lembrar de fragmentos de sonhos, relate-os. Senão, fale-me de problemas sobre os quais tem vontade de falar, opiniões que tem de si mesma, perguntas, etc. Se quiser ficar sentada, fique sentada, se quiser ficar de pé, fique, ou então deitada, se quiser andar, ande. Para mim está bom de qualquer jeito. Peço-lhe, porém, uma coisa: se sentir que minhas palavras a incomodam demais, me diga: 'Por hoje chega.' Ou mesmo: 'Chega.'

Porque eu, enquanto testemunha de um processo que é seu, não pretendo medir nem modo, nem tempo. A eficácia da minha presença é dada pela sua capacidade de ser livre. Posso apenas propor, e o faço por meio de uma chave que pode se transformar em chave-mestra, não apenas para você, mas para mim também. Não posso conhecer seus limites: eu sigo em frente. Você os indicará a mim."

São essas as características do *setting* da auto-análise com testemunha. Esta precisa prestar atenção a possíveis excessos de participação que podem funcionar como obstáculos para assumir a responsabilidade que o colega pediu que assumisse.

Vamos encerrar com um exemplo clínico que consideramos especialmente indicativo.

Colega: Na sessão anterior, esqueci uma parte do sonho que relatei, aquele em que estava agarrada a uma rocha. Antes disso, estava voltando para casa com minha filha, depois de uma viagem perigosa. Estava usando um macacão, por baixo estava nua. Também em outro sonho, saía nua de uma casa. Antes de voltar para casa, devolveram-me a trouxa com as roupas, mas todas amaçarocadas. Estava com pressa e não consegui vesti-las. Levei embora a trouxa e fiquei com o macacão, nua por baixo..." (ri).

Analista testemunha: Por que está rindo? Traduza.

Com isso, o analista chama a colega para o conhecimento que tem de si mesma; demonstra confiança. Sabe que ela tem ciência sobre si própria e convida-a a usar o que já conhece.

Colega: Acabar é sempre um problema.

Analista testemunha: Claro, porque para você, não acabar uma coisa é sinal de que está viva. Já sabemos disso. É preciso saber ler isso.

Colega: Agora é muito diferente de quando trabalhei na análise. Mas é sempre como se "acabasse fora". O fato de haver uma outra pessoa cria, imediatamente, uma situação diferente de quando estou só comigo mesma. Os outros conseguem manter-se mais radicados dentro de si mesmos. Mas eu faço o movimento de ir...

Analista testemunha: ...em direção ao outro, ao exterior. Porque a vida está lá.

Colega: A vida está lá.

Analista testemunha: Mas a vida está dentro de você, e não fora, e esse é o equívoco de base desde que nasceu, doutora. É aí que está o problema.

Colega: Então, essa trouxa que eu carrego...

Analista testemunha: Mas está amarrotada e não a usa. É preciso desamarrotar as roupas para poder usá-las depois. Por mim, pode andar por aí nua, não tenho preconceitos, mas, como se trata de uma metáfora, você está de algum modo indefesa, exposta.

Colega: Nua e crua.

O analista testemunha, nessa seqüência, desempenha a função de mostrar à colega algo que ela já conhece, mas que não consegue utilizar no momento. "Oferece o espelho" e a convida a olhar. Progressivamente, entretanto, entra em seu sistema e, de dentro dele, força-a para que veja.

Analista testemunha: Nua e crua... Para viver é necessário que você se vista: que a sua mente vista o seu corpo.

Colega: Era um macacão de trabalho... Estava tentando entender algumas coisas, mas nesse momento não consigo, porque estou confusa.

Analista testemunha: O que a está perturbando?

Colega: Acredito que seja o próprio fato de acabar: entro de novo numa certa confusão.

Analista testemunha: Nesse ponto, gostaria que fizesse um pequeno esforço. Você não entra de novo na confusão: você entra de novo em você.

Colega: Entro de novo em mim, mas a esse ponto...

Analista testemunha: A esse ponto nada. Pare. Um instante. A esse ponto entra de novo em você. Você não pode conceber uma relação como se ela significasse que você precisa se anular no outro, porque isso, *a priori*, significa que você não se considera "possessora", proprietária de recursos, da sua unicidade e da sua visibilidade, daquilo que você é. Como você sempre viveu se colocando no outro – porque o outro é a vida, e, nesse sentido, protegia-se da autodestruição –, o fato de ter de voltar para si fica assim: "Mas como? Volto e encontro o apartamento frio? Nem há nada para comer na cozinha!..." Ou, para dizer de outro modo: "Aquela nem é minha casa!" Aliás, você começou dizendo que aquela nem era a sua casa. Foi assim que começamos, meses atrás!

Colega: Eu estava bem na casa da empregada.

Analista testemunha: Entendeu? Aí está o seu trajeto. Teve que aceitar uma casa e foi um problema. Depois, precisava dar-lhe uma cor, aquecê-la, ter uma cozinha, ter alimentos para cozinhar... É metafórico, mas aconteceu assim mesmo, com todos os altos e baixos, os medos, os terrores e também com os dois casos clínicos de que me falou. Nem que fosse de propósito: cada um deles propunha, com lente de aumento, a mesma problemática sua.

Colega: A casa concreta.

É fácil perceber, nesse trecho, como a relação em andamento, entre a colega e o seu analisando, passa a ter, por sua vez, uma função catalisadora das potencialidades e dos aspectos presentes na vertical da colega, dentro da auto-análise com testemunha. Como já dissemos, essa situação não pode, de modo algum, ser utilizada no contexto da supervisão clínica.

Analista testemunha: Parecia de encomenda! Não foi fácil. Você diz que fica confusa. Sabe por quê? Porque continua a insistir em não se conceder o que é seu. Parece que, ao se separar de mim, ou de qualquer outra pessoa, não importa, o ato da separação a priva das condições de que gozou até aquele momento. Dando-as a mim? Não! (sorri afetuosamente) Entendo a sua angústia: "Tenho certeza de que se as deixo com o senhor, doutor, eu as reencontrarei." Não é verdade. Antes de tudo, porque você não me deixa nada: continuam sendo suas. Segundo, você não pode fazer essa operação, porque cada vez que a faz, empobrece substancialmente a confiança em suas qualidades e em seus recursos. Você se empobrece e depois é óbvio que queira se agarrar a um contato, não importa com quem!

Colega: A única diferença é que carregava a trouxa dizendo: "Eu vou fazer."

Analista testemunha: Não, não é mais possível. Pensei na trouxa. Você, definitivamente, vai se vestir...

Colega: Essa semana, a paciente do aborto... Estamos em um divisor de águas: pode-se ir para um lado ou para o outro.

Analista testemunha: Leia o material para mim.

Colega: Há dois sonhos. Fiquei com uma angústia...!

Analista testemunha: Por que não me telefonou?

Colega: Não queria incomodar e tentei me virar. Estava com a sensação de que a criança fosse nossa: minha e da paciente. Que

precisávamos salvá-la. Saí e me senti assustada e angustiada como quando era pequena e invocava a ajuda de Deus, de modo obsessivo.
Analista testemunha: Servia para sobreviver.
Colega: Estava como que imersa.
Analista testemunha: Percebe que não se dá um espaço psíquico?
Colega: Estava percebendo já naquele momento.
Analista testemunha: Elimine o compreender e verá que o espaço se forma. Exclua-o, porque o compreender só pode produzir angústia e você quer compreender porque teme angustiar-se. Tentando compreender, a sua angústia aumenta, e você se afasta da paciente. E como ela responde dramaticamente (perigo de aborto) a você, existe o perigo de que ela receba uma mensagem errada sua, mesmo que você não a envie errada.

O tom da testemunha é rico de afetividade, o ritmo é vertiginoso. Apóia, acompanha, indica, funciona como espelho. Trabalha dentro do sistema da colega, utilizando qualquer coisa que ela diga, sejam observações sobre si mesma, sonhos, ou material que se refira a seus pacientes.

De qualquer modo, a atitude é a de evidenciar, esclarecendo os aspectos que o colega já reconheceu no próprio percurso, mas que agora, a partir de sua perspectiva atual, não consegue enxergar. Nesse caso, a testemunha desempenha uma função que evoca aquela que Collodi atribui ao Grilo Falante, na fábula de Pinóquio. Não é que Pinóquio não saiba o que é bom para ele. Mas sua curiosidade em relação ao mundo e o fascínio que a aventura exerce sobre ele ofuscam sua mente e sua memória, e ele acaba por ignorar aquilo que na verdade conhece muito bem.

Para concluir, desejamos asseverar que a relação analítica se desenvolve justamente mediante o encontro das dimensões verticais do analista e do analisando, situação que a torna única, impossível de ser repetida e original. Períodos de auto-análise, realizados através de um método específico, dirigido a esse objetivo bem determinado, podem constituir um instrumento apto a aprofundar e ampliar o campo de observação.

Já afirmamos que a pesquisa permeia o trabalho do analista, no sentido de que todas as hipóteses teóricas precisam ser testadas na realidade da experiência analítica, porque apenas nela têm origem.

A possibilidade de usufruir de períodos de auto-análise, por assim dizer "dirigida a esse objetivo", pode contribuir para ampliar o campo da experiência e da potencialidade de pesquisa. Além disso, poder aproveitar, como *colegas,* do conhecimento direto de outras hipóteses e técnicas clínicas aperfeiçoa a própria especialização.

Esses elementos têm grande utilidade se considerarmos que nosso trabalho está submetido a um desgaste contínuo e precisa de contínuas revisões e calibragens, especialmente para quem trabalha em áreas limítrofes, em que a relação Uno-Binário é acentuadamente desarmônica (nessas situações predominam os registros de linguagem psicótica, delirante, alucinatória, etc.) ou em que predominam os estados psicofísicos marasmáticos, como nas chamadas doenças terminais.

São essas as situações que fazem nascer as interrogações necessárias à pesquisa científica no campo do funcionamento psíquico, que ainda hoje é desconhecido e incompreensível.

Acreditamos, enfim, que o aperfeiçoamento de uma técnica científica específica, apta a enfrentar a análise para analistas, constitui uma possibilidade de revisão e de melhoria dos instrumentos de análise adquiridos por cada um de nós, durante a experiência profissional.

Não temos provas que permitam, no momento, estender essa modalidade de análise a pessoas que não exerçam atividade analítica. Trata-se de um processo de pesquisa ainda em andamento. Estamos cientes de que a sua sistematização é ainda, certamente, insuficiente.

CAPÍTULO 6

O DIA

Técnicas para análise de crianças, adolescentes e idosos

A. B. Ferrari
Paolo Carignani

> *A terapia psicanalítica não pode, por ora, ser utilizada em todos os casos; até onde sei, suas limitações são as seguintes: ela exige que o paciente possua um certo grau de maturidade e de compreensão e por isso não serve para crianças ou para adultos de mente fraca ou incultos. Ela fracassa também quando os doentes têm idade muito avançada pois, dada a grande quantidade de material acumulado, o tratamento seria muito longo e terminaria naquele período da vida em que não se dá mais valor à sanidade nervosa.*
> Sigmund Freud[1]

Assim escrevia Freud em 1898. O que ele via, na época, como impossibilidade, tornou-se viável através das contribuições científicas dele mesmo e de analistas que vieram depois. Isso não altera o fato de que, até hoje, o trabalho com crianças, adolescentes e idosos obrigue o analista a se questionar continuamente quanto à escolha das melhores soluções técnicas, em vista das características específicas da *infância*, da *adolescência* e da *velhice*.

---
[1] S. Freud (1898), *op. cit.*

Escolhemos esse título por dois motivos. Como no enigma da esfinge, imaginamos que a vida do homem é uma longa jornada cujos limites são marcados pelo alvorecer e pelo crepúsculo. Da criança ao velho, o psicanalista aborda as diferentes organizações psíquicas que se apresentam no curso da vida e se submete a interrogações e problemas técnicos muito diferentes. Como sugere o mito grego, uma dessas questões é o conhecimento do tempo e o modo de lidar com ele[2]. Isso adquire um peso diferente e coloca problemas clínicos completamente diversos, como veremos, conforme a idade do homem. Mas o título do capítulo foi escolhido também por um segundo motivo, que diz respeito à experiência cotidiana complexa do analista: como ele recebe crianças, adolescentes, adultos e velhos, precisa ser suficientemente elástico e flexível para poder, em um mesmo dia de trabalho, assumir posturas clínicas variadas, para enfrentar problemas técnicos muito diferentes entre si. Os demais capítulos deste livro levaram em consideração aspectos gerais da análise de adultos. Neste, queremos propor algumas sugestões técnicas – testadas ao longo dos anos – relacionadas à nossa hipótese sobre a relação Uno-Binário, que podem ser utilizadas no trabalho com crianças, adolescentes e velhos.

Inicialmente, apresentaremos a abordagem de trabalho clínico com crianças e descreveremos algumas soluções técnicas, que aperfeiçoamos até agora, durante as pesquisas. Na segunda parte, abordaremos pontos mais recentes da exploração clínica que temos realizado, com o objetivo de indicar novas linhas de pesquisa possíveis. E finalmente, tentaremos delinear algumas reflexões e orientações que podem ser úteis na pesquisa do trabalho analítico com pacientes idosos.

---

[2] A hipótese de que a lenda de Édipo e da Esfinge seja a representação de um confronto entre dois modos diversos de medir o tempo é convincente. O mito foi extraído, provavelmente, da imagem da deusa alada Lua, cujo corpo simbolizava as duas partes do ano tebano: o leão, a parte crescente, e a serpente, a parte decrescente. O novo rei dedicava-lhe um ato de devoção antes de casar sua sacerdotisa. A adivinhação havia sido inventada para uma cena que representava uma criança, um guerreiro e um velho em adoração da deusa tríplice; cada um homenageava uma pessoa diferente da trindade. Mas, uma vez que Édipo resolve o enigma, a Esfinge se mata e, em seguida, sua sacerdotisa Jocasta faz o mesmo. R. Graves pergunta: "Terá sido Édipo um conquistador de Tebas que, no século XIII a.C., suprimiu o culto minóico da deusa e reformou o calendário?" R. Graves (1958), *Os mitos gregos*, São Paulo, Madras, 2004.

As razões que nos levam a tratar conjuntamente esses três momentos do trabalho analítico não residem no desejo de evidenciar aspectos técnicos ou teóricos que eles têm em comum. Ao contrário, a intenção é enfatizar a heterogeneidade substancial que existe entre eles. O fato de propô-los no mesmo texto tem, para nós, o sentido de enriquecer, refinar e ampliar o instrumental ao qual o analista precisa recorrer no seu trabalho cotidiano.

A CRIANÇA E O ADOLESCENTE

Não entraremos nos detalhes das teorias sobre o desenvolvimento infantil: consideramos como já consolidadas algumas hipóteses gerais propostas no âmbito da teoria psicanalítica (as hipóteses de Klein, de Anna Freud e de Winnicott, enriquecidas pela clínica com crianças autistas de Tustin, fornecem um vasto quadro teórico já conhecido) e proporemos algumas variantes delas.

Neste capítulo, não estamos interessados em definir novos mecanismos psíquicos ou investigar o conteúdo de pensamentos e fantasias de crianças e adolescentes: esses temas são, a nosso ver, específicos demais e dizem respeito ao analista individual, durante cada sessão, e não têm valor universal. Preferimos definir o quadro geral que torna possível (ou eventualmente dificulta) os movimentos entre o Uno e o Binário; são eles que determinam, mais tarde, as configurações específicas que observamos em cada sessão. Alguns parâmetros essenciais podem ser levados em consideração para esboçar os contornos do processo de transformação que observamos no trabalho clínico. Os parâmetros que pesquisamos e queremos indicar – mas que não esgotam o tema – são a *organização sensorial* – e como se articula com a *experiência motora* – e a *percepção do espaço e do tempo*. Como se pode intuir, são categorias gerais e amplas, que podem funcionar seja como critérios de leitura da sucessão de movimentos no eixo vertical da relação entre Uno e Binário, seja como instrumentos para pôr em funcionamento potencialidades cognitivas e lingüísticas em senso lato, que o sistema Uno-Binário possui em geral. As hipóteses – que emergem diretamente do impacto com a prática clínica – permitem introduzir algumas inovações significativas na técnica de trabalho com crianças e com adolescentes.

Notas teóricas

A psicanálise infantil – marcada em grande parte pelas contribuições de M. Klein, A. Freud e D. W. Winnicott, e, sucessivamente, por seus discípulos e pelas respectivas escolas que ampliaram e modificaram as hipóteses de base – concentrou-se sobretudo na análise do desenvolvimento das relações da criança com seus objetos psíquicos. Estes foram encarados de várias maneiras, como "objetos externos" ou como "objetos introjetados". Como se sabe, os autores que se referem ao modelo annafreudiano e winnicottiano dão, *grosso modo*, mais atenção aos objetos externos (mãe ou funções maternas), e aqueles que se referem ao modelo kleiniano, se concentram mais nos objetos introjetados. Reconhecemos o débito que temos para com os mestres que nos precederam e que marcaram a história da psicanálise infantil, mas a hipótese que propomos se afasta das teorias clássicas o suficiente para que tentemos formulá-la.

Como já discutimos amplamente em trabalhos precedentes[3], não consideramos que o objeto principal da mente seja o seio materno (ou a mãe), em todas as suas possíveis representações, mas aquilo que chamamos de Objeto Originário Concreto (OOC). Este, porém, não é um *objeto psíquico* em sentido clássico, pois não é nem um *objeto externo* (fornecido pelo ambiente), nem um *objeto interno* (resultado de um processo introjetivo). É um *objeto concreto,* que existe antes de qualquer introjeção; é a matriz originária de uma fisicidade que se exprime por sensações e emoções, e está ligado às funções fisiológicas que precedem todas as formas de atividade psíquica: nós o compreendemos como um núcleo originário de identidade físico-psíquica do qual a criança não pode prescindir[4]. Nesse sentido, a acepção de objeto é entendida de modo substancialmente diferente

---

[3] A. B. Ferrari, *O eclipse do corpo, op. cit.*, e *A aurora do pensamento, op. cit.*

da acepção do modelo clássico: entende-se por OOC uma espécie de núcleo primigênio de funções somáticas (sensoriais, fisiológicas, metabólicas, etc.), já presente no momento do nascimento, que se articula com as funções mentais primárias de contenção e registro. O OOC impõe-se, portanto, como primeiro objeto psíquico, mediante sensações marasmáticas que chegam ao Binário (ainda em estado nascente) provenientes do Uno. Mas esse objeto é vivido, ao mesmo tempo, como núcleo *subjetivo,* que identifica a própria existência psicofísica. Ele se coloca alternadamente como objeto e como sujeito, conforme a ênfase que se dá: se estamos tratando do nosso corpo, ele se torna um objeto, porque *temos um corpo*, mas se nos voltarmos para outra parte, ele se torna sujeito, porque *somos o nosso corpo.* A finalidade do modelo do OOC é, portanto, delinear uma realidade composta por um corpo em sentido físico – com todas as sensações e emoções que dele provêm – e por um aparato mental que percebe e anota: um corpo que já desempenha as primeiras e essenciais funções mentais e uma mente que emerge do corpo e nunca se separa dele. É, antes de tudo, com esse OOC que a criança está em relação, pois ela começa a viver seu corpo, experimentando-o.

Se nossas hipóteses forem válidas, temos como conseqüência algumas modificações teóricas e técnicas que merecem ser aprofundadas. Nos modelos clássicos da psicanálise infantil, a referência à relação de objeto ou à introjeção produz inevitavelmente um quadro cujos contornos são rapidamente definidos: dada uma determinada relação de objeto, uma determinada estrutura psíquica começa a se constituir.

---

[4] Talvez seja necessário precisar que não estamos descrevendo nem uma etapa do desenvolvimento ligada ao narcisismo primário ou ao auto-erotismo, nem uma relação precoce de objeto, no sentido de uma teoria das relações objetais (um objeto primordial ou o ponto de regressão de uma patologia). Não há relação direta entre o OOC e o *objeto subjetivo* de Winnicott ou o *objeto sensação* da criança autista, descrito por Tustin – ainda que dentro de suas hipóteses se dê atenção especial aos aspectos físicos e sensoriais. O OOC deve ser considerado uma presença constante e inevitável no universo psíquico do indivíduo. D. W. Winnicott (1962), "L'integrazione dell'Io nello sviluppo del bambino", in *Sviluppo affettivo e ambiente* (1965), Roma, Armando, 1970; D. W. Winnicott (1971), *O brincar e a realidade*, Rio de Janeiro, Imago, 1975; F. Tustin (1981), *Estados autísticos em crianças*, Rio de Janeiro, Imago, 1984.

Por exemplo, a qualidade de um determinado "objeto interno bom" (usando a terminologia kleiniana) começa a ser determinada em um período muito precoce da vida da criança e só se modificará mediante um trabalho de análise ou em conseqüência de acontecimentos de grande importância (traumas). De qualquer modo, segundo esses modelos, a natureza primária de uma relação de objeto dificilmente sofrerá transformações significativas depois de ser introjetada, por uma simples razão: se o objeto psíquico principal é o seio, a força da experiência da amamentação será de tal modo determinante que todas as práticas sucessivas poderão ser apenas um pálido sucedâneo dessa primeira experiência infantil, e serão, pelo menos em parte, determinadas por ela. Assim, visto que a amamentação termina, em geral, durante o primeiro ano de vida, o quadro fica bem definido desde o início da existência: todas as experiências que sobrevierem serão determinadas pela relação passada que a criança teve com o seio – o que reduz ainda mais a margem para possíveis transformações (no contexto desta discussão, não faz muita diferença referir-se a uma teoria que dá mais relevo à relação com o seio ou com a mãe, ou a outra, que dá relevância à dupla pai-mãe, ou ainda a qualquer outra eventual hipótese que estabeleça que os acontecimentos decisivos têm lugar nos primeiros seis meses ou nos primeiros três anos de vida).

Consolidou-se assim, de modo mais ou menos explícito, uma abordagem teórica *causal*, que conduz a um tipo de *determinismo psíquico*: as experiências primárias determinam a constituição de um aparato psíquico que, por sua vez, influenciará todos os acontecimentos psíquicos futuros.

Infelizmente, essa abordagem é aceita aprioristicamente (sem ser submetida à crítica), com excessiva freqüência, tanto no âmbito da pesquisa analítica quanto no da psicologia, devido à indubitável necessidade de se dispor de um *teoria do desenvolvimento*. Concordamos plenamente com essa necessidade, porque não é possível dar sentido a nenhum fato observado se não tivermos hipóteses de base, mas consideramos indispensável construir teorias do desenvolvimento menos detalhadas e definidas: parece mais funcional construir hipóteses com "malhas mais largas", por assim dizer, que não tenham a pretensão de explicar tudo, penetrando em cada mínima ligação entre mecanismos psíquicos hipotéticos[5]. É mais útil ter à disposição parâmetros mais gerais e, ao mesmo tempo, mais flexíveis, que permitam situar e dar forma às variáveis individuais e que respeitem todos os momentos do crescimento da criança, pois ela está a todo instante (e não de uma vez por todas) empenhada em construir a si mesma. Se, em vez disso, levantarmos a hipótese de que os fatos iniciais da vida determinam os comportamentos sucessivos, perderemos a perspectiva da contínua transformação pela qual a criança passa. Essa visão expõe ao risco de considerar o tempo como uma trava, ou, pior ainda, como bidirecional, com movimentos de "crescimento" e de "regressão". Mas se considerarmos o *corpo* como objeto psíquico da mente, poderemos levantar a hipótese de que a relação entre sujeito e objeto nunca é predeterminada e tem infinitas possibilidades de variação, pois o corpo não é um objeto que foi introjetado em tempos remotos, mas uma presença que se manifesta continuamente: a mente é sempre obrigada a considerar o corpo *atual*, nunca o *passado*. Em resumo, do modo como vemos a criança, ela é artífice de um *processo*, não a guardiã de um *sistema*.

Quando ressaltamos a experiência do corpo (Uno), não nos referimos a um nível metafísico de conhecimento e sim a um nível subjetivo de experiência: aquela que cada um de nós tem de viver por conta própria. Por conseqüência, vale a pena desmembrar o termo "corpo" nas específicas experiências sensoriais, motoras, viscerais, metabólicas, emocionais, etc. Elas se apresentam continuamente, sem interrupção, durante a vida toda, e fornecem informações sobre aquilo que se está vivendo. Quando a experiência se modifica, modificam-se as sensações e as emoções que sentimos, e, ao mesmo tempo, quando o que

---

[5] Não temos a pretensão de superar o paradoxo descrito por Paul Valéry, segundo o qual "todos os sistemas de psicologia são mil vezes simples demais e cem vezes complicados demais", mas acreditamos que, quanto à sua utilidade, é preferível, na prática analítica, uma certa simplificação a um excesso de elaboração. P. Valéry (1973), *Quaderni,* vol. III, Milano, Adelphi, 1988.

sentimos se modifica, modificam-se também as nossas experiências. Por esse motivo, nossa relação com as experiências varia continuamente do mesmo modo que a relação entre Uno e Binário muda o tempo todo. Estamos na presença de elementos dinâmicos, continuamente modificáveis, que resistem a qualquer tentativa de cristalização. É nesse sentido que colocamos a proposta de revisão do modelo de trabalho com crianças que M. Klein propôs, com grande intuição e espírito inovador, a partir dos anos 20, do século passado[6].

M. Klein levou em frente e desenvolveu alguns aspectos do pensamento de Freud. Construiu hipóteses sobre o funcionamento mental da criança, partindo exatamente do conceito de introjeção e do estabelecimento dos objetos internos e sua sucessiva consolidação. Esses objetos estão em perene relação entre si e, ao se confrontarem com os aspectos da realidade externa, dão lugar ao que comumente se define como "mundo interno da criança". Este é forjado pelas experiências reais que a criança tem durante a vida e, principalmente para alguns autores, pelas fantasias que acompanham tais experiências. A importância que Klein deu à vida de fantasia teve, infelizmente, efeitos contrários à sua intenção. Em vez de continuar a fornecer o terreno de fronteira em que corpo e mente podiam se cruzar, as chamadas *fantasias inconscientes* acabaram estabelecendo a primazia da mente sobre o corpo, das relações objetais sobre a relação vertical, da qualidade do objeto (ou das relações com ele) sobre as funções do sujeito[7]. Portanto, quando se consideram as sensações e as emoções no modelo kleiniano, elas parecem se referir à relação com o objeto, em vez de serem consideradas como expressão ou experiências do sujeito. É esse pressuposto que queremos discutir.

É evidente que, a esse ponto, a opção de estudo que se faz torna-se decisiva. Se considerarmos que a relação principal é a da criança

---

[6] Estamos cientes de ter reduzido o discurso kleiniano por questões de espaço. A argumentação deveria fazer jus à complexidade das teorias que M. Klein desenvolveu. Apesar disso, acreditamos ser necessário pelo menos colocar o tema no terreno da discussão.

[7] Para mais detalhes, ver P. Carignani, "Il corpo in psicoanalisi", in P. Carignani & F. Romano (curadores), *Prendere corpo: il dialogo psicoanalitico tra teoria e clinica*, Boringhieri, no prelo.

com a mãe (ou alguém em seu lugar), a atenção do analista será conduzida ao *conteúdo* da própria relação: por exemplo, quando se trata da presença de uma emoção como o ódio, é mais relevante o fato de esse sentimento se dirigir contra a mãe, do que sua própria existência[8]. A diferença é substancial: no primeiro caso, sugeriremos à criança que olhe para *fora de si,* ou seja, para a mãe. No segundo caso – o que estamos propondo –, vamos sugerir que olhe para *dentro de si,* ou seja, para a sua emoção, considerando a mãe apenas como pretexto ou ocasião para dar forma a essa emoção. No primeiro, ao nos interpormos em uma relação que desconhecemos, corremos o risco de assumir a postura de juízes em relação ódio: o analista tentará justificar essa postura ou execrá-la, conforme a visão que tem dos "fatos relacionais" e de seu próprio envolvimento emocional. Não é por acaso que muitos autores de psicanálise infantil (e não só eles) definem o ódio, o ciúme e a inveja como *sentimentos negativos,* contrapostos ao amor, à generosidade ou à gratidão, considerados *sentimentos positivos.* Se, porém, tratarmos a emoção simplesmente como *modificação do sujeito que a sente,* parece evidente que ela não poderá ser julgada, pois é apenas um sinal – comum a todos os seres humanos –, e, como a fome e a saciedade, o calor e o frio, não pode ser acompanhada por um sinal negativo ou positivo. Acreditamos que a tarefa do analista seja observar e *indicar* o *uso* que se faz de uma determinada emoção, pois é esse o terreno em que a criança pode intervir e é desse modo que talvez possa também modificar as teorias que está construindo. Se a levarmos a observar as modificações que acontecem dentro dela e a confrontar suas teorias com outros modelos possíveis, poderemos, então, ter um guia atento e participante do trabalho analítico: a própria criança. Não devemos esquecer que o ódio, em seu potencial de realização, pode ser usado – para citar dois exemplos extremos – como motor tanto para cometer um homicídio como para escrever o *Inferno* (como no caso de Dante Alighieri)[9].

---

[8] Para efeito do nosso discurso, não tem importância alguma se a mãe é considerada pessoa real, resultado de fantasias onipotentes, objeto interno ou o que quer que seja.

[9] N.T.: "Inferno" é uma das partes da *Divina Comédia*, de Dante Alighieri.

Essa estrutura teórico-clínica se reflete, obviamente, em todas as modalidades técnicas de abordagem da criança e da família. Os critérios que há muitos anos utilizamos diferem bastante dos que são propostos pelas várias escolas de psicanálise infantil, e derivam diretamente da hipótese de base que acabamos de resumir. Devemos muito à estrutura clássica que, através dos modelos de Klein e de Winnicott, definem os parâmetros essenciais para construir o *setting* da psicanálise infantil. Mas parece importante indicar novas abordagens que correspondam com mais coerência às hipóteses que formulamos.

A entrevista inicial

O modo como organizamos o primeiro encontro com a criança que nos foi enviada para consulta é de grande importância, pois organizar bem o trabalho é um primeiro passo essencial para o bom resultado da terapia.

De acordo com as hipóteses teóricas que propomos – que a relação da criança consigo mesma (relação vertical) é o que tem mais valor e o que parece mais importante avaliar com precisão –, organizamo-nos de modo a encontrar *a criança antes* de encontrar os outros membros da família, ou seja, antes dos pais e antes de outros familiares. Há importantes razões para isso:

a) Antes de tudo, consideramos que o estado da relação vertical, ou seja, a maneira como a criança se coloca em relação a si mesma e a suas expressões vitais, é a primeira coisa que deve ser avaliada. É só pela observação e pelo diálogo com a própria criança que podemos coletar elementos significativos e avaliar essa questão. Apenas o diálogo pode fornecer informações *diretas* sobre seu funcionamento mental.

b) O segundo elemento ao qual dedicamos atenção são as capacidades e as possibilidades da criança de *usar a si própria* de modo funcional às suas exigências. Observamos de que maneira a experiência da relação vertical permeia as oportunidades abertas pelo panorama horizontal. Em outras palavras, trata-se de examinar se as potencialidades da criança têm um terreno fluido de atuação ou se estão impedidas ou limitadas na experiência.

c) Se a criança for a razão pela qual os pais vão consultar um analista (não importa se a consulta é particular ou feita pelo serviço público), é necessário que ela seja a primeira a falar. Desse modo, minimiza-se a preocupação de que os adultos estejam se organizando à sua revelia para decidir coisas por ela.

d) Procedendo desse modo, o analista não constrói expectativas que podem atrapalhá-lo durante o encontro com a criança – notícias excessivas dadas pelos pais podem produzir no analista expectativas em relação à ela (e a criança, descrita pelos pais, provavelmente só existe na cabeça deles).

e) Encontrando primeiro a criança, pode-se ter dela uma impressão fresca e imediata (às vezes até o esboço de uma idéia mais precisa). Essa primeira impressão pode, muitas vezes, se tornar útil durante o trabalho analítico.

f) Atribui-se à criança, dessa maneira, a responsabilidade direta – dentro de suas possibilidades, é claro – de se tornar artífice de suas opções, inclusive daquelas que dizem respeito a um hipotético trabalho analítico sucessivo.

Durante a entrevista com a criança, predispomo-nos a observar suas modalidades expressivas, a capacidade de estar presente na relação, os movimentos físicos e do rosto, e a colocamos em condições de dialogar conosco. Para fazer isso, o analista precisa deixá-la à vontade e facilitar a sua concentração com uma atividade lúdica ou de desenho, que permita que ela fique "absorta no que está fazendo" e, assim, mais livre e sincera na comunicação. A tarefa do analista é mover-se com a máxima liberdade entre o jogo e o desenho da criança (nos quais pode se inserir, com delicadeza e cuidado) e pesquisar os aspectos principais da experiência dela. Existem alguns pontos que permitem que o especialista tenha uma idéia geral do momento que a criança está vivendo. É isso que queremos indagar durante a primeira entrevista com ela. Esses argumentos, naturalmente, devem ser considerados como referências que o analista pode usar conforme os tempos e os modos funcionais de cada encontro, nos momen-

tos em que a criança, estando mais à vontade, pode dialogar com mais liberdade e o com o menor temor possível. Vamos enumerá-los em uma certa ordem, embora não esgotem a questão, pois cada criança solicitará perguntas novas e específicas. Vejamos:
  a) Tem idéia de por que está aqui? Se a criança não foi devidamente informada, podem ser feitas perguntas do seguinte tipo: O que você acha que está preocupando seus pais e por que acha que a trouxeram aqui?.
  b) O que você acha de suas atividades lúdicas, do que você gosta de brincar e com quem (sozinha, com irmãos, irmãs, amigos, adultos, etc.)? É útil observar se a criança é capaz de falar de seus jogos e brincadeiras e avaliar quanto prazer tem em brincar ou, ao contrário, se brincar é vivido de modo conflitante e angustiante.
  c) O que acha de suas atividades escolares, da escola e de seus professores? O que interessa, naturalmente, é a opinião pessoal da criança, e não o julgamento da escola ou o que os adultos pensam dela.
  d) O que acha de seu irmão, de sua irmã e de seus pais? Quais são as relações que, *do seu ponto de vista,* existem entre eles e entre eles e você mesmo/a? A finalidade é entender a imagem que a criança tem, dentro de si, dos familiares, o modo como os vê e os delineia dentro de seu panorama psíquico).
  e) Tem amigos, um amigo especial, um grupo homogêneo? O que pensa dos homens? E das mulheres? Tem inimigos? Há alguma criança que odeia ou teme? A finalidade é ver como a criança se move dentro do panorama das crianças da sua idade e de que modo se expõe nas relações com elas.
  f) Que tipo de atividade esportiva pratica e como a julga? O aspecto esportivo veicula com freqüência as atividades motoras e o prazer (ou ausência dele) da criança de usar o próprio corpo e de expô-lo à essa experiência.
  g) De que filme (ou livro ou desenho animado) gostou mais ultimamente? É possível, também, pedir à criança que conte a trama para ver de que modo situa os personagens no tempo e no espaço. Isso exige que o analista que trabalha com crianças se mante-

nha suficientemente informado sobre a cinematografia e sobre a literatura infantil em voga no momento.

h) Quanto come, o que come, do que gosta e de qual alimento realmente não gosta? Pode acontecer com freqüência que uma criança desenvolva fortes idiossincrasias por determinados alimentos, ou por muitos alimentos, e é útil conhecer o alcance de suas fobias e saber se é capaz de sentir prazer verdadeiro ou nojo verdadeiro por alguma coisa.

i) Dorme durante a noite? Acorda? Pega no sono facilmente ou precisa que um dos pais esteja perto? O sono é um momento delicado e íntimo na vida de uma criança e é útil observar como ela é capaz de falar disso.

j) Sonha? Lembra dos sonhos? Pode contar um deles?

k) Se a criança estava desenhando ou brincando, pedimos informações sobre o desenho ou sobre a brincadeira, para ver quais fantasias realizou e de que modo.

l) O que achou do nosso encontro? Que idéia formou sobre ele? O que acha do que está vivendo?

m) Enfim, a criança é convidada a fazer ao analista qualquer pergunta que tiver em mente naquele momento, ou que estiver relacionada a qualquer outro momento do encontro. Em nossa experiência, as crianças muitas vezes apreciam esse convite e a nossa disponibilidade em responder às suas perguntas.

Como já dissemos, essas perguntas são feitas à criança durante a entrevista, mas apenas depois que ela já começou a desenhar ou a construir um jogo, e está solidamente envolvida na atividade que escolheu. O analista deve ter o cuidado de formular as questões de maneira discursiva, sem distraí-la do que está fazendo, a fim de ativar respostas cujo conteúdo esteja à margem da sua atividade.

Fizemos uma lista de perguntas expressas de modo muito esquemático, que devem ser moduladas conforme as respostas da criança e que podem ter graus diferentes de funcionalidade conforme a idade. É evidente que uma entrevista com uma criança de dois anos e outra, com uma criança de dez, precisam ter modalidades expressivas completamente diferentes. As mesmas perguntas podem ser inseridas dentro de um jogo ou acompanhando a elaboração de um desenho. Se, por exemplo, uma criança de dois anos e meio modela uma cama com massinha, para nela colocar um bonequinho, podemos perguntar como essa "criança" dorme, se está com sono, se vai sonhar, etc., com a certeza de que, desse modo, falará, inevitavelmente, de si própria.

É só depois de ver a criança que encontraremos a mãe, *sozinha ela também*, (enquanto o pai e a criança ficam na sala de espera) e ouviremos como é a criança que ela tem em mente, que relação tem com o filho, de que modo é capaz de contar as coisas, etc. Não podemos esquecer, enquanto coletamos informações anamnésicas, que quando uma mãe ou um pai falam do filho, revelam o seu *modo pessoal* de vê-lo, de pensá-lo, de situá-lo no contexto familiar, etc. Ainda que o olhar dos pais seja mais ou menos próximo da realidade das coisas, a nossa postura de base não deve mudar, mesmo porque não temos instrumentos para conhecer a "realidade das coisas". A entrevista, portanto, não tem apenas a finalidade de coletar dados, mas, sobretudo, de construir um quadro do ambiente afetivo em que a criança vive, para definir o pano de fundo de seus movimentos. Além disso, é possível avaliar as angústias da mãe, a maneira como consegue enfrentá-las, e em que medida essas angústias se referem às dificuldades do filho, ou indicam, ao contrário, conflitos presentes na própria mãe. Acontece com freqüência que seja a mãe ou o pai a precisar de ajuda, e que a criança se trate de um pretexto, consciente ou não, para procurar o analista.

Depois da mãe, encontraremos o pai, *também sozinho*, e ouviremos dele o modo pessoal que tem de ver a situação familiar. Valem para o pai as mesmas considerações feitas para a entrevista com a mãe, ainda que ele possa ser emocionalmente mais fechado e "defendido", e, aparentemente, menos angustiado. A exigência de ver os pais separadamente, além de não transformar a criança em um "pacote" que se carrega e sobre o qual são os outros que falam, atende também à necessidade de investigar a estrutura psíquica da mãe e do pai, com mais profundidade. Além disso, pela experiência, percebemos que é mais fácil para eles fornecer informações precisas sobre as condições de vida em família na entrevista individual (e às vezes é o único modo possível). Essas condições podem ter grande influência na vida da criança: pensemos, por exemplo, na existência de relações extraconjugais, na violência de um dos pais, nas brigas violentas etc., coisas difíceis de se "confessar" na presença do cônjuge.

Depois de ter visto a criança, a mãe e o pai, *separadamente*, estamos prontos para reunir toda a família e dar nossa opinião sobre o caso. Em geral, um encontro de meia-hora com a criança é mais do que suficiente para ter uma idéia do seu funcionamento psíquico e obter elementos para fazer uma proposta. Mas pode acontecer que, nesse intervalo de tempo, recebamos muito mais informações do que podemos registrar. Quando o excesso de informações não permite a obtenção de um quadro mínimo da situação, podemos pedir um pouco mais de tempo para refletir, e talvez rever a criança uma outra vez (se ela estiver interessada em voltar).

Somos contrários a determinações técnicas que prevêem um número preestabelecido de encontros com a criança, por duas razões: de um lado, porque propor à criança três, quatro ou cinco encontros, antes ainda de conhecê-la, seria o mesmo que "contabilizar a angústia". É evidente que o encontro entre criança e analista gera sempre angústia para ambos, mas esta angústia é útil para a necessidade do encontro e para estabelecer um diálogo. A tarefa do analista deveria ser a de conter a sua própria angústia e sintonizar-se na da criança; desse modo ele tem muitas *chances* de aprender com ela. Além disso, não devemos esquecer nunca que a criança é, em geral, extremamente sensível, está exposta àquele encontro com o adulto e desenvolve muito mais rapidamente expectativas e esperanças que irão estabelecer as bases da dimensão transferencial. Expô-la a quatro ou cinco encontros significa convidá-la a abrir áreas frágeis da sua pessoa com um adulto. Se esses encontros não tiverem a garantia de poder continuar – se ainda não foi estabelecido um contrato com os pais –, consideramos que a insegurança do analista não seja um motivo válido para solicitar à criança que empreenda uma relação com um pessoa que poderia desaparecer depois de pouco tempo.

O momento em que os três se reúnem na sala e o analista tenta definir a situação é muito importante. O analista deve falar com todos, e quando se dirigir a um deles, os outros devem estar escutando. Não se trata de definir nem diagnóstico, nem prognóstico, e menos ainda de delinear um mapa detalhado do desenvolvimento psíquico da criança. A nosso ver, essas são ilusões das ciências psicológicas, que tentam fotografar um instante da evolução da criança, mas no momento em que descrevem a imagem que obtiveram, a criança já está em outro lugar. Em vez disso, é necessário captar o ponto de urgência principal – que pode ser comunicado a toda a família – e tentar construir, a partir dele, se for o caso, um projeto terapêutico. Para fazer isso precisamos da colaboração da criança – que pode ter diferentes graus de consciência. Mas, de qualquer modo, é necessário que ela se sinta livre para tomar a *sua* decisão. A forma que assumirá essa decisão depende da idade e das condições da criança.

Do nosso ponto de vista, parece pouco funcional discutir separadamente com os pais a decisão a ser tomada: antes de tudo, porque estamos convencidos de que a primeira decisão cabe à criança, e, depois, porque achamos que as coisas que temos a dizer podem e devem ser ouvidas por toda a família, de modo que, qualquer que seja a decisão dos pais, o tema seja colocado diante de todos, e as coisas que dissemos possam circular pela família. Em geral, são os próprios pais que ficam agradavelmente surpresos quando, por exemplo, deixamos à criança o tempo necessário para que tome a sua decisão, sugerindo-lhe que nos telefone quando decidir. Nossa finalidade é pôr a criança e o grupo familiar diante de escolhas responsáveis, pois acreditamos que o primeiro passo de nossa abordagem é atribuir a cada um deles as respectivas *responsabilidades* – proporcionais, é claro, às competências e às possibilidades de cada membro da família.

Outro ponto que levamos em consideração quando estamos propensos a realizar a análise com a criança é o problema de quem cuidará dos pais. Acreditamos que o analista que irá trabalhar com a criança não deve se relacionar com os pais. Preferimos ser categóricos nesse ponto, apesar de saber que diferentes situações clínicas ou contextos específicos podem impor opções diversas. Este ponto é particularmente importante: a relação analítica com a criança – como com o adulto – precisa ser tutelada, privada, garantida; de outro modo, a análise não gozaria de nenhuma proteção. Fornecemos, então, aos pais o nome de um colega ao qual podem se dirigir para um atendimento regular, quando for o caso, ou quando houver necessidade de algumas entrevistas para definir o trabalho analítico. Para isso, é necessário trabalhar em colaboração com algum colega, que esteja disposto a encontrar os pais para enfrentar as dificuldades eventuais que podem se apresentar durante a análise.

Em resumo, estruturamos o trabalho colocando a criança no centro do processo analítico *imediatamente*, considerando-a como sujeito em si mesma e não como "filha de". Podem surgir dificuldades particulares quando, por exemplo – principalmente no início da adolescência –, os pais levam o filho para a terapia para "corrigi-lo" ou "puni-lo" (conscientemente ou não) pelo seu comportamento. Às vezes isso não é imediatamente perceptível. Ou, então, pode ser o garoto que vê a terapia como uma punição e, assim, corre-se o risco de complicar enormemente o trabalho, que já começa sobre uma base arriscada.

Esses cuidados iniciais e a estrutura geral – coerentes com nossas hipóteses de base – são válidos *qualquer que seja a idade da criança,* ainda que a prática clínica sempre obrigue a inventar novas soluções para novos problemas. Por exemplo, pode facilmente acontecer que uma criança pequena não seja capaz de ficar sozinha com o analista e que se torne necessária a presença da mãe ou do pai; ou então que uma criança com traços fóbicos muito marcados seja tomada pela angústia. Em casos assim, será preciso agir segundo as necessidades e as possibilidades, sem nunca esquecer, porém, que o objetivo é que a angústia da criança diminua o suficiente para que ela possa ficar sozinha com o analista.

A construção do *setting*

Uma outra consideração técnica que experimentamos com resultados encorajadores refere-se à questão do que colocar à disposição da criança durante o primeiro encontro, até porque é nesse momento que se lançam as bases para a constituição do *setting* analítico sucessivo. M. Klein introduziu, com sapiência, a caixa de brinquedos[10], um extraordinário *expediente* para facilitar a comunicação entre criança e analista, e, principalmente, para assinalar a necessidade de que o analista esteja disposto a falar a linguagem da criança. Infelizmente, em lugar de submeter essa solução técnica a avaliação e crítica contínuas (como se deveria fazer com todas as soluções técnicas), ela foi adotada genericamente, e é usada de forma acrítica até hoje, tendo-se tornado uma "regra" imprescindível no trabalho com crianças. A idéia da caixa de brinquedos ainda conserva uma certa validade, mas, segundo nosso ponto de vista, não é funcional *preparar* a caixa para a criança, enchendo-a de brinquedos já caracterizados e escolhidos pelo analista. Esse tipo de organização corresponde aos modelos psicanalíticos clássicos: visto que os temas e os conteúdos das fantasias infantis já são dados como conhecidos, pode-se, então, imaginar de quais instrumentos a criança precisa para exprimi-los. Por exemplo, se as teorias do analista dão muita importância às fantasias edípicas e pré-edípicas – ricas de agressividade, avidez e destrutividade –, ele poderá ajudar a criança a exprimi-las colocando os vários personagens da família junto de animais ferozes, domésticos, etc., à sua disposição. Agindo desse modo, porém, – conscientemente ou não – a criança é *induzida* a se mover em direção à teoria a que o analista se refere, facilitando-lhe a tarefa de encontrar confirmações clínicas para as próprias hipóteses. Através dos brinquedos

---

[10] A esse propósito, ver M. Klein (1955), "La tecnica psicoanalitica del gioco: sua storia e suo significato", in M. Klein, P. Heimann e R. Money-Kyrle, (1955), *Nuove vie della psicoanalisi*, Milano, Il Saggiatore, 1966.

escolhidos pelo analista, coloca-se à disposição da criança um *vocabulário* predeterminado, e sugere-se à ela que fale por meio daquelas palavras que lhe são oferecidas – livre, é verdade, para usá-las como quiser – mas *só aquelas palavras*. *Se observarmos a caixa de brinquedos de uma criança em análise, poderemos compreender, paradoxalmente, muito mais as teorias do analista do que o funcionamento da criança.*

Dentro do possível, orientamo-nos de modo diferente. Achamos melhor, inicialmente, não colocar nenhum brinquedo à disposição da criança, além de instrumentos técnicos isentos de caracterização específica – como tintas, lápis, hidrográficas, tesouras, cola, massinha, construções, etc. –, nada que possa levar a criança para conteúdos específicos ou que possa definir um terreno muito relacionado às teorias psicanalíticas, em que a criança tenha depois de se mover. O que importa é que o diálogo seja o mais direto possível e não mediado por brinquedos ou outras coisas. É verdade que a presença de brinquedos pode atrair a criança e atenuar a angústia do primeiro encontro (e reduzir, assim, também a angústia do analista), mas não parece ter nenhuma outra função. Se o analista conseguir tolerar uma quantidade maior de angústia, vale a pena, então, tentar fazer como propomos. Quando o trabalho analítico houver se firmado, pediremos à própria criança que nos diga de quais brinquedos acha que precisa para trabalhar conosco. E será a partir de suas sugestões ou pedidos que poderemos começar a *construir a caixa junto com ela*. Desse modo, o trabalho parte do *vocabulário da criança*, não do nosso; é um passo importante para aprender a falar o registro de linguagem de cada criança. Achamos, também (ao contrário de algumas outras posturas técnicas), que a criança deve se sentir livre para trazer de casa os brinquedos que julgar necessários para se exprimir no trabalho analítico. Isso, aliás, pode ser considerado como um ato de confiança em relação ao analista e um modo de integrar experiências diferentes. Do mesmo modo, esperamos que um adolescente use pelo menos uma parte da sua gíria juvenil na análise, e consideramos que seja um sinal preocupante se ele se adaptar com excessiva facilidade ao modo de falar do analista ou dos adultos. É claro que esses são temas gerais e que cada situação precisa ser avaliada separadamente. Pode acontecer que uma criança traga sempre os brinquedos de casa com a finalidade de manter controle sobre o analista ou porque fica assustada em usar os brinquedos disponíveis na caixa. Mas precisamos encarar esses casos como especiais e abordá-los através da função que têm, nas circunstâncias específicas.

A construção da caixa, então, acompanhará todo o processo analítico. E a experiência ensina que quando a caixa for considerada completa, ou seja, quando a criança não tiver mais necessidade impelente de acrescentar outros brinquedos, o processo analítico pode ser encerrado.

Aplicações clínicas

Vamos discutir agora um exemplo clínico que, de um lado, pode ajudar a compreender alguns aspectos teóricos que apresentamos e a identificar possíveis equívocos nos quais o analista pode incorrer, e, de outro lado, introduz a segunda parte desse ensaio, ou seja, os aspectos mais recentes de nossas pesquisas.

> *Pediu-se a um menino de seis anos, em início de análise, que pensasse em um brinquedo que pudesse lhe ser útil. Ele pediu três personagens: um adulto, um velho e uma criança. Não sabia explicar por que os queria, mas como tinha perdido o avô e o pai em um breve intervalo de tempo, o analista considerou o pedido significativo e coerente. Quando o menino começou a brincar com os bonecos, porém, colocou-os, silenciosamente, em lugares diferentes da sala e fez com que se mexessem autonomamente, sem se encontrarem. Cada um deles vivia aventuras separadas e qualitativamente diferentes. A "criança" precisava enfrentar sozinha aventuras perigosas e podia contar apenas com suas forças, mas acabava quase sempre derrotada; o "pai" precisava governar um "Titanic" tragicamente prestes a*

afundar, atingido por um iceberg; o "avô" tinha de enfrentar problemas complicadíssimos, aparentemente sem solução, mas conseguia resolvê-los, com sua experiência e sua sabedoria. O pequeno analisando pulava de um lado para outro da sala, de uma história para outra, mantendo, porém, um equilíbrio entre as três histórias. O analista, emocionalmente saturado com a narração das desgraças da vida do menino, fez propostas sobre a brincadeira que se dirigiam – ainda que delicadamente – ao tema do pai e do avô mortos e da emoção ligada a eles. Provavelmente, as intervenções do analista estavam corretas do ponto de vista do conteúdo e tocavam pontos relacionados ao que o menino estava tentando exprimir através da brincadeira. Mas a forma dessas intervenções não era, evidentemente, funcional, porque o menino não respondia, distraía-se e parecia não acompanhar as proposições do analista. Quando, por fim, o analista percebeu que não estava obtendo resultados, perguntou-lhe por que os três bonecos estavam tão longe um do outro. A resposta não tardou: "Não estão longe no espaço, estão longe no tempo. Este sou eu criança, este sou eu adulto e este sou eu velho", referindo-se às três idades dos bonecos. Isso permitiu que o analista compreendesse o nível de deslocamento que havia assumido em relação à posição do menino e que corrigisse, conseqüentemente, a própria posição.

Vamos começar pelo método: o menino pede aquilo de que precisa. Em princípio, ele não sabe (ou, pelo menos, não sabe dizer) por que precisa daquilo, mas de algum modo intui que aquele brinquedo pode lhe ser útil: nesse caso, os três bonecos, que – como um novo enigma da Esfinge – indicam as três idades do homem. Essa escolha lhe permite colocar o tema que deseja e mostrar as várias soluções possíveis para si mesmo. É evidente que, para a aquisição de novos objetos para a caixa – depois que a relação analítica já se formou –, o diálogo com a criança sobre a escolha de um determinado brinquedo acontecerá antes da compra. O importante é considerar os brinquedos, ou qualquer outro objeto que se quiser pôr na caixa, como elementos importantes de um vocabulário a ser construído. O objetivo é conduzir a criança na direção de uma possibilidade cada vez maior de comunicação verbal, mas não é o caso de forçá-la a acelerar os tempos. Principalmente quando trabalhamos com crianças muito pequenas ou muito desarmônicas – como as crianças denominadas psicóticas ou autistas –, precisamos partir do registro de linguagem delas[11], que é quase sempre muito pouco verbal; precisamos aprender suas regras sintáticas e, assim, tentar nos comunicar com elas. A linguagem verbal, ao contrário, pode ser usada como um modo de distanciar-se dos aspectos entrópicos vividos como verdadeiros estados marasmáticos.

Para voltar ao exemplo clínico, reconhecer o registro de linguagem que a criança está usando, significa sintonizar-se com a *forma* do seu pensamento. O tema, como se depreende do material, era genericamente o luto, mas enquanto o analista o via em termos de "relações objetais" – ou seja, nos termos da perda de pessoas reais e, portanto, de objetos psíquicos –, para o menino, o tema estava muito mais relacionado a ele mesmo, na relação vertical. Ele precisava – e era nessa direção que queria começar o trabalho analítico – construir modelos de referência para poder imaginar a si mesmo em uma evolução temporal: "Perdi meu avô, perdi meu pai, não tenho um horizonte para o qual olhar, um modelo ao qual me referir, mas preciso, assim mesmo, encontrar um modo de imaginar um presente e um futuro para mim." Em resumo, pedia ajuda para tentar construir um "pai" e um "avô" necessários para seu crescimento e para se projetar no futuro e imaginar que adquiria recursos para enfrentar a vida. Nesse ponto, o diálogo analítico se desbloqueou, pois uma vez identificado

---

[11] Entendemos como registro de linguagem as modalidades lingüísticas de base que constituem, em conjunto, a linguagem histórica comum, mas que consideradas separadamente definem modalidades específicas de comunicação (registro de linguagem psicótico, delirante, obsessivo, etc.). Para maiores detalhes ver A. B. Ferrari, *A aurora do pensamento, op. cit.*

o nível de comunicação na vertical, o menino pôde tocar aspectos da própria configuração egóica e da constelação edípica que estavam bloqueados. É claro que o nível vertical *contém em si* também todos os aspectos relacionais da experiência e tem a vantagem, para a criança, de assumir níveis diferentes e de enfrentá-los em um único plano possível: o momento atual. Como se vê, as soluções técnicas são feitas para ajudar o trabalho, mas não podem, é claro, fazer o trabalho por nós. Nesse caso, apesar de o analista estar disposto a escutar a criança – deixando-lhe margem para construir sua própria linguagem –, ele teve inicialmente dificuldade em *escutar o nível de comunicação da criança*, pois foi atrapalhado pelo próprio conhecimento que tinha da "realidade".

Queremos indicar, agora, como nossas hipóteses podem ser utilizadas no verdadeiro âmbito clínico. Dissemos anteriormente que não consideramos que seja tarefa do analista abordar os *conteúdos* das fantasias que as crianças levam para a análise, mas o modo como conseguem dar forma às suas experiências. Vamos ver agora se podemos oferecer uma descrição do que tentávamos dizer.

A utilidade de uma abordagem "de malhas largas" consiste exatamente em construir modalidades técnicas que dão à criança a possibilidade de se mover autonomamente em seu território, sem ter a percepção de uma "invasão de campo" por parte do analista. Se dermos à criança a máxima liberdade para se mover e abordar os conteúdos dos temas que traz, precisamos ter hipóteses para ajudá-la a encontrar coordenadas funcionais mais adequadas às suas necessidades do que as que ela construiu até aquele momento.

Vamos tentar definir, então, o que entendemos por teoria do desenvolvimento de "malhas largas". Para abordar de modo útil a experiência clínica infantil, precisamos definir os *pontos que fundamentam* o desenvolvimento da criança. Ou seja, podemos facilmente identificar a presença de *funções universais*, que se colocam na base do seu desenvolvimento psíquico. Precisamos considerá-las como pontos de referência teóricos que podem se tornar instrumentos clínicos úteis para ajudar o pequeno analisando a se mover, do modo mais ágil possível, nas áreas de maior tensão emocional. Mas esses pontos de referência não devem nos dizer nada mais sobre a criança, *não devem tentar definir aquilo que o instrumento analítico não permite conhecer*. Assim como a bússola é capaz de indicar o norte e nos orientar em uma paisagem desconhecida, mas não pode dizer se estamos em um bosque ou em um deserto, se depois da curva há uma subida ou uma descida, um barranco ou um vale, desse mesmo modo nossos instrumentos teórico-clínicos deveriam facilitar a orientação dentro de diferentes áreas psíquicas, sem ter a pretensão de definir o que não é possível conhecer. Existe uma área que pertence especificamente à criança – a cada criança – e se refere ao conteúdo de suas experiências, que *apenas ela* pode conhecer e que não envolvem diretamente a pesquisa analítica. O objeto da pesquisa analítica deveria ser, não o *conteúdo* ou o *fato,* mas o modo como a criança se relaciona com o fato e como isso pode ser (ou não) transformado em experiência[12]. Quando, graças ao trabalho analítico, a criança conseguir se apoderar desses instrumentos – usando a mesma metáfora, quando ela tiver construído sua bússola pessoal –, a análise poderá ser encerrada, simplesmente porque terá se tornado *inútil*; à essa altura, as malhas de sua rede estarão mais estreitas do que as nossas e ela será capaz de perceber nuanças que nós não perceberíamos. E, infelizmente, uma análise não pode ser apenas inútil, pois seria, necessariamente um obstáculo para o desenvolvimento da criança.

Se partirmos desses pressupostos, poderemos conceber o encontro com a criança de modo substancialmente diferente de como foi concebido até agora. Em primeiro lugar – queremos ser categóricos sobre esse ponto –, não de trata de "fazer psicanálise". A relação analítica[13] é o principal instrumento à disposição do analista para contribuir para o crescimento da criança, e qualquer tentativa de "psicanalisar" a relação só ameaçaria o próprio trabalho. Uma das

---

[12] Ver P. Carignani, "Fatos", lido durante as jornadas de estudo do Núcleo Psicanalítico de Natal (Brasil), em 20 de abril de 2003, inédito.
[13] Ver A. B. Ferrari, "Relação analítica: sistema ou processo?", *op. cit.*

tarefas mais difíceis para o analista de crianças consiste em renunciar continuamente a seus hábitos adultos, para conseguir imergir no universo em que a criança vive: aprender a conhecer a sua linguagem, sua modalidade de expressão e de conhecimento, seu modo de observar a vida. E não é só. Ele precisa aprender a falar aquela linguagem, ou melhor, precisa aprender a usar aquele registro de linguagem. Concebidos dessa maneira, a brincadeira, o jogo e o desenho – tão usados pela psicanálise infantil –, não são produtos da criança para os quais precisamos fornecer uma interpretação do conteúdo inconsciente, revelando à ela possíveis significados que desconhece, mas um registro de linguagem que o analista precisa aprender a usar, pois os modos de brincar, jogar e desenhar são diferentes em cada criança. A transformação produzida pela relação analítica será determinada exatamente pela amplitude, pela complexidade e pela fluidez do próprio diálogo analítico.

Um exemplo clínico pode esclarecer melhor:

Durante uma sessão de análise, uma criança de três anos, que sofria de asma, desenhou em um canto da folha uma pequena forma fechada amarela, que disse ser um cachorrinho que queria sair de casa porque queria crescer. Logo depois, pegou uma hidrográfica preta e começou a rabiscar a folha de modo confuso, com angústia e intensidade. O analista perguntou-lhe o que estava acontecendo, se o cachorrinho estava em perigo. A criança respondeu que sim, com a cabeça, e depois sussurrou que se tratava de um monstro negro, sem pernas nem cabeça. Enquanto continuava, com uma certa angústia, a encher o papel de preto, começou a ofegar. O fôlego ficou curto, a respiração acelerada. O analista (com tom emotivo que contrabalançava a angústia da criança) lhe disse estar preocupado com o cachorrinho: o monstro estava ocupando todo o espaço sem deixar nem mesmo ar para ele respirar. Propôs, então, construir uma casa para isolar o monstro. Nesse ponto, a criança diminuiu a intensidade dos rabiscos e desenhou um círculo preto que disse ser "a gruta do monstro". Começou a tomar cuidado para não sujar o cachorrinho amarelo de preto, e o analista sugeriu que ela estava, desse modo, protegendo o seu cachorrinho-que-queria-crescer. A criança, então, o fez notar que existiam zonas da folha que não estavam pintadas de preto, através da simples expressão "aqui não", mas não conseguiu dizer por que, e o analista propôs que pudessem ser pontos de passagem para o cachorrinho. A criança pareceu aceitar a idéia do analista e desenhou outros quadradinhos semelhantes nos pontos da folha que haviam sido deixados em branco, dizendo a si mesma: "Aqui sim."

Como se vê nesse breve fragmento, a posição do analista não é "neutra", no sentido clássico do termo, mas participa da vicissitude emocional da criança, inserindo elementos próprios no diálogo com ela. A sua finalidade não é fornecer interpretações, mas entrar no diálogo, colocando-se como interlocutor que *propõe* ativamente o próprio ponto de vista, procurando mover-se em sintonia com a tonalidade emocional da criança. Desse modo, é possível lançar as bases para a construção daquilo que chamamos de "relação analítica", dentro da qual os movimentos da criança e do analista se tornam possíveis. Em nossa hipótese de trabalho, há um aspecto irredutível: a criança é a única que conhece o que acontece dentro de si, e o diálogo pode permitir que ela se aproxime de aspectos seus que até então ignorava. E o processo de conhecimento de si é bem mais importante do que aquilo que a criança efetivamente descobre sobre si: o instrumento é muito mais importante do que o conteúdo. Por esse motivo, não fornecemos "interpretações" a ela, ou seja, não nos colocamos em relação à criança como detentores de um conhecimento que lhe é inacessível. Caso contrário, apenas aumentaríamos a distância – que por si já é enorme – entre a criança e o adulto. Parece muito mais útil abrir um diálogo em que a posição do analista é a de um adulto curioso, emocionalmente participante, que dirige a atenção da criança por meio de perguntas e proposições, indicando pontos significativos, deixando que seja ela a lidar com os conteúdos dos temas que traz. O analista não *interpreta,* mas *propõe*[14] o seu ponto de vista particular usando o mesmo registro de linguagem que a criança está usando naquele momento. Propor uma casa para o monstro não tem a finalidade de tranqüilizar a criança, mas de apresentar um modelo alternativo ao que ela própria propõe: a angústia de enfrentar o desconhecido (a angústia de um espaço novo, da separação, do luto, de sentir-se abandonado, não importa qual a teoria psicanalítica utilizada) pode ser circunscrita em um espaço delimitado, criando assim uma área insaturada, um "espaço potencial" (Winnicott) para viver.

Sugerimos a leitura de alguns de nossos trabalhos anteriores sobre outros conceitos funcionais para a clínica da infância, da latência e da adolescência, tais como a *relação vertical,* a *constelação edípica,* a *masculinidade* e a *feminilidade de base* e a *configuração egóica*[15].

Gostaríamos de propor, como anunciamos no início, alguns instrumentos que parecem ter uma utilidade clínica especial.

ESPAÇO E TEMPO

Pressupostos

O fato de conceber as funções mentais diretamente conectadas com as corpóreas nos leva a propor a *sensorialidade* em um lugar central no trabalho analítico com crianças. Dedicar atenção específica a esse aspecto resultou um instrumento útil para a análise infantil. É evidente que tal opção foi determinada pelos pressupostos teóricos, mas nunca a consideramos exclusiva de outros aspectos do trabalho analítico. Se ela recaiu sobre a sensorialidade, é porque consi-

---

[14] A. B. Ferrari, "Relação analítica: sistema ou processo?", *op. cit.,* e F. Romano (curadora), *La proposizione analitica,* Pescara, Samizdat, 2003.

[15] A. B.Ferrari, *O eclipse do corpo, op. cit.;* A. B. Ferrari, *Adolescência: o segundo desafio, op. cit.;* A. B. Ferrari.& E. Stella, *A aurora do pensamento, op. cit.;* P. Carignani, "La finta calma della latenza", *op. cit.* Em outra ocasião, tentaremos oferecer um quadro mais orgânico das inter-relações desses aspectos no desenvolvimento da criança.

deramos que se trata de um instrumento que tem utilidade clínica na análise infantil, pois oferece, entre outras coisas, a possibilidade de englobar o aspecto emocional, presente com uma freqüência que satura a capacidade psíquica da criança. No trabalho com crianças, estamos continuamente nos equilibrando entre a sensação que se transforma em emoção – e fica bloqueada gerando estados de angústia, excitação, dor, etc., que são necessários ao crescimento, mas que, quando são intensos demais, tendem, por sua própria natureza, a saturar a mente – e a sensação que, enriquecida pelo componente emocional, pode se transformar em uma forma inicial de pensamento. Começamos, então, a introduzir, sempre que pareceu útil, um material de jogo que solicitava a criança para algumas experiências sensoriais particulares, a partir das quais se facilitou a aquisição de níveis mais refinados de discriminação e diferenciação: materiais com diferentes graus de maciez ou rigidez, de aspereza, temperatura, etc., para diferenciar as experiências táteis; objetos com cheiro ou perfumados, para as experiências olfativas; pedaços de fruta e de alimentos básicos de outros tipos, para a distinção dos sabores; lâmpadas e lanternas de diferentes cores, para iluminar áreas circunscritas; pequenos instrumentos musicais, para a distinção de sons. Às vezes esses objetos foram propostos por nós, às vezes foram pedidos pelas crianças, sempre depois de uma discussão conjunta.

Com o passar do tempo e com o enriquecimento da experiência, percebemos que esse tipo de trabalho levava rapidamente ao aumento da capacidade da criança de se movimentar dentro das coordenadas espaço-temporais, com mais orientação e organização. A observação desse fenômeno nos levou a considerar o fato (evidente por si só) de que para registrar uma sensação, ela precisa ser colocada em um *espaço* e em um *tempo*; observamos também que uma maior consciência da experiência sensorial produzia, como conseqüência, movimentos no plano da coordenação espaço-temporal. Pensamos, então, em observar com atenção esses dois aspectos e fazê-los emergir eventualmente, tentando isolar os momentos em que percebíamos que eles assumiam relevo no trabalho analítico. Notamos, assim, a existência de uma estreita ligação, *na clínica*, entre experiência sensorial e organização espacial e temporal. Apresentamos esses três elementos – que consideramos instituidores da estruturação psíquica – simultaneamente, porque acreditamos que estejam tão estreitamente conectados entre si (pelo menos é o que parece na experiência clínica com crianças) que precisam ser observados juntos. Apesar disso, percebemos, durante as pesquisas, que *espaço* e *tempo* não são coordenadas simétricas ou equivalentes, e que a origem de cada um deles parece obedecer a regras completamente diferentes.

Precisamos lembrar que uma das funções dos órgãos dos sentidos é facilitar a orientação no espaço e – mais ainda, talvez – *construir o espaço em torno de nós*. O tato e o paladar, assim como todas as outras sensações interoceptivas e proprioceptivas, determinam a construção de um espaço estreitamente conectado com o corpo. Já o olfato age em um espaço mais externo, mas ainda próximo ao corpo. Visão e audição, porém, têm a possibilidade de agir em distâncias maiores e "constroem" um espaço mais extenso. Dois exemplos: a distância e a posição das orelhas na cabeça permitem que uma criança bem pequena reconheça a direção de onde o som provém, pois ele atinge os ouvidos em momentos diferentes; o recém-nascido aprende muito cedo a virar a cabeça na direção do ouvido que foi solicitado em primeiro lugar pelo estímulo. A visão binocular permite a construção da profundidade de campo e da perspectiva e, como conseqüência, pode-se pegar os objetos situados a uma certa distância do corpo.

Quando Freud abordou a função dos órgãos dos sentidos, em *Além do princípio do prazer*, ressaltou principalmente a função protetora da percepção dos estímulos e a de "descobrir a orientação, a direção e a natureza dos estímulos externos", para a qual "é suficiente recolher pequenas amostras do mundo externo, experimentá-lo em pequenas quantidades"[16]. Para as crianças pequenas, a experiência sensorial constitui um instrumento de conhecimento potencial – com freqüência ainda não organizado – para facilitar as operações

---

[16] S. Freud (1920), *op. cit.*

perceptivas. E facilmente se transforma em uma ameaça potencial para a própria criança. Assim, o espaço que a criança ocupa com seu corpo – que a circunda de perto, aquele que ela preenche com o seu movimento – pode não ser considerado "seguro". Durante o processo analítico, trabalhar tecnicamente sobre as sensações e a "descoberta" delas pode ter uma função essencial para facilitar uma organização espaço-temporal menos paranóide e construir parâmetros mais funcionais às exigências da criança.

A descoberta das sensações físicas parece se colocar em relação direta com a construção de novos níveis de organização espaço-temporais. Freud escreveu um trecho interessante sobre esse tema – principalmente porque é pouco conhecido. Não conseguimos encontrar nenhuma tradução em italiano desse trecho e por isso resolvemos reproduzi-lo *na íntegra*. Trata-se de um colóquio entre Freud e Marie Bonaparte, que o entrevistava sobre a sua concepção do tempo. A escritora francesa relatou esta conversa em um artigo de 1940[17]:

> *Em uma conversa que tive com Freud, depois de ler o meu trabalho, ele confirmou que suas opiniões estavam perfeitamente em sintonia com as de Kant. O sentido que nós damos ao tempo, observou ele, nasce da percepção interna da vida que passa. Quando a consciência se acende em nós, percebemos esse fluxo interno e o projetamos no mundo externo. A percepção do espaço, continua Freud, não pode ser separada da do tempo. Como podemos adquiri-la? Antes de tudo precisamos nos perguntar se há alguma coisa no mundo que podemos conceber, independentemente do espaço, de modo não espacial. Existe sim: é a mente ou a psique[18]. Mas esta descoberta tem de enriquecer a nossa reflexão. Se a mente*

---

[17] M. Bonaparte (1940), "Time and the unconscious", *Intern. J. Psa*, XXI, p. 466-467.
[18] Freud escreve ainda em uma nota de 1938: "O espaço pode ser a projeção da extensão do aparato psíquico. Nenhuma outra derivação é provável. Em lugar [de uma] das condições *a priori* kantianas no nosso aparato psíquico. A psique é extensa, não sabe nada sobre isso." S. Freud, *op. cit.*

aparece assim desprovida da qualidade do espaço, isso pode ser devido a uma maciça projeção para o externo das suas características espaciais originárias. A psicanálise ensinou, de fato, que a psique é composta por instâncias separadas, que somos obrigados a representar como se existissem no espaço. Poder-se-ia dizer que isso se deve à introjeção do espaço externo. Mas por que o contrário não pode ser verdade? Quando a consciência começa a se estabelecer, ela percebe essas instâncias internas como localizadas no espaço, instâncias essas, cuja reconstrução devemos integralmente à psicologia do profundo. Não há dúvida de que elas são dotadas de um substrato anatômico cuja natureza, entretanto, ainda precisa ser determinada. Nós deveríamos, então, projetar para fora esse ato interno de consciência, de modo que o espaço inerente ao mundo externo tenha origem em uma projeção do espaço interno, espaço este que trataremos depois de negar.

As percepções que recebemos dos sentidos físicos, prossegue Freud, são elas também "projeções" segundo o sentido que envolvem. As que se associam ao tato ou ao paladar são uma questão totalmente interna. O olfato projeta suas percepções no espaço circunstante. O ouvido subdivide-o de modo equivalente entre mundo interno e externo. Quanto à visão, suas percepções são completamente "projetadas". Impressões e imagens inscritas nas áreas visuais do cérebro e que estão localizadas à distância parecem existir, com efeito, posteriormente, no mundo externo. Sobre esse ponto, é preciso acrescentar que os homens acreditaram, por milhares de anos, que fossem os olhos a projetar raios sobre os objetos. Não poderia ser a mesma coisa, conclui Freud, em relação à nossa percepção do espaço e do tempo? E essa tradução para a linguagem psicanalítica dos velhos argumentos a priori de Kant não seria, no fundo, um modo de dar razão a ele?

Essas considerações que Freud fez no final da vida são muito úteis para continuar nossa discussão. Não há dúvidas sobre a posição dele: sensações, percepções, concepções do espaço e do tempo são, no fundo, categorias *a priori* (em senso kantiano), que não devem, porém, ser entendidas como elementos inatos, mas como aspectos de um diálogo interno projetado no mundo externo. Foi exatamente isso que pudemos observar na análise infantil: a qualidade da organização espaço-temporal parece derivar diretamente da qualidade do diálogo na relação vertical. Se, por exemplo, o Binário trata as mensagens provenientes do Uno como ameaças a serem afastadas, encontraremos uma organização que permite facilmente o uso de espaços estreitos e angústias do tipo agorafóbico. Se, ao contrário, o Binário tende a abdicar de suas funções e se deixa levar pelas pressões do Uno, é mais fácil que encontremos, na análise infantil, angústias de tipo claustrofóbico.

Infância

Um dos elementos que chamou a atenção no trabalho com crianças de idade inferior a cinco anos foi exatamente a dimensão *espacial*, que parece assumir um papel de primeiro plano na vertente das angústias e das defesas. Não queremos dizer com isso que não exista já *uma determinada idéia do tempo e do seu fluir*, mas nessa primeira fase do desenvolvimento – caracterizada por um impulso que definimos como predominantemente *filogenético*[19] –, o aspecto temporal aparece essencialmente como secundário e quase tudo está incluído no espaço, como pudemos observar. Talvez seja necessário precisar que, quando falamos de espaço e de tempo, não estamos nos referindo às características da espacialidade e da temporalidade, mas sim àquilo que assume o significado de espacial ou de temporal para cada criança. Ou seja, tentamos, dentro do possível, partir do lado subjetivo da criança, e não do observador, tomando cuidado em não sobrepor a nossa idéia de espaço e de tempo à do analisando. Alguns exemplos extraídos da clínica podem ser úteis:

---

[19] Ver A. B. Ferrari (2000), *op. cit.*

Vida e Tempo

> *Uma criança de 4 anos e meio, que ficava sempre angustiada quando o fim das sessões se aproximava, combina com o analista de usar uma ampulheta, para visualizar a passagem do tempo, conhecer e prever o momento do final da sessão. Na primeira vez em que a utiliza – a ampulheta é virada dez minutos antes do final –, a criança pergunta ao analista, com ar preocupado, se ele tem certeza de que a "bola de baixo" (a ampola ainda vazia da ampulheta) tem lugar suficiente para toda a areia que vai começar a descer.*

Isso não significa "ausência da idéia de passagem do tempo", mas que as primeiras formas de movimento temporal significativo ainda são vividas no plano espacial, e as eventuais angústias ligadas a ele têm aspectos claustrofóbicos (ou eventualmente agorafóbicos). Podemos pensar, então, que a experiência é vivida, nesse momento, em termos predominantemente espaciais, mesmo quando os aspectos temporais estão em jogo[20]. Um outro exemplo é dado por uma menina de cinco anos – também angustiada pelo fim das sessões –, que conseguia representar a passagem do tempo por meio de um desenho que parecia um mapa geográfico, no qual uma pequena região se distinguia de todas as outras: estava pintada de preto e representava, segundo suas palavras, "os últimos minutos da sessão". Um outro exemplo ainda pode ser extraído do material clínico exposto anteriormente: a distinção temporal – as três idades da vida – é representada por um *deslocamento espacial* – as diferentes áreas da sala indicam os diferentes tempos. E ainda: o cachorrinho, do segundo exemplo, que precisava *crescer*, e o crescimento era representado por sair de casa e conquistar um espaço. Em geral, é verdade que o

---

[20] Por outro lado, Freud já intuíra que a possibilidade de representar o tempo através do espaço era bem visível no trabalho onírico, que, como sabemos, ele considerava semelhante à experiência infantil: "Em geral, o trabalho onírico transpõe, quando é possível, as relações temporais em relações espaciais e representa-as como tal. No sonho, por exemplo, vê-se uma cena entre pessoas que parecem pequenas e distantes, como se as víssemos através das lentes invertidas de um binóculo. O tamanho pequeno, bem como a distância no espaço, significam a mesma coisa: o que se quer exprimir é a distância no tempo; é preciso entender que se trata de uma cena que pertence a um passado muito remoto." S. Freud, *op. cit.*

tempo só pode ser representado por metáforas espaciais, mas é verdade também que, em crianças pequenas, entra em jogo um modo específico de utilizar o espaço que, aparentemente, abrange toda a experiência. O tempo, como percepção do passar das coisas em uma direção determinada, como já tivemos ocasião de frisar[21], e como veremos mais adiante, aparece apenas durante a latência.

Podemos, então, levantar a hipótese (que apesar de baseada na experiência clínica e na observação de recém-nascidos, merece pesquisa mais aprofundada) de que, no início da vida extra-uterina, ainda não existe, *do ponto de vista da criança*, nem espaço, nem tempo (que o leitor nos desculpe o tom pedagógico, mas algumas "exaltações" no discurso servem para efeitos de clareza). Tudo o que existe é o *corpo*[22], e entre corpo e espaço não parece haver, no início, nenhuma distinção possível. O corpo ocupa espaço, mas não há outro espaço fora do corpo: ele satura todo o espaço disponível. É óbvio que a atividade motora e as sensações desempenham um papel essencial na conquista do espaço. O movimento da criança no espaço, a organização e a aprendizagem de movimentos cada vez mais intencionais, o reconhecimento e a organização dos dados sensoriais em percepções cada vez mais complexas permitem perceber e usar progressivamente um espaço cada vez mais vasto, *não saturado* pela experiência física e, portanto, reconhecível como tal[23]. O marasmo

---

[21] A. B. Ferrari, *Adolescência: o segundo desafio, op. cit.;* P. Carignani, "La finta calma della latenza", *op. cit.*; E. Garroni, "Temporalità e periodo di latenza", in *Psicoterapia e Istituzioni*, número monográfico sobre Armando B. Ferrari, vol. IV, n. 1, 1998.

[22] "Ao invés de pensar que meu corpo é, para mim, apenas um fragmento do espaço, digo que para mim não existiria espaço, se eu não tivesse um corpo", escreve Merleau-Ponty em seu livro sobre a percepção. M. Merleau-Ponty (1945), *Fenomenologia da percepção*, São Paulo, Martins Fontes, 2003.

[23] Para propor de novo a ligação entre Kant e Freud, ou seja, conceber um espaço que é ao mesmo tempo categoria *a priori* e fruto da experiência, vale a pena citar um trecho de Kant: "No espaço corpóreo – devido às três dimensões que tem –, é possível pensar em três planos que se cruzam entre si, em ângulo reto. Ora, como tudo que está fora de nós só pode ser conhecido através dos sentidos, se está em relação a nós mesmos, não é de espantar que tomemos o primeiro fundamento para gerar o conceito das regiões no espaço, a partir da relação desses planos de intersecção com o nosso corpo." I. Kant (1768), "Del primo fondamento della distinzione delle regioni nello spazio", in *Scritti precritici*, Bari, Laterza, 1982, p. 412-413.

inicial começa a se organizar e os primeiros modos de discriminação sensorial, espacial e motora permitem que a criança dê forma à experiência.

Na clínica, esse aspecto parece fortemente determinante e, quando é submetido a uma elaboração cuidadosa no trabalho analítico, dá margem à produção de respostas por parte das crianças. Um exemplo pode esclarecer essa idéia:

> *S., um menino de quatro anos, que sofre de forte gagueira e tem alguns traços obsessivos, chega à análise pedindo para ter à disposição dois cervos. Grande parte do trabalho inicial acontecerá mediante a atividade desses dois animais. Durante as duas primeiras sessões, o modelo proposto por S. ganha forma: o dono dos dois cervos é um caçador de ursos que os maltrata e os obriga a uma série de trabalhos pesados (carregar grandes pesos, puxar equipamentos muito pesados, puxar pesadíssimas peles de ursos mortos, etc.), e, principalmente, os mantém fechados em um recinto muito estreito, em que quase são impedidos de se movimentar. Eles estão estreitamente ligados por uma corda muito curta, que além de estar amarrada a uma estaca de ferro, os obriga a ficarem imóveis, salvo quando são submetidos a trabalhos pesados. De vez em quando, porém, durante a noite, os cervos conseguem se livrar das cordas e começam a correr como loucos por toda parte, arrastando qualquer coisa com eles, deixando para trás apenas morte e destruição. Até eles se ferem nessa corrida violenta. A tensão emocional da criança é muito forte e ela parece passar de estados de fortíssima pressão a outros em que tudo explode em suas mãos. Deixando de lado os outros aspectos significativos, o analista se detém, com o menino, sobre a dimensão espacial e procura propor possíveis alternativas a esse modelo que prevê apenas um espaço claustrofóbico de dor e sofrimento, ou um espaço in-*

finito cheio de angústia e destruição. Nesse ponto, ocorre um repentino relaxamento da tensão, e S. emite um rumoroso "peido", que tenta visivelmente ignorar. Mas o analista o ressalta, indicando-o como uma possibilidade de eliminar – de modo rumoroso e assinalando a presença de S. na sala – o ar que estava pressionando por dentro. A resposta de S. a essa proposição é o desenho de uma casa dentro da qual entrou um vento fortíssimo que, fechado entre as paredes, está destruindo tudo por dentro e impedindo de entrar o seu dono, o caçador. Este atira, então, contra a própria casa, furando as paredes, e consegue fazer com que o ar destruidor saia através dos buracos (a folha também fica furada nos pontos em que a casa foi atingida). Nesse momento, o modelo se torna mais claro e é simples mostrar ao menino a dramaticidade da solução adotada, sugerindo-lhe que pense em modos menos autodestrutivos de lidar com esse vento forte emocional e em possibilidades menos violentas de se livrar de pressões muito intensas.

    O corpo pede espaço, mas o menino tende a comprimi-lo e a sufocá-lo, e chega a tratá-lo como prisioneiro. Por outro lado, a pressão interna é vivida de maneira tão destrutiva que ele não pode deixar que ela se desenvolva livremente: a solução que S. encontrou para aliviar o conflito foi atacar-se a si mesmo. Nesse caso, o binômio claustrofilia/agorafobia contrapõe-se de modo violento ao binômio claustrofobia/agorafilia e gera, como resultado, um conflito insanável que tem um custo alto para o sujeito. O fato de o analista ter se servido do modelo do espaço e das diferentes maneiras de utilizá-lo e vivê-lo facilitou a tarefa de dar um nome à experiência emocional – até em virtude do aspecto universal em que se estava tocando –, sem ter que mencionar o ódio e a destrutividade em relação aos pais: isso teria apenas aumentado a angústia e, conseqüentemente, intensificado as defesas.

    Observamos que os anos da infância, até o emergir da latência, caracterizam-se por um aumento gradual do espaço disponível, com potencialidades de extensão que progressivamente ampliarão a experiência corpórea. Em certo sentido, a metáfora do cachorrinho que precisa sair de casa para crescer serve como modelo da experiência infantil: sair para conquistar um espaço. Esse impulso, segundo a hipótese que estamos propondo, é determinado pela própria natureza da criança. Nós o chamamos de *filogenético* porque pertence genericamente à espécie humana.

Latência

Quando a latência surge, as coisas começam a mudar bastante. Do ponto de vista das coordenadas espaço-temporais, assistimos a fenômenos dignos de uma certa atenção. O horizonte da criança começa a se alargar, seu olhar começa a se dirigir para outros lugares (especialmente para crianças da mesma idade), enquanto a dimensão familiar não satura mais uma parte muito grande de seu universo, e ela se torna progressivamente mais responsável pelo próprio crescimento, e portanto *só* – aparece o impulso *ontogenético*, ao qual ela deve responder. Enquanto isso ocorre, parece, paradoxalmente, que o espaço da criança se reduz e que ela se torna cada vez mais taciturna, pudica, silenciosa. Como já mostramos em outros estudos[24], essa situação é apenas aparente; na realidade, a criança se dirige cada vez mais a si própria para começar a se organizar e a construir instrumentos para enfrentar o grande salto da puberdade. É nesse período que observamos as primeiras percepções temporais, em que o tempo é encarado não mais como ritmo que regula os instantes sucessivos, mas como fluxo irreversível que assinala o limite da vida: o tempo como aviso da morte. No presente estudo, porém, queremos acrescentar um aspecto do surgimento do tempo que não havíamos considerado. Algumas experiências clínicas com púberes e adolescentes nos mostraram que o tempo entra em jogo com uma função de limite discriminatório[25], que tem a finalidade de fornecer novos pontos de

---

[24] P. Carignani, "La finta calma della latenza", *op. cit.*
[25] E. Garroni, "Temporalità e periodo di latenza", *op. cit.* Propõe os limites impostos pelo "não-ser-desde-sempre" e "ser-para-a-morte".

referência para uma dimensão espacial que está se expandindo sem limites. Na base, há, como sempre, a experiência do corpo. Nos anos que vão das primeiras modificações hormonais (às vezes, já aos sete anos) até a puberdade, a criança começa a enfrentar transformações físicas de enorme alcance que conduzem à necessidade de se confrontar com novos níveis de espacialidade. Ainda não é a revolução da adolescência, mas é a preparação para ela. Progressivamente, o espaço vai se expandindo de modo diretamente proporcional às novas potencialidades. Entra em jogo (ou pelo menos deveria entrar) o aspecto temporal. Descrevemos a latência como um período de *preparação*, em que todo o sistema Uno-Binário se organiza para recolher energias, informações, potencialidades e se preparar para as transformações da puberdade. A percepção do passar do tempo de modo unidirecional oferece oportunidade para novos conhecimentos e aprendizagens que serão fundamentais para o desenvolvimento sucessivo. Um aspecto imediatamente visível para o clínico é o surgimento, durante as sessões, de atividades ou jogos, criados ou inventados pela criança, que duram mais do que uma única sessão e chegam a cobrir várias sessões seguidas. Trata-se da construção de objetos ou de projetos mais ou menos complexos, que devem ser completados e que acompanham o trabalho analítico.

É tecnicamente importante, nesse período, oferecer à criança a possibilidade de aprender a *mover-se no tempo*, ou seja, permitir-lhe construir o seu modo de conceber a unidirecionalidade do tempo através de muitas provas e verificações, idas e vindas, acelerações e diminuições de velocidade. Constrói-se, com freqüência, nas sessões, o jogo do ganso[26], que representa uma primeira forma de unidirecionalidade do tempo, que, porém, ainda está sujeita a movimentos em ambas as direções. Durante esse período, tomamos muito cuidado em deixar construções e desenhos à disposição da criança, para que

---

[26] N.T.: O jogo do ganso (*gioco dell'oca*, em italiano) é praticado com dois dados, peões e um tabuleiro subdividido em 63 ou 90 casas numeradas progressivamente. O lance dos dados faz os peões irem para frente, mas, conforme a casa em que caírem, é possível que tenham de voltar para trás.

ela possa tentar e tentar de novo, perder e reencontrar tudo aquilo de que tem necessidade. A sensibilidade do analista precisa também levar em conta o momento em que a criança pode começar a aceitar a linearidade do movimento temporal e, assim, não deve ajudá-la excessivamente a se esquivar das frustrações ligadas à experiência do fim, da conclusão e da perda. A um certo ponto do processo analítico, quando se acompanha uma criança da latência à pré-adolescência, pode ser útil propor a eliminação dos desenhos da caixa por serem instrumentos de comunicação que pertencem ao passado, que já foram superados pelo diálogo e pelo pensamento verbal. A finalidade disso não é propor frustrações inúteis. Mas a criança está começando a aceitar as leis do tempo, e a análise também deve empurrá-la nessa direção, e não oferecer-lhe um refúgio aconchegante contra a experiência de viver.

Por outro lado, nessa idade, são os próprios garotos a assinalar o alcance das modificações e a percepção da sua irreversibilidade. Gostaríamos de citar – sem fazer comentários – o sonho de um garoto de dez anos, que descreve com muita clareza esses aspectos do crescimento.

> *Sonhei que estava indo pescar com meu pai. Mas de repente estava sozinho, meu pai não estava mais lá, sabe como acontece nos sonhos... Depois que joguei o anzol, percebi que o lago onde estava pescando estava cheio de girinos. Todo cheio de girinos, pululava de girinos. Pareciam todos iguais, não dava para distinguir um do outro. Tentei seguir um deles. Estava brincando com um outro girino, depois com outro e quando voltava para perto do primeiro, parecia não reconhecê-lo, nem ligava para ele. Eram todos iguais, dava na mesma. Pareciam estar se divertindo muito, despreocupados e engraçados. Em certo ponto, vi que alguns iam para um canto do lago, onde a água era muito rasa e havia uma passagem estreita que levava a outra parte do lago, mais funda. Os girinos que passavam de um lado*

para o outro transformavam-se imediatamente em rãs. Mas essas rãs eram completamente diferentes umas das outras. Umas eram maiores, outras menores, algumas eram verde escuro, outras verde-esmeralda, umas tinham o pescoço mais inchado, outras menos. Mas estavam todas sozinhas, não brincavam entre si: cada uma por sua conta. Havia uma que queria voltar para trás de qualquer jeito, mas não conseguia passar porque a água era rasa demais para ela. Em um momento, dois girinos atravessaram a passagem e, assim que se tornaram rãs, não se reconheceram mais e se olharam desconfiados, como se não houvessem brincado juntos até poucos minutos antes. Fiquei muito preocupado no sonho e achei que devia fugir. Mas depois vi que, em um cantinho do lago, em uma espécie de tanque pequeno, havia quatro ou cinco rãs que estavam juntas. Parecia que estavam conversando. Então fiquei mais tranqüilo e me lembrei que estava pescando. Aliás, não é que me lembrei disso, mas percebi que um peixe havia puxado o anzol. Eu o puxei e vi que tinha a minha cara. Achei que devia tirar o anzol e recolocá-lo de novo na água, senão não sobreviveria. Tirei o anzol e joguei-o de novo na água, mas naquela parte do lago onde estavam as rãs.

Pré-adolescência

Quanto mais assistimos, em análise, ao crescimento psicológico e cronológico da criança, mais percebemos que os parâmetros espaço-temporais vão se enriquecendo e se tornando cada vez mais complexos. O impacto da experiência da adolescência não deixa margem de escolha: ou se aceita o passar do tempo e as transformações do corpo – com tudo o que isso implica no plano emocional e na reorganização egóica –, ou se tenta frear mais ou menos bruscamente. O corpo acelera de maneira repentina, a mente se dispõe a acompanhá-lo ou tenta freá-lo, iludindo-se de que pode diminuir a velocidade ou bloquear os processos de maturação física com as novas sensações e os novos desejos que trazem consigo. Durante a puberdade, porém, assistimos, curiosamente, a um encurtamento – ou até à eliminação – da distância entre corpo e mente, entre experiência e pensamento, entre fazer e conhecer. Esse período propõe dificuldades técnicas altamente específicas para o analista. A nova fisionomia do corpo apresenta-se ao garoto sem nenhuma sutileza, de modo violento, e até traumático, e o analista tem a delicada tarefa de acompanhar o analisando em meio a um terremoto global. Com freqüência, esse garotos têm a percepção estar em um redemoinho cuja aceleração não conseguem controlar: descrevem a sensação de estar a bordo de um carro de Fórmula 1 sem freios, ou de ser arrastado por um vento repentino, de estar no centro de um furacão em que tudo gira freneticamente, ou ainda, sonham que estão se debatendo em um mar tempestuoso. Um garoto de doze anos conta um sonho em que se encontrava em um deserto, e um vento forte levantava areia e lhe toldava a vista, enquanto ele, um caubói, estava enfrentando um outro caubói, idêntico a ele, em um duelo mortal. Uma menina de treze anos, cujo seio está se desenvolvendo mais do que esperava, tem um sonho em que está abrindo o armário e não encontra nenhuma roupa que lhe sirva: os vestidos são todos para uma menina menor, e ela está angustiada porque suas amigas vão chegar e a encontrarão nua.

Não há tempo para pensar, o corpo impõe um ritmo frenético que pouco tempo antes era inimaginável, e, assim, o "fazer" se torna a única oportunidade para o garoto ou a garota. Muitas vezes, as dificuldades escolares que surgem na passagem da escola elementar para a média[27] correspondem a essa exigência. Há exigências vitais que não permitem a calma e a concentração necessárias para estudar: quando se está na "trincheira", é preciso pensar apenas em sobreviver; para o resto, haverá tempo. O grau de urgência desses momentos da vida parece ser muito elevado. Do ponto de vista técnico, dispomo-nos a estar o mais próximos possível na relação analítica e com o

---

[27] N.T.: Corresponde, no Brasil, à passagem do ensino fundamental I para o ensino fundamental II.

máximo de discrição. Acreditamos que é necessário que nos movimentemos em torno do garoto, sem invadir o terreno de sua vivência, nem oferecer significados possíveis à sua experiência, mas ajudando-o a encontrar os seus próprios. Trata-se de um processo que exige tempo e participação. Oferecemos, ao mesmo tempo, toda a disponibilidade para escutá-lo e todo o tempo preciso.

Em nossa experiência clínica, observamos que, nesse período da vida, o espaço e o tempo assumem um valor *absoluto*, que chega a assustar os garotos. O corpo em transformação torna-se um *aqui* absoluto, que não prevê possibilidade alguma de *outro lugar*. O corpo prende o garoto no que ele é, e, visto que ignora esse corpo – novo e indeterminado –, pode acabar por temê-lo. O corpo denuncia tudo o que acontece dentro dele, pode ser vivido como transparente, parece revelar toda a confusão emocional que ele vive. O tempo é experimentado também como um *agora*, que se dilata até absorver todo o passado e todo o futuro, deixando o garoto quase sem fôlego. Um exemplo comum, é quando, diante do primeiro insucesso escolar, formula-se a teoria de que o professor tem uma opinião ruim sobre o aluno e não mudará mais de idéia até o final do curso. Mas nesse *aqui* e nesse *agora,* como vimos, introduz-se, paradoxalmente, uma aceleração repentina. São essas as razões que tornam esse período da vida extremamente delicado, e exigem, por parte do analista, sensibilidade e paciência incomuns. Trata-se de acompanhar esses garotos enquanto navegam desorientados em uma mar vasto e agitado, sem a pretensão de fornecer-lhes a nossa bússola. Não saberiam o que fazer com ela e se sentiriam incomodados com o nosso modo de agir. O adulto sabe – ou acha que sabe – para onde conduz esse percurso, mas o garoto não sabe, nem pode saber, por que o está vivendo. Um jovem de treze anos comunica um dia ao analista: "Fico reconfortado com o fato de você continuar calmo quando eu estou agitado, mas, às vezes, quando faz perguntas ou diz alguma coisa, acho que você pensa que entende o que eu sinto, mas não entende *realmente,* até porque nem eu mesmo entendo ainda…"

Isso implica uma série de opções técnicas diferentes para o trabalho com crianças. O primeiro elemento é a necessidade de discutir diretamente com o pré-adolescente o número de sessões semanais que pretende ter. Inicialmente, é claro, pediremos a ele que confie na nossa proposta, explicando-lhe as razões (básicas e práticas) em que se baseia, mas atendendo às suas necessidades, quanto aos dias da semana disponíveis e às horas de tempo livre que sente necessárias. Em um segundo momento, avaliaremos *junto com ele* se o número de sessões proposto se revelou excessivo, suficiente ou escasso. Isso dependerá da velocidade com que ele digere as sessões e do nível de urgência em que vive as angústias. Certamente, precisaremos estar dispostos a modificar o número de encontros conforme a possibilidade e os movimentos do garoto. Não é incomum que ele indique de vários modos que é difícil esperar pela chegada da sessão seguinte, ou, ao contrário, que ainda não digeriu as escórias da sessão anterior. Longe de serem "ataques ao *setting* analítico", essas manifestações são resultado de incessantes processos de elaboração e ajustamento, determinados pela percepção da transformação corpórea em ato. E é desse modo que devem ser recebidas.

Em segundo lugar, o analista deverá assumir – agora como nunca – o preceito bioniano de trabalhar sem memória e sem desejo. A fragilidade e a inquietação da pré-adolescência o levarão, inevitavelmente, a desejar que o garoto chegue finalmente a um "porto seguro". Mas não se pode apressar a viagem; o esforço essencial é aprender a tolerar a incerteza, a dúvida, a indeterminação. É preciso lembrar também que para se esquivar da indeterminação existencial desse período, um menino ou uma menina de onze ou doze anos pode, em uma mesma sessão, deslocar-se, com grande velocidade, de um terreno infantil para modalidades tipicamente adolescentes e voltar de novo ao infantil. Um exemplo pode esclarecer esse tipo de experiência:

> *André, de doze anos, durante uma sessão, conta a percepção de algumas transformações físicas que sente dentro de si quando encontra uma garota na aula de tênis. O analista escuta e tenta acompanhá-lo com perguntas, ajudando-o a*

dar voz à sua experiência. Surge uma aceleração do ritmo cardíaco, uma sensação de rubor no rosto e a dificuldade em manter os olhos levantados. André define esse conjunto de fenômenos como "vergonha". Fica ligeiramente ruborizado também enquanto fala disso, na sessão, e diz que não gosta nem um pouco de se envergonhar. Depois, com um sorriso, pergunta se o analista está disposto a jogar uma partida de basquete, usando o lixo como rede. O analista aceita de bom grado, percebendo a dificuldade de permanecer por muito tempo em um assunto tão quente. O jogo dura vários minutos, e André parece se tornar uma criança menor do que é. O jogo é vivido com participação e intensidade e acaba empatado, sem vencedor, nem derrotado. Então, vem à sua mente a lembrança de ter visto (mas não tem certeza) que a menina, uma vez, ficou vermelha e abaixou os olhos quando percebeu que ele estava olhando para ela. Mas, em outros momentos, ele acredita que ela gosta mais do seu amigo do que dele. Na porta, ao sair, lembra o analista de que precisam desempatar o placar com outra partida.

Como se vê, a passagem rápida de um nível a outro corresponde ao caráter imediato das emoções vividas, que só podem ser abordadas por um breve momento. Observamos que "André parece ter se tornado um menino menor do que é", mas, na verdade, essa afirmação não é correta: ele não andou para trás, e sim para frente. O jogo de basquete pode ser considerado simplesmente (retomando a metáfora da viagem) como uma parada para reabastecimento, um *pit stop* na corrida de Fórmula 1, para retomar fôlego e partir de novo. A tarefa do analista é aprender a se movimentar na mesma velocidade, sem se deixar perturbar pela necessidade de lógica ou de coerência. Ao contrário, a incoerência é a força e o instrumento da pré-adolescência. Por meio dela é possível conter as transformações do corpo que são totalmente incoerentes e imprevisíveis para um garoto. Por todas essas razões, achamos necessário oferecer disponibilidade máxima. Até mesmo, dentro do possível, um *setting* elástico, que permita receber o garoto a qualquer momento em que ele sinta necessidade de ser atendido. Um jovem de quinze ou dezesseis anos pode aprender a esperar e, diante de uma urgência, é possível avaliar a possibilidade de fazê-lo esperar pelo dia certo da sessão. Mas se o pedido vem de um garoto ou garota em plena puberdade, consideramos que todas as necessidades são urgências, e cada pedido, um alarme, exatamente porque a dificuldade de usufruir das referências espaço-temporais torna necessário que elas sejam buscadas do lado externo. Um exemplo:

> *Um garoto de treze anos telefona ao analista e pede para antecipar a sessão em dois dias, dizendo não poder explicar as razões pelo telefone... Quando chega, conta angustiado que se encontrou com uma garota um pouco maior do que ele, que pegou em sua mão e colocou-a debaixo da calcinha. A urgência era determinada pelo fato de que, algumas horas antes, ele tinha se masturbado e não estava certo de ter limpado bem as mãos.. Estava muito angustiado, não tinha consigo dormir à noite e temia ter cometido um ato irreparável. Não podia falar disso com os pais, e queria conversar com o analista sobre os reais perigos que corria.*

Depois que o caráter imediato da experiência da puberdade é superado, e o garoto se aproxima da adolescência real, os horizontes da experiência se reabrem com uma perspectiva mais ampla.

Adolescência

Agora o tempo começa a se impor com toda a sua prepotência, pois as transformações do corpo começam a parecer definitivas, sem retorno[28]. A percepção do corpo que muda para sempre é acompa-

---

[28] Não abordaremos, neste parágrafo, os diversos componentes que estão em jogo na adolescência. Para isso, remetemos à leitura de A. B. Ferrari, *Adolescência: o segundo desafio, op. cit.*

nhada, inevitavelmente, pelo surgimento de uma temporalidade unidirecional; a flecha do tempo comparece de maneira definitiva. Acreditamos que o parâmetro temporal desempenhe uma importante função organizadora da experiência da adolescência e ajude o jovem a se orientar na nova dimensão espacial, imposta pelo corpo que cresceu em formas e dimensões.

Como muitos autores já ressaltaram[29], as transformações físicas levam o adolescente a lidar com um corpo potencialmente cada vez mais adulto, capaz de agir no mundo de modo semelhante a um adulto. Perigos, violências, potencialidade homicida e suicida, fertilidade, etc. – esses são apenas alguns dos parâmetros que o jovem deve assumir e o tempo para isso é, em geral, muito breve. As transformações o colocam diante de um panorama ilimitado, em que o ambiente familiar é apenas um dos lugares à disposição – mas que também parece ser o local do qual é preciso se afastar. De repente, o mundo inteiro está à disposição, e a percepção disso é ainda mais forte quando observamos o adolescente restringir o espaço a um pequeno e reconfortante grupo de amigos. A percepção do tempo que segue uma só direção – fortemente determinada pelas mudanças físicas irreversíveis e pelo aumento visível da dimensão corpórea – parece, segundo nossa experiência, desempenhar uma função especialmente útil para abordar a ausência de limites da dimensão espacial com menos angústia no trabalho clínico. O tempo se coloca, então, como ponto de referência – em alguns momentos, o único possível – para a orientação, em um espaço cada vez mais sem limites. O sonho de uma garota de catorze anos é um exemplo eloqüente disso:

> *Eu havia entrado em uma sala enorme, desmedida, era tão grande que não conseguia ver as paredes do fundo. No início, estava contente de ter entrado, mas depois senti angústia, senti-me perdida e comecei a procurar as paredes*

---
[29] Ver D. W. Winnicott (1961), *A família e o desenvolvimento individual*, São Paulo, Martins Fontes, 2000, e D. W. Winnicott (1971), *O brincar e a realidade*, Rio de Janeiro, Imago, 1975.

da sala. Não as encontrei mas vi, de repente, diante de mim, um pedaço de ferro, cravado em uma parede. Aproximei-me e reconheci a meridiana que eu vira na fachada de uma igreja, durante uma excursão com a escola. Isso me deu uma sensação de alívio, pois pensei que agora eu sabia onde estava.

O sonho assinala exatamente a função do tempo que estamos frisando: em uma dilatação dos limites espaciais, ele se coloca como ponto de referência essencial para reencontrar a orientação. Quando o horizonte e o espaço se alargam demais – como acontece durante o surgimento das potencialidades da adolescência –, o tempo intervém, desempenhando, inesperadamente, uma função de *organizador espacial*. Pois bem, uma das coisas mais freqüentes que levam os adolescentes à análise é também uma dilatação do espaço e das dificuldades de se movimentar em uma dimensão tão nova e imprevista. Se é verdade que, de um certo ponto de vista, o mundo parece menor (porque o garoto cresceu), é certo também que a área e a potencialidade de exploração se alargam enormemente. A percepção geral é, assim, a de um espaço ilimitado. O surgimento da percepção da flecha do tempo torna-se, portanto, um instrumento útil para se situar no espaço, delineando os seus limites, e quando isso não acontece, pode surgir um ponto frágil na evolução do adolescente.

Um exemplo muito comum, infelizmente, é o das garotas anoréxicas. Sem propor teorias gerais sobre um problema assim complexo e inquietante, queremos apenas assinalar a freqüente eliminação do aspecto temporal (recusa de alimento como recusa de assumir o corpo que está crescendo, que menstrua, com todos os aspectos de feminilidade inerentes a ele) e uma exaltação da dimensão espacial: as medidas, o peso, a quantidade de alimento, o tamanho da barriga e das coxas e o volume do corpo tornam-se temas obsessivos e oprimentes. *O espaço fica restringido para que se possa renunciar ao tempo; o tempo é excluído para manter o espaço reduzido*: há todas as características de um círculo vicioso, mas, em geral, é o aspecto espacial que se coloca com maior *urgência;* quando a dimensão temporal aparece, duas coisas podem acontecer: ou ela assume ainda o caráter de uma ameaça para a espacialidade do corpo, ou ela já foi aceita, de algum modo, e isso é sinal de que a angústia está diminuindo sensivelmente. As angústias que encontramos no plano da temporalidade parecem menos difusas e mais fáceis de conter do que as que se apresentam na vertente da espacialidade.

Outro sinal do papel significativo desempenhado pela percepção do tempo é o da urgência encontrada no adolescente, que pode ser resumida na expressão "agora ou nunca mais". As ocasiões e o momento de viver a experiência apresentam-se sob a forma de "última deixa" ao jovem: ou se colhe a ocasião ou ela estará perdida para sempre. Não deve surpreender, então, a facilidade com que eles pulam sessões mesmo sem avisar, tomados pelo dever de viver alguma experiência inadiável. Uma festa, um encontro com um amigo, a necessidade de resolver uma questão, tudo pode assumir um caráter de urgência, sem alternativa de adiamento. Por isso, não acreditamos que o modo de agir do adolescente em relação ao trabalho analítico deva ser considerado *ipso facto,* como algo em si mesmo, ou como defesa em relação ao pensamento. Em geral, é o contrário: o pensamento pode nascer da experiência vivida fora da análise. Mais ainda do que com o pré-adolescente, continua a ser válido o critério de que o ritmo entre experiência vivida e pensamento, entre fazer e conhecer, precisa encontrar um equilíbrio. O número de sessões realizadas deve levar em conta tudo isso. E não só. É comum que, após uma breve *tranche* analítica, o adolescente peça para interromper a análise, percebendo que o processo de elaboração está superando os limites da experiência e começa a se nutrir de si mesmo. O garoto, então, pode sentir a necessidade de parar e de dar espaço à dimensão do viver, para depois voltar à análise. Não somos contrários, por princípio, a essa interrupção, pois não podemos considerá-la como um *acting,* defesa ou resistência, mas como uma tentativa honesta de acompanhar as transformações de si próprio. De outro modo, a análise corre o risco de se colocar como modelo claustrofóbico, que, em vez de facilitar a abordagem da experiência, torna-se um incômodo obstáculo para isso. É claro que todas essas propostas devem ser consideradas como indicações de reflexão geral e avaliadas em função de cada caso. Mas nossas hipóteses e nossa experiência nos levam a não subestimar e a não tratar com excessiva rigidez os pedidos dos adolescentes para modificar o *setting,* em função de novas percepções e exigências que surgem durante o crescimento.

ANOTAÇÕES SOBRE A VELHICE

Nesse ponto, podemos afirmar que os parâmetros espaço-temporais – estreitamente ligados à dinâmica do sistema Uno-Binário – estão sujeitos também às transformações significativas provocadas pelo processo de envelhecimento. Se gravidez, doença, lutos e perigos interferem diretamente no modo como construímos o espaço e o tempo, como já dissemos, o processo de envelhecimento também desempenha um papel fundamental na organização do aparato psíquico. Neste capítulo, vamos examinar essas transformações e a maneira como incidem na clínica, quando trabalhamos analiticamente com pacientes idosos.

Usaremos a palavra *velhice,* apesar da dificuldade e do eco que tem. Mas é um termo inequívoco e não dá lugar a ambigüidades, pois não atenua, hipocritamente, as modificações radicais produzidas pelo passar dos anos. Estas parecem tão relevantes quanto as que ocorrem na passagem da infância para a adolescência. São até mais radicais, de certo modo. A mudança da infância para a adolescência implica a aceitação da idéia da morte como evento natural e inevitável, e a passagem para a velhice obriga o indivíduo a enfrentar a percepção da morte real que se aproxima – é uma fase da vida que não pode ser equiparada a outras por causa da proximidade com a morte. Não significa, naturalmente, que a finalidade de envelhecer é apenas morrer: seria uma apreciação redutiva da questão, até porque não podemos nos esquivar da eventualidade da morte em nenhum período da vida.

Mas nas outras fases, a morte pode ser imaginada como um destino colocado em um horizonte distante, enquanto, para o velho, a percepção das limitações físicas e do declínio das principais funções orgânicas, aproxima enormemente esse horizonte. Entretanto, a percepção do encurtamento do tempo é justamente o que é capaz de permitir viver plenamente a velhice; são os limites indicados pelo tempo que podem escorar e ajudar nessa tarefa. Não é fácil imaginar qual é o sentido da velhice para o idoso, nem é possível imaginar se ele consegue gozar a vida. O problema consiste, presumivelmente – como em todas as fases da existência –, na dificuldade de viver a vida, no simples e natural movimento do Uno para o Binário (e não o contrário), até porque o velho tem a exata consciência de viver um tempo cuja única direção é o final do dia.

Gostaríamos de citar algumas semelhanças e algumas diferenças entre a condição dos adolescentes e a dos velhos, que podem fornecer indicações para a técnica analítica. O fato de examiná-las conjuntamente não significa que adotamos nenhuma das repisadas analogias tradicionalmente atribuídas a essas duas fases extremas da vida.

As dificuldades que se apresentam no trabalho com pacientes idosos parecem ser curiosamente especulares, do ponto de vista técnico, às que se encontram no trabalho com adolescentes. Nos dois casos, o problema a ser enfrentado é o corpo que se transforma mais rapidamente do que a mente é capaz de aceitar. Mas, enquanto para o jovem as transformações físicas indicam força, potencialidade e criatividade, para o velho, o corpo se transforma no sentido oposto, assinalando ao Binário – de modo rápido ou progressivo – uma significativa redução das possibilidades físicas. Podemos radicalizar ainda mais o confronto: enquanto o adolescente tem diante de si tempo e requisitos que podem fazer com que ele se adapte às novas exigências do corpo, durante a velhice, ao contrário, Uno e Binário tendem a se separar: o corpo segue o seu inevitável declínio, mas não está dito que a mente o acompanhe.

É até possível que, enquanto o corpo declina, a mente atinja níveis de refinada elaboração da experiência jamais atingidos antes.

Vida e Tempo

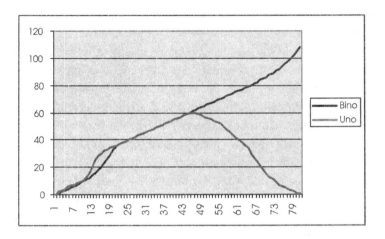

Apesar disso, é preciso lembrar que é essencial que uma mente assim rica de experiências e de vida esteja disposta a aceitar as transformações e as limitações físicas impostas pelo avançar progressivo da idade, abandonando as ilusões de onipotência dos períodos anteriores. Essa perda de ilusões foi descrita muito bem pelo poeta K. Kavafis[30], que conclui o poema "Ítaca", maravilhoso hino à velhice, com estas palavras:

> *Embora a aches pobre, Ítaca não te enganou.*
> *Assim sábio como te tornaste, com tanta experiência,*
> *Já entenderás o que significam as Ítacas.*

Do ponto de vista da técnica analítica, temos, portanto, que enfrentar uma dupla tarefa: ajudar o interessado a aceitar as suas transformações e as progressivas limitações físicas, tentando reduzir ao mínimo o círculo produzido pelo binômio ilusão/ desilusão, que é sempre perigoso, e ajudá-lo também a enfrentar o tema do tempo em uma

---

[30] N.T.: Konstantinus Petrus Kaváfis, um dos maiores poetas gregos, nasceu em 29 de abril de 1863 e faleceu no mesmo dia, em 1933, em Alexandria, Egito. O poema "Ítaca" é de 1911 (tradução para o português de Ivo Storniolo).

perspectiva bem diferente da do adolescente. Para o jovem, o tempo está carregado de urgências do presente e de expectativas para o futuro; para o velho, ele só pode ser vivido no presente e, eventualmente, enriquecido pela fruição da riqueza das experiências do passado. O presente se torna cada vez mais longo, devido às transformações sofridas pela velhice, que vem se modificando nas últimas décadas. O prolongamento das expectativas de vida fez com que esse período se tornasse o mais longo; os anos a serem vividos em condições físicas precárias se alongam cada vez mais[31].

Em geral – com exceções significativas –, a idéia da morte não incomoda muito o idoso, pois ela sempre esteve presente durante toda a sua longa existência. O que se observa, ao contrário, é que permanece ativo um certo tipo de criatividade, não impetuosa e fantasiosa como a da criança, mas determinada pelo modo especial de usar a experiência e de transformá-la em patrimônio precioso para a vida. Gostaríamos de submeter alguns aspectos à atenção do leitor. Mais do que asserções conclusivas, são pontos abertos para a discussão sobre o tema.

1) É lugar comum acreditar que os sentimentos ficam atenuados nessa idade. Não é o que nos consta. Acreditamos que os sentimentos evaporam, restando apenas a essência do que foram. Essa operação é, muito provavelmente, do Binário: enquanto o Uno – impedido de fazer qualquer outra coisa – declina, o Binário se afirma nos aspectos essenciais do viver, perseguindo cada vez menos as quimeras de outras idades. A distinção entre verdadeiro e falso, entre real e virtual se reduz e com freqüência ouvimos falar de um sonho interessante e longo. Parece ser esta a nova experiência.

---

[31] Vale a pena lembrar que K. Abraham, em um dos primeiros artigos psicanalíticos escritos sobre o tema da velhice, sugere que se tome cuidado antes de iniciar uma análise com pacientes de "idade avançada" ou em "idade de involução", referindo-se especificamente à incerteza quanto aos resultados no trabalho com pessoas com mais de trinta anos e às grandes dificuldades de se trabalhar com analisandos entre quarenta e cinqüenta anos! Menos de um século depois, já estamos enfrentando trabalhos clínicos com pacientes entre setenta e oitenta anos (ver K. Abraham (1919), "La prognosi di trattamenti psicoanalitici in età avanzata", em *Opere*, vol. 2, Turim, Bollati Boringhieri, 1975).

2) O idoso tenta emergir do ponto no qual a criança mergulha. Para esta, a coisa é a palavra. Já o velho busca as diferenças entre as palavras e as coisas.
3) Atribui-se ao idoso uma memória frágil. A criança é ávida e capaz de memória. Para as pessoas de idade, os limites são incertos, apesar de parecerem costumeiros. Isso se deve à sensação de não mandar mais em nada; o hábito torna-se, então, um símbolo. O velho tem a sensação de ter muito tempo, de estar cheio de tempo, mas o tempo é só o presente.
4) Na primeira adolescência, os garotos aspiram a grandes espaços, sonham-nos como expressão máxima de sua liberdade: viver tem o significado da aventura. É o período em que um certo embaraço no jogo da sensualidade e da sexualidade pode vir à tona, o que pode levar a se considerar a puberdade como a idade do pudor. O espaço, para o idoso, não é relevante – nem mesmo os concretos –, e a aventura está principalmente no mundo que o circunda. A sexualidade e a afetividade não sofrem modificações significativas, apesar de perderem a urgência e a prioridade. A capacidade de amar e o prazer de ser correspondido não muda, a nosso ver. Mas é evidente que o pudor da idade toma a dianteira.
5) Alude-se, com freqüência, às distrações e aos esquecimentos do idoso. Mas são exatamente eles[32] que parecem sensações concentradas, iluminações e talvez mitos pessoais. Esses esquecimentos refletem a luz de uma vida inteira, em que até mesmo o sentido de uma lacuna – ou a própria lacuna – assinala que nem tudo é uma derrota.

Todo o sistema envelhece, não existem outras estações. Quando Uno e Binário apresentam forte desarmonia, pode acontecer que o idoso procure ajuda na análise. Mas quando o Binário aceita ser parte integrante do Uno, e registra o declínio do mesmo, ele aprende a envelhecer e estabelece com o Uno uma colaboração verdadeiramente recíproca, ou, na pior das hipóteses, uma espécie de *gentlemen's agreement*[33].

---

[32] J. Hillman, *Un'età senza confini*, Milano, Adelphi, 2001.
[33] N.T.: "Acordo de cavalheiros".

Quanto aos aspectos técnicos, gostaríamos de indicar alguns pontos que podem facilitar um trabalho breve e profícuo com os idosos. A técnica para esses casos não difere muito das que normalmente usamos na análise com adultos. Mais do que novas modalidades, pensamos em algumas considerações que facilitam essa delicada tarefa.

1) Ao encontrar o idoso, é preciso dar uma atenção especial à forma como ele coloca a sua organização psíquica. O analisando, em geral, considera "engraçado" estar diante de um desconhecido para dizer coisas que já se disse mil vezes, em solidão: "Uma vida inteira falando com todo mundo e agora, estou aqui, embaraçado e sem jeito." Ou então: "Não é estranho que não consiga falar dessas coisas com meu marido, depois de tantos anos... afinal trata-se da nossa vida... e consigo falar sobre isso com o Sr.?!?" Ao considerar as experiências relativas ao contexto analítico, é necessário ter uma sensibilidade especial a fim de facilitar o discurso do analisando.
2) Uma sugestão: evitar proposições sobre qualquer tema e limitar-se a solicitar que o interessado escolha os assuntos e comunique o que considera válido sobre eles.
3) Uma observação geral refere-se ao nível de profundidade conveniente ao trabalho. O interessado é capaz de indicá-lo com facilidade. Parece mais funcional não ampliar a área abordada. As indicações dos níveis de angústia permitem dirigir a atenção para os aspectos desarmônicos, sem nos estendermos sobre estímulos fornecidos pela proposição do paciente. Como qualquer analisando, será ele a dizer se quer ampliar a área de conhecimento do seu mundo, e isso dependerá tanto de seu potencial de elaboração, quando da nossa capacidade de acompanhá-lo.
4) A duração do trabalho que tem dado resultados aceitáveis varia de um encontro semanal até um total de dez sessões. É preciso tomar cuidado com o fato de muitos idosos não terem quem escute suas hipóteses e suas fantasias, e isso pode levar a um uso distorcido do *setting*. Pode ocorrer, também, que se apaixonem pela relação analítica que lhes parece "um jogo mental genial", e

que a usem como se fosse um tabuleiro de xadrez. O analista pode encontrar dificuldade na presença de estruturas que visam a engessar modalidades específicas, que alteram o funcionamento do sistema. As conseqüências disso podem ser dramáticas, em função da quebra de um equilíbrio precário que o analista não avaliou corretamente. Não podemos esquecer que estamos diante de sistemas que, bem ou mal, sobreviveram ao longo de uma vida. Se o analista tem a oportunidade de atender a um idoso, pode aplicar técnicas especiais que, respeitando o mundo do paciente, oferecerão conforto e percepção. Ele poderá propor ao analisando – ou melhor, propor-lhe novamente – caminhos que ele, provavelmente, já esqueceu.

Não queremos sobrecarregar o texto com material clínico. Gostaríamos apenas de levantar alguns elementos, do ponto de vista da constelação edípica, que se observam na análise com idosos e que parecem reuni-los, sob determinados aspectos. Para a criança, a questão é viver e atravessar a constelação edípica; para o velho, a questão é caber nela, de modo mais ou menos confortável, com os seus cenários mutáveis.

A escolha da constelação edípica como vértice de observação justifica-se pela importância que damos à hipótese essencial da feminilidade e da masculinidade de base na construção dinâmica da configuração egóica e, em termos mais simples, da própria identidade do sujeito.

Como dissemos no início deste capítulo, ligamos o mito de Édipo a um novo modo de conceber a temporalidade. Uma das características do complexo edípico proposto por Freud é a de ressaltar, mediante o tabu do incesto, que o limite geracional é intransponível. Em estudos anteriores[34] colocamos ressaltamos que o cenário edípico não se conclui ao final da infância, conforme as indicações de Freud, mas acompanha a vida inteira do homem, em uma sucessão contínua de representações e personagens sempre mutáveis.

---

[34] A. B. Ferrari & A. Stella, *A aurora do pensamento*, op. cit.

Primeiro caso. O pedido de análise é de uma mulher, parente de um literato de fama internacional, que sente a necessidade de desenredar um "emaranhado" no qual se sente presa. O emaranhado envolve a figura de seu pai, de sua mãe e do conhecido personagem. Nenhuma deles está vivo, mas a necessidade de clareza que a analisanda sente parece vivíssima.

Segundo caso. O pedido é de um homem cuja vida se caracteriza por um certo sucesso na área das finanças e cujos pais morreram há anos. Ele encontra um obstáculo que lhe tira a serenidade dos últimos anos. A razão parece residir no fato de que ele acha que foi injusto em relação à figura da mãe: sempre a desprezou por "choramingar e ter pouco pulso" diante da prepotência do pai, figura que, apesar de tudo, continua a admirar.

Terceiro caso. Uma mulher, viúva há muitos anos, aposentada, de condições econômicas modestas e aspecto agradável, apesar da idade. Sua mãe morreu logo depois do marido, e ela afirma sentir ainda um ódio profundo e inquietante com relação a ela. Com o passar do tempo, o sentimento vai se intensificando, em vez de se atenuar.

Não acreditamos que seja preciso dizer mais sobre os interessados. Vamos fazer apenas algumas considerações. Nos três pacientes, a passagem das emoções profundas à percepção e ao pensamento parece ter tropeçado, formando uma barreira, independentemente do modo específico como ela se manifesta. O diálogo interno se interrompeu e o indivíduo se retirou no uso exclusivo de uma linguagem, que definimos "linguagem de emergência"[35], na tentativa de bloquear a angústia. Obviamente, os personagens edípicos considerados nas diferentes situações citadas – ou melhor, as *imagos* deles – dão vida a uma multiplicidade de papéis voltados a representar a complexa dinâmica constituída pelo cenário edípico. O bloqueio parece ser determinado, nos três casos, pela manutenção de uma modalidade de pensamento e de tensões conflitantes entre aspectos da masculinidade e da feminilidade de base, que eram fun-

---
[35] *Op. cit.*

cionais em outras idades da vida. Agora, essas modalidades lhes parecem redutivas, pois não conseguem mais aplicá-las às especificidades das condições atuais de vida e às perguntas que se impõem de modo dramático, com o passar dos anos. O tempo tornou-os vulneráveis e sós, e as figuras paterna e materna (as suas *imagos*, é claro) dão vida a modos multiformes, nos quais os componentes originários da feminilidade e da masculinidade de base declinam.

Na configuração egóica, os componentes individuais de cada um dos três casos giram em torno de um profundo e inexplicável sentido de continuidade, de "serem eles mesmos", contraposto à ameaça de mudanças que acreditam não poder enfrentar. É a própria existência que se contrai, tudo se torna urgente e assinala a impotência de controlar a passagem do tempo e de modificar a ordem dos acontecimentos.

O trabalho analítico permitiu, nesses casos, dar significado e equilíbrio à complexidade da constelação edípica, atualizando-a em relação às necessidades físicas e psicológicas da idade. A vida é, certamente, uma aventura curiosa e fascinante, e temos tentado acompanhá-la até o último trecho, através da dimensão espaço-temporal.

Na veloz corrida da vida, é sempre possível deixar alguma coisa para trás: um aspecto, um temor, uma área do próprio funcionamento psíquico. Pode surgir, para alguns de nós – ainda que tardiamente –, a urgência em sincronizar-nos de novo, de reativar alguma coisa da qual não cuidamos, ou cuidamos mal. No fundo, essa é a parábola do sistema Uno-Binário, que há anos estamos tentando esclarecer: apesar de estarmos inevitavelmente acorrentados a nós mesmos e não podermos esquivar as necessidades do corpo, vivemos na alternância contínua entre afastar-nos delas e a necessidade de reaproximar-nos, porque a possibilidade de uma existência harmônica se baseia unicamente na aceitação e na modificação das contínuas desarmonias.

Concluímos com uma entrevista de Sigmund Freud, feita nos Alpes austríacos em 1926, por ocasião de seu aniversário de setenta anos[36]. Respondendo a uma pergunta do jornalista, o entrevistado diz aceitar a vida com serena humildade, e prossegue:

> *Detesto meu maxilar mecânico, porque a luta com o aparelho consome muita energia preciosa. Mas prefiro o aparelho a maxilar nenhum. Aliás, prefiro a existência à morte. Talvez seja por gentileza que os deuses tornam a vida mais desagradável à medida que envelhecemos. No final, a morte nos parece menos intolerável do que os fardos que carregamos. Por que (disse tranqüilamente) deveria eu esperar um tratamento especial? A velhice, com suas agruras, chega para todos. Não me rebelo contra a ordem universal. Apesar de tudo, tenho mais de setenta anos. Tive o bastante para comer. Apreciei muitas coisas – a companhia de minha mulher, meus filhos, o pôr-do-sol. Observei as plantas crescerem na primavera. De vez em quando tive uma mão amiga para apertar. Vez ou outra encontrei um ser humano que quase me compreendeu. O que mais posso querer?*

CONCLUSÕES

As pesquisas que conduzimos nos levaram, até hoje, a uma série de modificações significativas na organização do *setting* da psicanálise com crianças e adolescentes e a maneiras diferentes de tratar o material analítico. No trabalho com idosos, abrem-se horizontes de pesquisa e de técnicas de especial interesse. É essencial para nós, trabalharmos principalmente com as *formas* como o material clínico

---

[36] Entrevista realizada pelo jornalista americano G. S. Viereck e publicada no número especial "Psychoanalysis and the Fut", do *Journal of Psychology* de Nova York, em 1957. Publicada em português com o título: "O valor da vida. Uma entrevista rara de Freud".

se apresenta, deixando ao analisando a tarefa de trabalhar com o conteúdo de suas fantasias e de suas experiências. Partindo da experiência sensorial e motora da criança, passamos a considerar os critérios espaciais e temporais como duas categorias que consentem a organização das fantasias, da experiência e do pensamento.

Acreditamos que um uso equilibrado dos parâmetros espaço-temporais – avaliados em função das possibilidades e das necessidades de cada idade do desenvolvimento – seja condição fundamental para organizar e dar forma à área *entrópica,* às experiências fisiológicas e emocionais que nos acompanham por toda a vida e nos dão a sensação de sermos nós mesmos. Constituem os pilares da área que definimos *neguentrópica.* Os sinais que provêm da corporeidade são heterogêneos, desagregados, espacialmente desconexos, temporalmente disjuntos. A construção de parâmetros espaço-temporais permite dar significado e coerência a essas experiências, introduzindo-as em um universo de compreensão, conhecimento e previsibilidade. Parafraseando Freud, é o nosso modo de construir o universo que somos e no qual vivemos. Visto que esses parâmetros só podem corresponder às exigências de vida de cada indivíduo, correspondem também, necessariamente, a uma série de condições culturais e ambientais que perfazem a dimensão horizontal dentro da qual o viver se organiza.

CAPÍTULO 7

UMA TENTATIVA

O feminino: onde e quando

A. B. Ferrari
S. Facchini

"Uma tentativa" exprime a coragem e o esforço da dra. Facchini e um antigo objetivo que me aflige e que persigo teimosamente há anos; uma forte determinação, que sempre esteve acompanhada pela consciência de que a tarefa é complexa.

Este capítulo pode e deve ser considerado como "uma tentativa" de dar forma às questões que surgem a partir da observação da identidade de gênero, nas complexas e múltiplas manifestações que se evidenciam no equilíbrio dinâmico e instável dos mundos habitualmente chamados de feminino e masculino. A nossa tentativa busca indicações que possam delimitar esses conceitos. O que se entende por masculinidade e feminilidade? Parece claro que existe uma diferença entre os dois – algo que se observa na presença de ambos e que imediatamente se desvanece quando se tenta definir um deles sem considerar o outro. Tem-se a impressão de que os dois são, de certa forma, *inapreensíveis*[1], se considerados isoladamente. Ao nos embrenharmos nesse tema, decidimos examinar os dois termos, procurando nos concentrar na não-apreensibilidade da dimensão feminina.

---

[1] Agradecemos ao dr. Paolo Bucci, cuja reflexão sobre o conceito de não-apreensibilidade fez com que o mesmo se tornasse mais proveitoso em nossa discussão.

O modo que escolhemos para fazer essa discussão se vale da contribuição de um psicanalista e de uma testemunha, que não fala em nome de todo o seu gênero.

Torna-se imediatamente claro que o tema comporta muitos perigos, pois nos movemos dentro de um espaço reduzido, espremidos entre tautologia e solipsismo – e este é, certamente, o aspecto mais discutível da modalidade que propomos. Utilizamos dois vértices de observação baseados em setores de conhecimento muito diferentes e, portanto, experiências que carregam consigo competências próprias e específicas.

Um deles é uma autora que coloca à disposição uma auto-observação, baseada em sua experiência, para descrever o que sente. O outro é um psicanalista. O resultado é um curioso contraponto em que temos, de um lado, um *depoimento* sobre "o que se sente quando se é..."[2] e, de outro, o discurso de um observador que não tem nenhuma possibilidade de ser o que não é.

Como psicanalista, acredito que ambos possam ser considerados "depoimento", na forma e na substância: tanto o que o analisando diz de si mesmo, quanto o "material clínico", sob a forma que se usa hoje em psicanálise (que é a apresentação que o analista faz aos colegas de sua experiência com o paciente). Além disso, assumir um depoimento como conhecimento científico é um dado comum a alguns ramos das ciências humanas.

Um dos elementos que pode tornar válido um depoimento é a possibilidade de que seja compatível e coerente com o tema estudado e de que seja, ao mesmo tempo, mais consensual no campo da estatística.

No âmbito do tema que nos interessa, "o sentir" refere-se à condição de ser mulher, que inclui, também – e aqui está o valor do depoimento –, todo o "sentir" do homem, além de uma qualidade especial desse sentir, que escapa à possibilidade de ser do homem.

---

[2] T. Nagel, "Che cosa si prova a essere un pipistrello", in *L'io della mente*, Milaão, Adelphi, 1985.

Emilio Garroni tece considerações fundamentais sobre o tema, ao precisar que não se trata de indagar "o que se sente quando se é", nem de saber "o que se sente quando se é um *Homo sapiens*?", mas apenas de *sentir*[3].

De qualquer modo, parece-me útil fazer uma referência à área da configuração egóica, cujo valor é exemplar porque, para todos os efeitos, é a resultante de outros processos psíquicos e é o aspecto mais visível desses processos. Na realidade, nem mesmo a configuração egóica pode escapar da indiscutível formulação kleiniana, segundo a qual, qualquer dado corporal de um indivíduo teria um elemento correspondente na representação psíquica.

Essa auspiciosa possibilidade de que haja correspondência de comunicação em duas direções dentro do sistema do indivíduo – da corporeidade para a psiquicidade e vice-versa – é o fulcro da hipótese de base do OOC. Isso nos autoriza a opinar sobre as modalidades em que essa experiência é vivida.

Em minha função de analista pertencente ao gênero masculino, posso apenas me limitar a observar a maneira como funciona o sistema de quem propõe o depoimento. É exercendo essa função que sou solicitado a formular perguntas, pois observo algo que me é conhecido mas, ao mesmo tempo, me surpreende; as modalidades com que se manifesta indicam que há um horizonte que lhe dá forma. Cada indivíduo enfrenta a própria experiência através de uma condição *a priori*: ser homem ou mulher. São modalidades diferentes, não nos significados ou na linguagem, mas em certas condições que tentaremos descrever.

São atos, palavras e comportamentos que falam de formas que respeitam as condições da área que definimos como pensamento e que surpreendem por ter características que podemos chamar de "inesperadas", pelos caminhos utilizados pelo pensamento – que parecem peculiares a essa identidade de gênero –, e assombrosas – pelas soluções que trazem e pelos aspectos que apresentam. Entretanto, o fio

---

[3] E. Garroni, "Che cosa si prova ad essere un homo sapiens?", texto introdutório de A. B. Ferrari, *O eclipse do corpo, op. cit.*

condutor é mais uma vez o tempo – o que se refere aos instantes, o interno, o da relação analítica, etc.

Em *A aurora do pensamento*[4], indiquei brevemente meu ponto de vista sobre a importância da identidade de gênero e sobre o valor primário que ela tem, por sua vez, na própria configuração: os componentes feminino e masculino são essenciais para a sua articulação, e chamei-os de feminilidade e masculinidade de base.

O que estamos propondo não é uma nova hipótese, mas um instrumento que pode ser usado no trabalho clínico – útil, como muitos outros – para iluminar a complexa configuração psíquica de cada sistema. Um instrumento cuja validade não diminui quando estamos diante de formas harmonicamente equilibradas. Uma ferramenta de pesquisa, portanto, útil para avaliar e conter os impulsos dos aspectos dinâmicos da variabilidade que caracteriza a configuração egóica.

Percebemos que o que propomos – tal como foi formulado – é pouco definido de um ponto de vista geral, apesar de poder ser considerado um instrumento técnico, rico de potencialidade clínica. Este capítulo é uma tentativa de acrescentar novas perguntas a esse difícil desafio.

Homem e mulher, feminino e masculino, são componentes presentes – apesar de variáveis – em todos os indivíduos. Não são, como pode parecer, palavras óbvias, com as quais damos nomes aos gêneros, mas termos que nos classificam conforme o grau em que pertencemos à nossa própria identidade, seja ela escolhida ou aceita.

Mas, como quase sempre acontece, o que essas palavras evocam não tem limites precisos, nem permite que se chegue, por aproximação, a uma definição unívoca.

Começamos o capítulo falando sobre "o que se sente quando se é...", e a razão dessa insistência está em abrir mão do que somos – por um instante teórico e momentâneo – para imaginar e considerar como poderíamos "tentar ser..."

O que nos interessa esclarecer é o efeito provocado pelo uso das palavras homem/mulher: uma carga imensa de significados, emoções, pensamentos e experiências que nos saturam pelo simples fato

---

[4] A. B. Ferrari & A. Stella, *op. cit.*

de pronunciá-las. Esses termos acabam por obscurecer e ofuscar seus significados, além de representar obstáculos, por se tratar de um hábito milenar que temos de defini-los grosseiramente.

Se usássemos, no lugar deles, as palavras *alfa* e *beta*, criar-se-ia imediatamente um espaço mental insaturado – mesmo que seja mínimo –, que nos permitiria funcionar mentalmente, livres do peso oneroso – porque estático – de um significado definido/indefinido.

Sabemos que todos os sujeitos possuem experiências sensoriais, às quais chegam de modo peculiar, e que estabelecem conexões específicas que dão forma dinâmica à relação entre Uno e Binário. É bem verdade que a psicanálise nos permite aproximarmos da resultante desses estados sensoriais, em suas várias manifestações, mas a experiência por eles produzida será sempre qualitativamente diferente. Isso facilita a tarefa do analista de clarear as áreas nas quais se supõe que aconteça o fenômeno, que somos convidados a observar, e também torna mais fácil oferecer possíveis propostas.

Certamente, uma primeira resposta pode ser dada pelo fato de as informações que utilizamos serem fornecidas pelos sentidos, que só podem refletir o gênero ao qual pertence a identidade do sujeito.

Sabemos que a representação de uma experiência que possui dimensão psíquica corresponde a um tipo especial de registro, peculiar a cada indivíduo. As fases do desenvolvimento são prova disso. Nesse sentido, quando a autoconsciência se manifesta, ela está ligada de modo vinculador à corporeidade, e a realidade que pode ser experienciada é somente aquela que contém aspectos dizíveis e que se manifestam clinicamente na relação analítica, permitindo-nos observá-los e considerá-los.

A identidade do sujeito e as vicissitudes do teatro edípico – no qual os personagens não têm paz – oferecem-nos as linhas gerais da configuração egóica. Quando se refere a um sujeito feminino, essa configuração apresenta, ao final da experiência analítica, uma modalidade diferente de percepção, mesmo estando dentro de um contexto real que permanece inalterado. Falamos da realidade em que estão imersos tanto o sujeito masculino quanto o feminino. Uma vez superados os obstáculos que atrapalham e confundem a escuta, o sujeito feminino pode por em evidência uma característica cuja essência qualifica o seu gênero.

Essas observações nascem da consideração de uma série de experiências de final de análise – ou melhor, de como é recebida a proposta de encerrar a experiência analítica. Nessa fase da relação analítica, pode-se esperar uma maior capacidade de *insight*[5]. Em geral, quando isso acontece, a mulher registra e dá um prosseguimento peculiar à sua percepção específica; parece não acompanhar a conseqüência "lógica" da própria percepção[6]. De um modo todo seu, dá a impressão de funcionar, quase por assonância, com parâmetros próprios que se "afastam" do pensamento preciso, conseqüencial e quase "lógico" demais, que caracteriza a atividade psíquica masculina.

É nesse sentido que o testemunho da dra. Facchini pode ser definido como uma tentativa de delinear alguns traços pertencentes à feminilidade. Ele encerra uma experiência que pode ser lida como um documento. É uma síntese de uma série de interrogativos que constroem o tecido da inapreensível essência do feminino.

Depoimento de Sandra Facchini

Se uma mulher falar de si, a primeira crítica
que receberá será a de não ser mais mulher.
Marguerite Yourcenar[7]

O perfil feminino que nossa cultura abriga, que nos acompanha desde que nascemos, a fortaleza inexpugnável de qualificação

---

[5] Uso esse termo no sentido freudiano de elaboração.

[6] Agradeço à dra. Paola Marmo, com quem compartilhei uma longa experiência que possibilitou percepções e espaços psíquicos novos, mediante os quais pude formular as perguntas – e sou o único responsável por elas – que me permitem abordar o específico feminino ao final da análise.

[7] M. Yourcenar, *Memórias de Adriano*, Rio de Janeiro, Nova Fronteira, 1980.

do feminino, é entremeado de referências muitas vezes pouco generosas: zomba-se da atitude de recolhimento, dá-se rótulos a supostas inércias e passividades, aponta-se o dedo para uma emotividade patente, que poderia até mesmo impedir a realização dos compromissos dentro do próprio sistema.

Hoje, observamos também a capacidade de variabilidade interna – expressão de sua natureza – que tem uma valor subterrâneo, radicado à terra e produzido por ela, ligada também à dimensão que aspira à fabula e ao sonho (que coexiste com a outra), como se fossem relevos que tornam o perfil feminino inconfundível. Uma polaridade interna que oscila entre o pragmatismo lunar, ritmado pelos, pelas fases da lua, sensível às marés altas e baixas, e um vôo em direção aos sonhos, à fábula, na área poderosa e infinita da liberdade fantástica.

Sempre se atribuiu ao horizonte masculino o apogeu da racionalidade, da coerência, do controle de si, da lucidez, da determinação. A cultura celebrava e rotulava vencedores e vencidos. Hannah Arendt desnorteou a agulha da bússola, ao indicar o pensamento masculino como um pensamento de morte, e os homens como seres feitos para morrer.

Considerei essa premissa necessária para introduzir o percurso de "desconstrução" do feminino, assim como se deu ao longo de muitos encontros, para alimentar uma análise corajosa e impiedosa dos componentes básicos dessa área, fornecer-lhe a motivação e a finalidade: se não fosse assim, como poderíamos colocar em evidência os aspectos que podem definir uma psiquicidade que corresponde à corporeidade feminina? As características grosseiramente semelhantes nos sistemas masculino e feminino são infinitas.

Existem virtudes especificamente "femininas" que as feministas fazem questão de desprezar; mas isso não significa que sejam uma prerrogativa de todas as mulheres: suavidade, bondade, fineza, delicadeza..., virtudes tão importantes que se um homem não possuísse ao menos uma pequena parte delas, seria um bruto e não um homem. E existem as virtudes "masculinas", o que também não significa que todos os homens as possuam: coragem, resistência, energia física, domínio de si... e a mulher que não possuir nem mesmo uma pequena parte delas é um "trapo", para não dizer uma "molóide". Gostaria que essas virtudes complementares servissem para o bem de todos. Mas suprimir as diferenças que existem entre os sexos – por mais que as diferenças sociais e psicológicas sejam variáveis e fluidas – me parece deplorável, como tudo aquilo que empurra hoje o gênero humano na direção de uma medonha uniformidade.[8]

Tudo isso me leva a perguntar com mais insistência ainda: o que pode fazer com que uma pessoa do gênero feminino diga "sinto-me mulher"? Talvez concordemos com a idéia de que nem tudo deve ser atribuído à cultura.

A época em que as categorias do feminino e do masculino eram nitidamente esculpidas por traços peremptórios e inequívocos foi se apagando aos poucos, em um crepúsculo de tons indistintos, matriz inexorável de sua desestruturação.

Essas categorias foram qualificadas por atribuições radicadas em um tempo milenar e em um espaço permeado por um "húmus" cultural que alimentava a contraposição entre elas até petrificá-la. Acabaram sendo sufocadas diante de reiteradas tentativas de definição, talvez ingênuas – e com certeza vãs –, e se tornaram impalpáveis e evanescentes como a neblina.

Recordo meu espanto, alguns anos atrás, enquanto escrevia meu depoimento sobre o feminino, em A aurora do pensamento[9]*, e tinha a convicção de que uma definição do feminino precisava ser necessariamente acompanhada pela evocação do seu "oposto", o masculino. Estava desorientada, "tateava às cegas", e só me recobrei quando senti que o que me introduzia na intimidade feminina era o problema da posse. Essa questão constitui um núcleo incandescente de absoluta centralidade, não apenas em minha vida, mas na vida de muitas outras mulheres. Eu me perguntava qual era o vazio que seria preenchido por aquele "é meu",*

---

[8] M. Yourcenar, *De olhos abertos*, Rio de Janeiro, Nova Fronteira, 1983.
[9] A. B. Ferrari & A. Stella, *op. cit.*

designado com obsessividade ritualística a todos os personagens que povoam o planeta de nossos afetos. Um "é meu" que gera um binômio inseparável com o objeto de amor e faz pensar na irredutibilidade de uma necessidade – de possuir, e mesmo de possuir por inteiro. Talvez seja o meu corpo de mulher, ou o nosso corpo de mulher, que leva à posse, devido à predisposição fisiológica que temos para a experiência ancestral da plenitude do ser: dois em um só, um em dois.

Na expressão "meu filho", sentia ressoar a sorte, o privilégio e a aventura de ser mulher. E, ao mesmo tempo, a semente de um poder destrutivo que nós, mulheres, podemos exercer, e dramaticamente exercemos. Como pode se tornar mortífera a relação entre mãe e filho, quando a satisfação ligada à atividade primária degenera em possessividade cega e onipotente! Porque aquele "é meu" pode ser berrado e reivindicado até o ponto de boicotar a masculinidade dos filhos e segregar a feminilidade das filhas.

Hoje, passados alguns anos, parece-me impróprio que aquele "é meu" signifique uma redundância, em lugar de uma ausência, e que indique a dificuldade que todas as mulheres têm de se imaginar sós e a tendência de se sentirem solidamente "agregadas" a alguém, a alguma coisa.

É claro que a tentativa de definir a feminilidade só podia me absorver nos momentos emblemáticos da minha vida de mulher: momentos ligados à especificidade e às vicissitudes da minha identidade de gênero. Evoquei a desagregação e a recomposição cíclica, a disposição para esperar e abrigar, a potencialidade criativa, matriz de separações que doam vida. Busca de consenso, doação de si, necessidade de posse, atenção constante ao outro. E, ainda, disposição para viver "em função de", para "prender junto a si", para "chantagear", vítima do sortilégio com que o corpo envolve a si próprio e as criaturas mais próximas. E aquele modo de sentir-se refém de quem entrou ou saiu do nosso corpo. Ou, talvez, a impossibilidade de sermos apenas nós mesmas, a impossibilidade de reivindicar, para nós, algo além do espaço em que a cultura circunscreve aquele corpo marcado por um destino escrito no sangue.

Hoje, ao lado de muitos aspectos desfocados – ruínas dos lugares-comuns adotados como diferenças fundamentais entre o feminino e o masculino –, impõe-se a firme consideração de que a potencialidade feminina é um concentrado explosivo e duradouro no tempo, caracterizado por uma preponderância desconhecida dentro do sistema masculino. E ainda que essa potencialidade seja cíclica, constitui uma essência unitária que acompanha a "flecha do tempo", no contorno de cada vida. Se a afirmação não suscitasse perplexidade ou equívocos, poder-se-ia concluir que a presença proeminente da fisicidade chega a produzir momentos, no sistema feminino, que colocam na sombra a própria possibilidade de registrá-los. Como não pensar na violência e na intensidade das dores do parto, que desaparecem em um limbo que não é mais possível evocar (a ponto de serem definidas como o "mal que se esquece")? Essa predominância da fisicidade que irrompe amortece o registro da memória, desbota a memória – como a onda do mar que roça a areia e atenua a nitidez das pegadas sem cancelá-las –, para abrir possibilidades novas, para deflagrar o processo da vida de novo e sempre. Processo esse que se verifica somente em húmus feminino, pelo menos até hoje.

Poderíamos levantar a hipótese de que nessas situações, ainda que Uno e Binário constituam um continuum, a fisicidade parece ocupar todo o espaço e ser totalmente Uno, a ponto de relegar o Binário a uma condição de presença-ausência. Na verdade, o modo como a função psíquica está presente não é o único problema delicado desses momentos de ápice da fisicidade: é a própria qualificação da dimensão física que alimenta perplexidades e incertezas, pois é a corporeidade que se torna sujeito do processo e que sustenta uma organização irrepreensível e sincronizada da fisicidade.

Nos últimos anos, o grupo de pesquisa dirigido pelo Prof. Ferrari aprimorou as pesquisas sobre o tema e abordou-o a partir de um novo ângulo, colocando a questão de que, na identidade da mulher, o existir predomina sobre o ser[10]. Esse enfoque tem relação com a

---
[10] Em sentido não filosófico.

hipótese que ele já havia formulado em A aurora do pensamento, quando indicara o feminino e o masculino de base, geneticamente presentes, como pré-concepções, no sentido dado por W. Bion[11].

Depois de depurar ambas as categorias das qualificações que as definiram e contrapuseram, e depois de esvaziá-las – através de uma análise corajosa e impiedosa – dos inúmeros aspectos grosseiramente semelhantes, encontramos, talvez, a possibilidade de evidenciar os traços que pertencem à psiquicidade correspondente à corporeidade feminina.

Dissipado o equívoco de que feminino é sinônimo de ser mulher e masculino é sinônimo de ser homem (na área polimorfa em que se resolvem as dúvidas), tornam-se patentes, dentro do gênero universal e neutro do substantivo homem, contornos mais complexos, delineados por acentuações e atenuações desses traços. Precisamos então nos perguntar quais percursos fazer para identificar os traços distintivos. Precisamos verificar se essa ambição é destinada ao insucesso – por ser absoluta ou excessiva – e qual ponto de vista temos de adotar para conseguir ao menos entrever os perfis que surgem no horizonte. E que nome dar para esse conjunto de traços distintivos? Urge cunhar um novo substantivo por necessidades de diálogo e para poder indicar a essência ou o resultado de ser no feminino.

Será que é pretensioso perguntar como se manifesta a essência de ser mulher e como se manifestam os elementos que caracterizam de modo constante o "feminino"? Não acredito que seja uma empresa arrogante indagar se existem traços que possamos considerar pertencentes à dimensão psíquica feminina e quais são eles. Talvez seja exatamente o modo como a mulher elabora as emoções em presença do "outro"[12]. É inegável que a mulher tem um modo próprio de sentir o outro, que não pode ser atribuído somente à esfera biológica, mas que brota de premissas biológicas e tem processos peculiares.

---

[11] W. Bion, *Analisi degli schizofrenici e metodo psicanalitico*, Roma, Armando Editore, 1963.

[12] Já que o que podemos conhecer tem como limite a pele, o "outro" define todo o conjunto de sensações e emoções que está dentro de nós e se ativa diante de qualquer solicitação. Nos parágrafos seguintes, faz-se alusão sempre a esse significado.

Há quem sugira que a mulher vê seu sistema inteiro precipitar-se em uma situação desarmônica se não consegue conjugar o momento filogenético – orientado pelas instâncias de sobrevivência da espécie – com o momento ontogenético, que corresponde à necessidade de se distinguir como indivíduo, ainda que em conexão com as necessidades filogenéticas.

É igualmente verdade que isolar natureza e cultura com um traço nítido é um esforço delicado, e talvez vão, porque os dois componentes prosseguem, às vezes paralelamente, às vezes misturando-se um com o outro. Essa é uma das dificuldades que se tem ao tentar destilar a essência das categorias tradicionais e históricas do feminino e do masculino.

Quais são, portanto, as modalidades mediante as quais a mulher elabora a presença e a relação com o "outro"?

Se o que cada um de nós coloca no outro é, antes de tudo, si mesmo, a mulher, nessa operação, encontra-se em uma posição mais delicada e complexa, porque é, ao mesmo tempo, origem do outro. Sua posição não é apenas mais complexa, é única.

A maternidade – essa constante –, que se presta a ser sempre uma variável polivalente, que pode assumir mil faces em seu transcurso e ao se repetir na vida da mulher, constitui o cenário em que a fisicidade e a corporeidade são protagonistas predominantes no sistema feminino – tanto que chegam a fazer sombra à psiquicidade que as exprime e coordena. Alguns casos clínicos são exemplos de interessantes modulações desarmônicas dos parâmetros da fisicidade, corporeidade e psiquicidade, em sistemas femininos.

Em outras palavras, as vicissitudes da fisicidade, da corporeidade e da psiquicidade assumem, no teatro feminino, andamentos e aspectos muito peculiares e específicos. Não é banal citar os estados físicos e psíquicos que povoam ritmicamente a jornada feminina – ainda que com nuanças diferentes –, como a inquietude que surge antes do ciclo menstrual e o nervosismo generalizado que o marca, e que é muitas vezes acompanhado por câimbras nos músculos da coxa, na região lombar e na área pélvica.

Surge uma pergunta preliminar e talvez obrigatória: será que a potencialidade criativa, que entremeia a fisicidade da mulher, condiciona, em seu mundo interno, também a elaboração da relação com "o outro"? Podemos imaginar que a tendência filogenética para cuidar, esperar, ter paciência (como capacidade de contenção da urgência do sentir e da dor), que faz tolerar não apenas a mudança, mas até a deformação do corpo e a derrota da potencialidade – no drama do aborto –, apresenta-se como tenacidade ao fazer tentar novamente, anulando a frustração, a dor, a sensação de impotência, para se traduzir em um ainda, que habita diacronicamente a sua vida e lhe dá confiança. Porque ao gerar a vida, a mulher sabe que está abrindo espaço para a morte, que marca o tempo da vida.

O criar e o desfazer estão inscritos na fecundidade cíclica de seu tempo corpóreo, que por sua vez é segmento da inevitável "flecha do tempo". Mas bem mais dramático é o cenário da gravidez, no qual tem lugar não apenas a espera, o acolhimento, a dilatação, mas também a deformação. Qual é o homem que já chegou a pensar nas sensações e nas fantasias que são vividas pela mulher que assiste à perda de suas formas?

Gravidez, momento crucial da relação entre corpo e mente: quanto há nisso de fisiológico e natural, e quanto, ao contrário, de angústia, de terror e, muitas vezes, de questões não resolvidas?

A deformação tem um sentido em si mesma. Mas quando se deixa de ter um ventre chato, habitado por vísceras silentes, e se passa a viver durante meses com um ventre que se torna um aquário, onde flutuam pequenos peixes munidos de impalpáveis caudas; quando o ventre em que explodem estrelas e galáxias de prazer passa a ser terreno de assalto para atletas armados de lanças, que lutam cravando pés e cotovelos nos músculos uns dos outros, proeminência prepotente que desloca o baricentro, põe à prova a espinha dorsal, esconde os pés e exige que nos deitemos para acolhê-lo em um porto tranqüilo, enquanto nos debatemos, deitadas de costas e abraçadas à ilha flutuante, para aplacar a tempestade e invocamos trégua a um deus prepotente que governa aquele mar com displicência; quando o ventre só nos permite sentar se abrirmos pernas e joelhos, a ponto de nos sentirmos despudoradas, públicas, expostas, porque o limite da pele não existe mais, e qualquer um pode entrar em nós; quando não há mais delimitação entre dentro e fora (será que sobra algo de privado na fisicidade de uma mulher grávida?) – não importa se entram apenas através de fantasias arcaicas ou com olhos dos quais não podemos evitar a voracidade indagadora, que se transforma em terror, se o perfil de nossa redondeza criadora se altera com a chegada de um maremoto repentino, que deturpa e viola a tranqüilizante iconografia do "calmo-ventre-celeste-envolvido-pela-santa-harmonia-pacificadora-de-todo-o-gênero-humano"...

Nesse momento, a mente vai precisar munir-se de um ouvido sutil para escutar a voz do corpo e não confundi-la com a voz rumorosa do mundo em que estamos imersos; vai precisar aprender a respirar explorando a parte superior dos pulmões (pois eles estão espremidos pelo diafragma que está mais alto), para se preparar para o momento em que nos esticaremos até arquear os ossos, até descolar as mucosas, lacerar fibras e músculos... somos só dor, gritamos junto com o corpo do qual escorrem sangue, água e fezes, queremos morrer – nunca mais outra dor como essa! –, só morrer para deter a dor que é tudo. Nunca mais.

O evento primordial originário, repetitivo e necessário para a existência da espécie humana, não usufrui de salvo-condutos especiais. Ele é natural, mas impõe que cada mulher nele se aventure sozinha e pela primeira vez, como na origem do mundo, que desafie seu ser e seu existir, que coloque em jogo e redefina – despreparada e desavisada – fronteiras bem diferentes daquelas colocadas pela sua circulação sanguínea, pela massa muscular e pela gordura.

Leboyer não estará perto de nós: não seremos privilegiadas nem teremos mãos solícitas, que pousarão sobre nosso ventre aquele corpinho incorpóreo que se debate para respirar e se agita para en-

contrar os limites! Só sentindo-o em cima de nós – não mais dentro, sentindo seu cheiro e roçando a transparência de sua pele, percorrendo-o todo e repetidamente com os olhos, poderemos conhecê-lo.

Só deitado sobre nossa pele – minha pele – ele irá aplacar a sua angústia, sentirá o Universo ressoar no coração de sua mãe e seus pulmões se encherão com a tepidez e o odor que sempre lhe foram próximos. Nossos carinhos, distribuídos por todo seu corpo, torná-lo-ão forte e capaz de dar uma voz para si mesmo e para as coisas.

Mas o que é que me faz dizer: é meu filho, você é meu filho, aquele é meu filho...?

Quando ele vem à luz, perscrutamos seu rosto à procura de um eco, um detalhe, um narizinho, para encontrar uma miniatura do nosso, o relevo do lábio modelado por um molde antigo, pertencente aos personagens domésticos mais queridos, a suavidade de uma pequena bochecha em que "encontramos" o nosso homem quando era criança; a nossa fantasia entrevê em seus primeiros sorrisos os mesmos que vimos dirigidos a nós, ou os que gostaríamos que fossem dirigidos só a nós. Depois, vemos na sua obstinação, a nossa determinação; na sua vivacidade, a nossa exuberância; na sua fragilidade, a nossa necessidade de cuidados; na sua inexperiência, a nossa necessidade de nos fazer valer, na sua timidez, a nossa necessidade de nos colocar. Nós o observamos, é uma cria com duas pernas, um cheiro, duas mãos e as nossas necessidades: nós o marcamos, nós o usamos e o construímos conforme nossos desejos e fantasias. Depois, quando consegue dar o primeiro beijo, sentimos e imaginamos que nasceu para nós, para ser amado por nós e amar-nos como ninguém mais, para sempre.

"Os tempos melhores? Aqueles em que os filhos eram pequenos, afetuosos, ingênuos, sensíveis, encantados com tudo o que viam pela primeira vez, felizes por estarem perto de nós, por fazermos coisas juntos... até as coisas mais cansativas, mas inigualáveis, únicas; aqueles bracinhos miúdos que nos apertavam para se sentir *seguros, para dizer você é a coisa mais importante para mim..." Essas palavras pertencem a muitas mulheres, até àquelas que nunca as pronunciaram. Soam como uma lamentação nostálgica, indeclinável, e resumem a dificuldade do processo de elaboração do outro: o filho interno, fruto de nossas fantasias, sobreposições, sinais e expectativas, coexiste com o "externo", que ocupa o seu espaço e vive em um tempo histórico, relaciona-se com os outros, adquire experiência de si e do mundo.*

A imagem que vive dentro de nós pode até mesmo resistir rigidamente à nova realidade do filho que cresce, faz escolhas diante das solicitações, vive mudanças biológicas e hormonais revolucionárias e observa, assustado e orgulhoso, seu corpo mudar vertiginosamente. Temeroso e temerário ao mesmo tempo.

A conciliação entre os "dois" vem a ser delicada, complexa, nunca sincronizada. Como não pensar que o processo de elaboração perdure por toda a vida, exigindo e impondo ajustes contínuos, ligados ao processo dinâmico que está em nossa base (configuração egóica). Como não pensar que nos movemos no palco de nosso teatro edípico pessoal? Chegará o momento da exasperação, durante a adolescência do filho ou da filha, quando os protagonistas do embate chegam a se sentir estranhos um ao outro (o filho: "aquela não é minha mãe", "aquele não é meu pai"; a mãe: "você nunca sentiu isso", "você nunca se comportou assim", "nem te reconheço mais, você não é mais você").

Parece quase que a mudança inerente às vicissitudes da adolescência requer de ambos um esforço enorme: do genitor, um novo modo de "pensar em" e um modo diferente de pensar em si mesmo – semelhante talvez ao que o luto impõe –, e ao filho, a coragem de sair à luz do dia sem casulo, a força e a curiosidade de fazer experiências.

Como não auspiciar que a frase de Marguerite Yourcenar seja desmentida e se torne "apenas se nós, mulheres, falarmos de nós, poderemos dar voz ao que somos"?

Sinto a necessidade de que o eco desse depoimento, tão preciso e aceso, esmoreça antes de retomar um discurso analítico, que está distante de uma tal experiência por pelo menos dois motivos. Em primeiro lugar, porque não tenho nenhuma possibilidade de dar um depoimento direto, e também porque minha especialidade marca vigorosamente meus critérios de abordagem. E não é possível ignorar os dados observáveis – que uma consideração simplista e vã reduziria a fenômenos estritamente físicos –, para os quais nos orienta a acepção comum das palavras macho e fêmea.

A pergunta a ser colocada é simples e refere-se às razões pelas quais levei em consideração apenas o período final da análise. Antes de tudo, existe a exigência de delimitar a área de observação. Avaliar esse período como privilegiado, quanto a uma certa autonomia e liberdade de pensamento, não é uma simples suposição.

As situações de conflito mais acentuadas vão deixando espaço para capacidades de pensamento próprias do sujeito. Tudo isso é estritamente vinculado com a fase que defino como "final de análise", em que é mais evidente e possível perceber essa essência de "não-apreensibilidade"...

Há muitos anos, propus, como base de nossas hipóteses de trabalho, que a relação analítica fosse vista como sistema. A contribuição dos dois participantes se dá, nesse contexto, através das experiências ocorridas nos contatos – não certamente breves no tempo – do processo analítico.

Quando a experiência se esgota (final da análise), as características de livre funcionamento do analisando se acentuam e isso prova, de um lado, a sua capacidade pessoal de observar fatos, acontecimentos e situações que lhe dizem respeito – inclusive internas – com aguda liberdade de observação, e, de outro, que houve uma condução confiável da análise, por parte do analista.

Sem querer atribuir significados definitórios, acredito que isso aconteça quando estamos em presença de uma experiência analítica que atingiu alguns requisitos que a distinguem.

É nessa área que é possível observar aquele aspecto fundamental e característico a que se dedica este capítulo. Tentamos indicar os dados teóricos, pois os dados clínicos têm a peculiaridade da não-apreensibilidade, que, por enquanto, podemos atribuir à diferença de gênero, mas que, repito, não podem ser narrados, como é praxe, nos textos psicanalíticos.

No estado atual da ciência, ainda não podemos estabelecer se um determinado sujeito experimenta um estado mental específico e particular. Jamais será possível experimentar os estados mentais de outra pessoa – já é difícil delinear os nossos –, e, portanto, só é possível fazer uma descrição que alcance indiretamente a sua essência.

Na realidade, podemos "ler" todo o material que o analisando oferece na análise, pois fazemos uma espécie de "extrapolação": somos capazes de deduzi-lo a partir da fala do sujeito, e é este o material sobre o qual tentamos – se formos capazes – formular as proposições funcionais para as necessidades do diálogo.

A decisão de utilizá-las cabe unicamente ao analisando. Só ele pode tornar essas experiências funcionais para o seu viver. Dele, podemos apenas observar como e o que sente em relação a suas sensações, suas emoções, seus sentimentos e seus pensamentos, e acompanhar atentamente certas conexões. Nada mais. Na realidade não podemos saber o que se sente quando se é "outro".

O problema de compreender é apenas um aspecto secundário, porque o essencial é a possibilidade de examinar se são adequadas as funções colocadas em prática pelo sujeito diante dos objetivos que ele – homem ou mulher – se colocou na vida.

O aspecto que considero mais importante, dentro do tema que estamos tratando, diz respeito à identidade – não abstrata, mas pessoal, envolvendo o Uno e o Binário.

Acredito que essa questão tenha sido negligenciada por parecer evidente *a priori*, mas essa obviedade ainda precisa ser demonstrada. É aí que se encontra tudo o que a identidade comporta do ponto de vista físico, mental e emocional.

T. Nagel escreve: "No problema da identidade pessoal, o ponto de vista de um indivíduo particular, com relação a seu passado e seu futuro, confronta-se com o ponto de vista que outros podem ter sobre ele como um ser consciente que existe no tempo, caracterizado pela continuidade corporal e psicológica"[13].

Temos ainda uma outra complicação: o tempo. A identidade também obedece a ele. Podemos, talvez, parafrasear a frase inicial do primeiro capítulo, dizendo que da identidade, conhecemos apenas as manifestações. Algumas delas, as que chamamos de naturais, aprendemos a interpretar. As outras – as que somos capazes de criar – indicam apenas aspectos daquilo que estamos condicionados a definir como identidade e nunca a identidade em si.

Pode acontecer que, ao longo do tempo, um depoimento venha a revelar ao indivíduo os limites de seu próprio perfil, não porque a unicidade e a originalidade do seu evolver eram desconhecidas, mas por colocá-lo em uma perspectiva que aninha o eco de reflexões, dúvidas e recordações históricas. Isso acontece quando a comoção do depoimento – que o alimentou e o fez nascer – sedimenta-se e seu autor pode conversar consigo mesmo.

Por onde começar?

Depoimento de *Sandra Facchini*

Fui surpreendida pelo meu teatro interno, matriz do depoimento.

Como não voltar a sentir a gravidez como deformação ou como evento "misterioso, grande demais para mim, completamente desconhecido"[14]; como não insistir na dificuldade que nós mulheres temos em nos separar de quem esteve em nosso ventre? É um esforço que se transforma em drama, quando não conseguimos dar um semblante a quem saiu de nosso ventre e não conseguimos defini-lo como filho e, antes ainda, a senti-lo e a vivê-lo como "outro".

Não é, então, inevitável que uma mulher reivindique a gravidez, o parto e o acolhimento do filho como uma absoluta peculiari-

---
[13] T. Nagel, "Che cosa si prova a essere un pipistrello", *op. cit.*
[14] Segundo o depoimento de uma mulher de noventa anos, ainda muito ligada às vicissitudes de sua vida.

dade de sua essência da mulher? Peculiaridade, aliás, que lhe pertence: a ponto de podermos perguntar se toda a fenomenologia inerente à gravidez e ao parto não constitui um conjunto de traços pertencentes à feminilidade.
Por que não? Os bastidores da feminilidade fervilham de ciladas e, do fundo, chega uma primeira pergunta. Traços que pertencem ao feminino ou à mulher? Pode até parecer supérfluo recordar que os termos não são idênticos.
Existem homens que possuem uma surpreendente feminilidade, de fato. É fácil concordar com essa afirmação, mas a qual "feminilidade" do macho aludimos? Ao modo de se colocar, de acolher, de renunciar, de odiar, mandar, proteger, de desejar e fantasiar, coisas essas que, habitualmente, são reconhecidas como típicas da "feminilidade" das mulheres?
Todos concordamos com o fato de que o alimento, a influência, o condicionamento da cultura e a aprovação da tradição intervêm na formação desses modos, mas ninguém ousaria apontar os dados culturais como matriz dos traços que pertencem ao "feminino"...
Se aceitarmos que não se pode atribuir à cultura um papel exclusivo na definição do que essas modalidades têm de específico, e que recorrer à área biológica é bastante redutivo, "no que consistiria", então, o original que pertence à feminilidade da mulher?
Resta a dimensão psíquica. Alguns aspectos talvez possam aspirar a ser reconhecidos como traços psíquicos recorrentes e pertencentes à dimensão da mulher.
Dos bastidores, chega uma provocação: a hipoteca da cultura impõe-se mais sobre a resultante mulher ou sobre o processo de se viver como mulher? A dimensão mulher poderia ser a mistura deles, na qual a cultura incide na qualidade de ingrediente polimorfo.
Além disso, é possível argumentar que tratar eventos macroscópicos, como a gravidez, o parto, o aborto, etc., não significa abordar traços pertencentes à feminilidade. Esses eventos interessam uma área do feminino, macroscópica e visível, que é comum a muitas espécies de mamíferos – é inadequado e redutivo citá-los como

condensação da modalidade feminina na mulher. Mas se acrescentarmos a expressão "na mulher", não teremos, então, a possibilidade de sair do impasse e eliminar a viscosidade que impede de ser legítimo indagar os supostos traços específicos – tão previsíveis e previstos inclusive?

Antes, então, de me aventurar em uma área inefável e indizível (a psíquica), que mesmo sendo determinada e expressa pelo quociente biológico inerente à corporeidade feminina, coloca-se "em outro lugar" (no qual o interlocutor ou observador masculino sente um comprimento de onda que não lhe pertence: "Aqueles seus estados de espírito femininos que para mim são sempre um pouco inacessíveis..."[15]), é oportuno declarar a única coisa que me parece certa: refiro-me a vicissitudes e a um modo de sentir feminino que há em mim e que se refere à condição de ser mulher.

Até hoje, um indivíduo que vive essas vicissitudes é considerado mulher e, implicitamente, do gênero feminino. Mas o futuro está aberto.

Quando me sinto impudica e uma enorme barriga abre minhas pernas, ao sentar, e introduz os estranhos para além da minha pele e os deixa assistir aos movimentos de quem mora lá dentro – revelando a minha impossibilidade nã,o só de combater os movimentos sísmicos, mas também de fugir da curiosidade indesejada ou dos seus terrores –, lanço mão de mecanismos que são comuns a mulheres e homens (ou deveria dizer fêmeas e machos?), mas isso acontece em uma área fenomenológica totalmente feminina.

Quanto de feminino há antes ou depois disso eu não sei...
O enigma permanece.
Repito: surpreendo-me com a cenografia que se impôs no meu teatro interno nos últimos anos. Lembro-me bem do aspecto limitador da feminilidade, ao qual a mulher era relegada, e como me irritava constatar que só lhe era reconhecida uma identidade plena e indiscutível – um "estofo" público – quando se tornava esposa, engravidava, dava à luz e se tornava mãe. Não esqueci quanto desejei identificar e reivindicar uma área que pertencesse com exclusividade à mulher, uma

---

[15] D. Grossman, *Che tu sia per me il coltello*, Milão, Mondadori, 1999.

área que estivesse antes e além daqueles eventos que lhe conferiam um papel! Agora, porém, ao buscar traços que pertencem ao feminino de uma mulher, embato-me inevitavelmente naquela área que condensa o meu ser mulher: gravidez, aborto, parto...

Outra vez, a mesma coisa. As mudanças relevantes que se verificaram nas últimas décadas referem-se ao contexto em que esses eventos podem acontecer e são vividos. Hoje, de fato, uma mulher pode engravidar e dar à luz sem respeitar os costumes do grupo social ou familiar ao qual pertence e sem perder dignidade e direitos. Mas o fio vermelho permanece: se antes vivia segundo a tradição e as regras familiares, hoje, na liberdade, não escolhe coisa diferente; ainda escolhe isso.

Amanhã outras mulheres, ou outros homens, poderão acrescentar novos depoimentos.

POSFÁCIO

Por que um posfácio?
O que fiz está no livro.
O problema é começar. Depois, enquanto se escreve, o livro fermenta e não se pode mais contê-lo.
Não tem o aspecto previsto e que justificara a idéia de escrevê-lo.
O que se tem entre as mãos é completamente diferente. É algo imprevisto, autônomo. Acabamos sendo capturados pelas nossas próprias afirmações.
Trabalho concluído.
Curioso objeto. Um personagem. E por que não? Um personagem que se serviu de nós. Um livro.
Mas logo que adquire esse vulto, ele se dilata, toma forma e não obedece mais a nenhum de nossos pensamentos. Faz tudo sozinho... é inapreensível.
E, assim, vincula, constringe. Sei que o conheço, mas é ele que sabe e, de certo modo, me antecipa, com delicadeza. É surpreendente.
Obriga-me à imobilidade. Nesse ponto, ele existe. Está aqui.
É capaz, às vezes, de determinar modos e tempos.
A forma é importante, claro. O conteúdo deveria – supõe-se – ter um significado.
Quem vai julgá-lo?
Em último caso, serei eu. Sempre eu. O círculo se fecha e, apesar de ser público, tudo volta unicamente para mim.
O livro "é". A "responsabilidade" é minha. Para além de um improvável sucesso, o que fica certamente é um texto de que todos podem se servir conforme os desejos, aspirações ou necessidades.
Isso faz parte da realidade, mas é só diante do livro pronto – coisa concreta, colocada diante de mim –, só agora que me dou conta de que tive com ele, por muito tempo, uma relação íntima. Talvez única.

Não é um sentimento de vergonha, mas de pudor, como se de repente algo privado se tornasse público. Não tenho como justificar isso.

Assim, agradecer a quem me ajudou torna-se um modo de arrastar esse alguém comigo e de torná-lo cúmplice de tudo isso: a confusão aumenta.

A Emilio Garroni, amigo e mestre, apesar de saber que designá-lo desse modo não lhe faz totalmente justiça. Luciano Angelucci, que leu pacientemente e sugeriu idéias pessoais. Sandra Facchini Piccoli, que me ajudou com muitíssima atenção e delicadeza a tornar inteligível todos os textos que assino, e que é co-autora do Capítulo 7.

Aos colegas Fausta Romano e Paolo Carignani, a quem sou muito grato pela dedicação, e que são co-autores dos Capítulos 5 e 6.

À tradutora, dra. Sonia Padalino, que deu viva participação à sua difícil tarefa.

Aos meus colegas brasileiros, que cuidaram *carinhosamente*[1] desta edição, e, especialmente, à dra. Ana Maria Azevedo, à dra. Sonia Azambuja, à dra. Myrna P. Favilli, à Sociedade Brasileira de Psicanálise, a qual pertenço, e às outras sociedades desse grande, hospitaleiro e generoso país.

Armando Bianco Ferrari
Isola di Ponza – agosto, 2003

---

[1] N.T.: Em português, no original.